Robert Klaßen

GIMP 2.10

Der praktische Einstieg

Rheinwerk
Design

Liebe Leserin, lieber Leser,

»Was lange währt, wird endlich gut« – und gut ist die neue Version von GIMP, da ist sich unser Autor sicher. Die Entwickler haben die beliebte Open-Source-Software zu einem wahren Kraftpaket in Sachen Bildbearbeitung und Gestaltung ausgebaut: Hinter der modernen Arbeitsoberfläche verbergen sich jede Menge technischer Innovationen und neuer nützlicher Funktionen.

Robert Klaßen zeigt Ihnen in diesem Buch Schritt für Schritt, wie Sie Ihre Bilder erfolgreich mit GIMP bearbeiten. Sie lernen die Arbeitsoberfläche und die einzelnen Werkzeuge kennen und bringen sie in über 60 Workshops direkt zur Anwendung. Dabei erfahren Sie zum Beispiel auch, wie Sie mehrere Ebenen nutzen, um Ihre Fotos gezielt zu optimieren. Ihr Bild könnte sattere Farben vertragen? Möchten Sie Ihr Motiv gerne mit einem anderen Hintergrund kombinieren? Oder benötigt Ihr Porträt noch den letzten Schliff? Mit diesem Buch und dem Beispielmaterial zum Download erledigen Sie diese Aufgaben bald im Handumdrehen. Legen Sie gleich los und machen Sie sich mit den umfassenden Möglichkeiten vertraut, die GIMP 2.10 für Sie bereithält!

Ich wünsche Ihnen viel Spaß mit diesem Buch und bei der Bearbeitung Ihrer Bilder. Falls Sie Fragen oder Anregungen haben, können Sie sich gerne bei mir melden.

Ihre Franziska Schaller
Lektorat Rheinwerk Fotografie
franziska.schaller@rheinwerk-verlag.de

www.rheinwerk-verlag.de
Rheinwerk Verlag • Rheinwerkallee 4 • 53227 Bonn

Auf einen Blick

Wir hoffen, dass Sie Freude an diesem Buch haben und sich Ihre Erwartungen erfüllen. Ihre Anregungen und Kommentare sind uns jederzeit willkommen. Bitte bewerten Sie doch das Buch auf unserer Website unter **www.rheinwerk-verlag.de/feedback**.

An diesem Buch haben viele mitgewirkt, insbesondere:

Lektorat Franziska Schaller, Ariane Podacker
Korrektorat Angelika Glock, Wuppertal
Herstellung Kamelia Brendel
Typografie und Layout Vera Brauner, Janina Brönner
Einbandgestaltung Julia Schuster
Coverbilder iStock: 16287615 © Ilya Terentyev;
Brushes: Brusheezy © Liza Giannouri, © Arno Van Waeyenberg
Satz SatzPro, Krefeld
Druck Grafisches Centrum Cuno, Calbe

Alle in diesem Buch und online zur Verfügung gestellten Bilddateien sind ausschließlich zu Übungszwecken in Verbindung mit diesem Buch bestimmt. Jegliche sonstige Verwendung bedarf der vorherigen, ausschließlich schriftlichen Genehmigung des Urhebers.

Dieses Buch wurde gesetzt aus der Linotype Syntax (9,5 pt/13,75 pt) in Adobe InDesign CC 2018. Gedruckt wurde es auf matt gestrichenem Bilderdruckpapier (115 g/m²).
Hergestellt in Deutschland.

Bibliografische Information der Deutschen Nationalbibliothek:
Die Deutsche Nationalbibliothek verzeichnet diese Publikation in der Deutschen Nationalbibliografie; detaillierte bibliografische Daten sind im Internet über *http://dnb.d-nb.de* abrufbar.

ISBN 978-3-8362-6583-6

1. Auflage 2018
© Rheinwerk Verlag, Bonn 2018

Informationen zu unserem Verlag und Kontaktmöglichkeiten finden Sie auf unserer Verlagswebsite **www.rheinwerk-verlag.de**. Dort können Sie sich auch umfassend über unser aktuelles Programm informieren und unsere Bücher und E-Books bestellen.

Inhalt

2 Die Arbeitsoberfläche

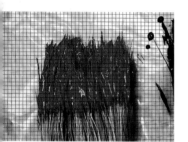

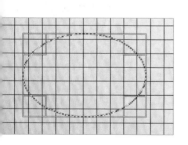

3 Malen und färben

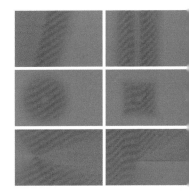

4 Auswählen und freistellen

5 Ebenen

6 Zuschneiden, skalieren und transformieren

7 Farben und Tonwerte korrigieren

8   Belichtung korrigieren

9   Scharfzeichnen und weichzeichnen

10 Retusche und Montage

11 Raw-Fotos bearbeiten

12 Pfade

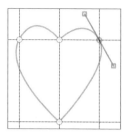

13 **Text**

14 GIMP und das World Wide Web

Workshops

Belichtung korrigieren

Scharfzeichnen und weichzeichnen

Retusche und Montage

Raw-Fotos bearbeiten

Pfade

Text

GIMP und das World Wide Web

Vorwort

Neulich fragte ein Seminarteilnehmer: »Warum geben die Menschen eigentlich so viel Geld für Photoshop aus?« Noch ehe ich antworten konnte, rief ein anderer: »Weil sie GIMP nicht kennen!« »Wow«, dachte ich, »ganz schön pfiffig!«

Alles GIMP, oder was?

Nun wollen wir den Wahrheitsgehalt dieser Aussage nicht näher prüfen. Es sei hier lediglich gesagt, dass Adobes Branchenstandard insgesamt nicht mit GIMP gleichzusetzen ist. Dennoch muss sich die kostenlose Alternative keineswegs hinter Photoshop verstecken. Denn vielseitige, kreative und vor allem zeitgemäße Bildbearbeitung geht auch mit GIMP locker von der Hand – und die Ergebnisse sind absolut tageslichttauglich. GIMP ist sogar eine echte Wundertüte. Das werden Sie bei der Lektüre dieses Buches sicher rasch bestätigen.

Die 2 wird 10

Endlich hat die zweite Version von GIMP Geburtstag – den zehnten sozusagen. Mehr als sechs Jahre haben wir darauf warten müssen. Viele User waren seinerzeit begeistert von GIMP 2.8, jedoch verblasste die Euphorie mit zunehmendem Alter (GIMP 2.9 war mit neuen Problemen behaftet). Jetzt geht die Open-Source-Software in die nächste Runde – und die hat es in sich. Die Anwendung hat sich mächtig weiterentwickelt – und zwar nicht nur unter der Haube. GIMP ist jetzt fast vollständig auf die Grafikausgabe-Bibliothek GEGL umgestellt (Generic Graphics Library), was nicht nur der Funktionalität einen ordentlichen Schub verleiht, sondern GIMP auch in die Lage versetzt, 16- und 32-Bit-Bilder zu verarbeiten. Endlich! Auch sportlich betrachtet hat sich einiges getan. GIMP ist wesentlich schneller geworden, greift jetzt bei Bedarf auf sämtliche zur Verfügung stehenden Prozessorkerne zu und kann sogar via OpenCL die Speicher entsprechender Grafikkarten nutzen. Der Lohn: GIMP ist rasend schnell unterwegs und zeigt fast alle Bearbeitungsschritte und Effekte ohne Verzögerung an. So macht digitale Bildbearbeitung richtig Spaß!

Doch letztendlich sind es die kleinen Änderungen und zusätzlich auf der Oberfläche platzierten Knöpfchen, die GIMP in der Version 2.10 noch attraktiver machen. Um nur ein Beispiel zu nennen: Ein Mausklick reicht, um eine Ebenenmaske hinzuzufügen. So soll es sein.

Neu in GIMP 2.10

Es gibt viel Neues zu entdecken. Dieses Buch erleichtert Ihnen nicht nur den Einstieg in den Umgang mit der Software, sondern geht auch gezielt auf Neuerungen gegenüber GIMP 2.8 ein. Ein Hinweis am Seitenrand deutet darauf hin, dass sich hier ebendiese Neuerungen verstecken. Das Buch zeigt außerdem effektive Techniken in Sachen Foto-Optimierung auf und hält tolle Tipps zur Umsetzung Ihres eigenen Ideenreichtums bereit.

Was noch?

Natürlich haben Sie mit diesem Buch nicht nur irgendeinen GIMP-Schmöker gekauft. Oder haben Sie das Buch noch gar nicht erstanden? Vielleicht stehen Sie ja noch in der Buchhandlung. Na, dann aber rasch zur Kasse! Sie wissen ja, wie lang man da immer anstehen muss. – Aber ich verplaudere mich. Eigentlich wollte ich Ihnen mitteilen, dass dies nicht nur ein Buch, sondern ein ganzes Buch-Paket ist. Sie bekommen zahlreiche Bilddateien zum Download dazu. Schließlich sollen Sie die Workshops in diesem Buch eins zu eins nacharbeiten können.

Darüber hinaus gibt es noch einen Ergebnisse-Ordner, in dem Sie alle relevanten Workshop-Resultate finden. So können Sie direkt im Anschluss an eine Übung feststellen, ob Sie die einzelnen Schritte korrekt umgesetzt haben.

Ach so! – Begriffsdefinitionen

Bevor Sie sich nun in die Arbeit stürzen, sollten Sie noch etwas in Erfahrung bringen. In diesem Buch werden Begriffe verwendet,

▲ **Abbildung 1**
Ah, hier gibt es etwas, das in der Version 2.8 noch nicht existierte – oder zumindest stark modifiziert wurde.

Beispieldateien
Bitte beachten Sie, dass die Fotos nur zu Übungszwecken in Verbindung mit diesem Buch benutzt werden dürfen. Eine darüber hinausgehende Nutzung, insbesondere die Veröffentlichung im Internet, ist nicht gestattet.

die dem Einsteiger vielleicht nicht so geläufig sind. Damit Sie aber stets wissen, was gemeint ist, und während des Lesens nicht ausgebremst werden, folgen die Begriffsdefinitionen gleich hier. (Der fortgeschrittene Anwender mag diesen Teil flugs überspringen.)

- **Button**: Schaltfläche, durch deren Betätigung eine Anweisung an den Computer übergeben wird
- **Checkbox**: Ankreuzkästchen. Wenn eine Bedingung zutreffend ist, wird das Feld mit einem Häkchen versehen; anderenfalls bleibt es leer. Innerhalb einer Gruppe von Checkboxen können eine, mehrere, alle oder auch keine Checkbox aktiv sein.
- **Drag & Drop**: Ziehen und Fallenlassen von Objekten auf der Arbeitsoberfläche
- **Eingabefeld**: Feld zur Eingabe von Werten via Tastatur
- **Flyout-Menü**: siehe »Pulldown-Menü«
- **Kontextmenü**: Befehlssammlung, die sich durch einen rechten Mausklick öffnet
- **Pulldown-Menü**: Steuerelement-Liste, die verschiedene Optionen enthält. Beim Klick darauf klappt sie nach unten aus.
- **QuickInfo**: Informationstext, der eingeblendet wird, wenn der Anwender den Mauszeiger auf einem Objekt oder Steuerelement verweilen lässt
- **Radio-Button**: Optionsschaltfläche, die wie Checkboxen nur zwei Zustände kennt, nämlich »Ein« und »Aus«. In einer Gruppe von Radio-Buttons kann in der Regel nur ein einziger aktiv sein. Ein zuvor bereits aktivierter Button wird durch Anwahl eines anderen automatisch deaktiviert.
- **Shortcut**: Kurzbefehl (auch *Tastaturkürzel* oder *Tastenkombination*), der via Tastatur eingegeben wird (eine oder mehrere Tasten), um einen Befehl auszuführen
- **Steuerelement**: jedes Element auf einer Arbeitsoberfläche, das imstande ist, Werte entgegenzunehmen oder Anweisungen auszuführen

Warum »Radio«?

Der Name »Radio-Button« entstammt den Knöpfen alter Röhrenradios, die automatisch heraussprangen, wenn ein anderer Knopf eingedrückt wurde.

Und jetzt?

Ah, gut, dass Sie danach fragen. Jetzt sind Sie an der Reihe. Erfahren Sie nun, wie die Software aufgebaut ist und wie die einzelnen Programmbereiche effektiv eingesetzt werden können. Mit diesem Wissen werden Ihnen die Workshops sicher locker von der Hand gehen. Dabei wünsche ich Ihnen viel Spaß und einen raschen Lernerfolg mit GIMP 2.10!

Robert Klaßen

info@dtpx.de

www.dtpx.de

Die Grundlagen

Das müssen Sie wissen!

- ▸ Wie wird GIMP installiert?
- ▸ Wie öffne und speichere ich Bilddateien?
- ▸ Wie funktioniert das Exportieren von Bilddateien?
- ▸ Wie werden neue Bilddateien erzeugt?
- ▸ Was muss ich über Bildgrößen und Auflösungen wissen?
- ▸ Was sind die Unterschiede zwischen Pixeln und Vektoren?
- ▸ Was muss ich über die verschiedenen Farbräume wissen?

1 Die Grundlagen

Machen Sie sich zunächst mit den Grundlagen Ihrer Bildbearbeitungssoftware vertraut. Dadurch werden Sie es in den folgenden Kapiteln leichter haben. Kapitel 1 ist aber nicht nur etwas für Einsteiger. Auch Anwender, die bereits mit GIMP gearbeitet haben, werden hier einige interessante Informationen finden und ihr Wissen erweitern. Am Ende dieses Kapitels werden Sie dann auch gleich mit einem coolen Workshop belohnt.

1.1 GIMP installieren

Die Installation von GIMP ist wahrlich kein Hexenwerk. Während Vorgängerversionen (z. B. GIMP 2.8) noch Probleme verursachten, ist das Aufspielen von GIMP 2.10 geradezu ein Vergnügen, das mit wenigen Mausklicks erledigt ist. Leider stand die Mac-Version zum Zeitpunkt der Drucklegung dieses Buches noch nicht zur Verfügung. Daher kann ich Ihnen zunächst nur die Windows-Installation veranschaulichen.

Keine Mehrfach-installation

Was Sie noch wissen müssen: Bei der Installation von GIMP 2.10 unter Windows werden Vorgängerversionen automatisch deinstalliert. Dies ist aber auch für Umsteiger kein Grund zur Besorgnis, da in der Vorgängerversion vorhandene, selbst definierte Elemente (wie z. B. Pinselspitzen und Verläufe) in 2.10 übernommen werden.

Installation unter Windows

Sie können GIMP 2.10 unter *www.gimp.org/downloads/* herunterladen. Nutzer von Windows müssen sich keine Gedanken darüber machen, ob ihr PC nun die 32- oder 64-Bit-Version benötigt, da dies automatisch erkannt wird. Das Gleiche gilt für die Sprache auf der Programmoberfläche. Nach dem Download sollte jeder die richtige Installationsdatei auf seinem Rechner finden. Zum Download betätigen Sie den Schalter DOWNLOAD GIMP 2.10.X DIRECTLY.

Nach einem Doppelklick auf die heruntergeladene Datei öffnet sich ein kleines Fenster. Betätigen Sie INSTALLIEREN, um GIMP auf den PC zu übertragen. Am Ende müssen Sie lediglich noch FERTIGSTELLEN wählen, und schon ist GIMP fester Bestandteil Ihres Systems.

GIMP for Windows

Download GIMP 2.10.0 via BitTorrent	Download GIMP 2.10.0 directly

The download links above will attempt to download GIMP from one of our trusted mirror servers. If the mirrors do not work or you would rather download directly from our server, you can get the direct download here.

◀ **Abbildung 1.1**
Die GIMP-Seite »erkennt«, welche Plattform der Anwender im Einsatz hat.

Leider installiert die aktuelle Version von GIMP weder ein Desktop- noch ein Schnellstart- oder gar Taskleisten-Icon. Ich empfehle Ihnen jedoch, ein solches Symbol zum Start der Software händisch hinzuzufügen, da Sie ansonsten jedes Mal nach dem Programm suchen müssen. Geben Sie GIMP in das Taskleisten-Suchfeld ein. Weiter oben in der Ergebnisspalte wird Ihnen dann die Desktop-App GIMP 2 angeboten. Betätigen Sie diesen Eintrag mit der rechten Maustaste, und entscheiden Sie sich für AN START ANHEFTEN, sofern Sie einen Eintrag im Startmenü wünschen. Wer oft mit GIMP arbeitet (und ich denke, das werden Sie), sollte ein Icon in die Taskleiste setzen. Dann reicht künftig ein einzelner Mausklick auf das Miniaturbildchen (das ist das Maskottchen Wilber), um die Anwendung zum Laufen zu bringen. Dazu müssen Sie lediglich AN TASKLEISTE ANHEFTEN im Kontextmenü aussuchen.

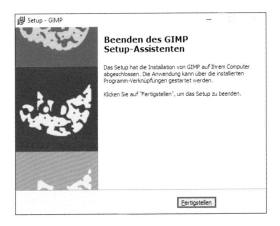

▲ **Abbildung 1.2**
Schön bunt – so präsentiert sich die Installationsroutine der Anwendung.

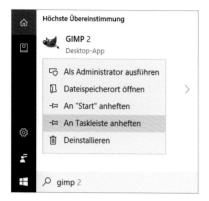

▲ Abbildung 1.3
Integrieren Sie ein GIMP-Icon.

▲ Abbildung 1.4
Wilber wartet nun permanent darauf, von Ihnen angeklickt zu werden.

Installation unter macOS

Am Mac verläuft die Installation ein wenig anders als auf einem Windows-PC. Deshalb hier noch einige Hinweise für Apple-User: Auch Sie können sich auf die Website *www.gimp.org/downloads/* verlassen, da automatisch die zum Betriebssystem passende Download-Version bereitgestellt wird. (Voraussetzung ist allerdings, dass Sie mindestens mit Mac Yosemite am Start sind.) Klicken Sie auf den orangefarbenen Download-Button und gedulden Sie sich einen Augenblick.

Abbildung 1.5 ▶
Ein Klick reicht, um die Datei herunterzuladen.

Wenn Sie, wie am Mac üblich, den Safari-Browser nutzen, betätigen Sie anschließend das Pfeil-Icon in der Kopfleiste. Wählen Sie das kleine Lupen-Symbol innerhalb des Aufklappmenüs. So finden Sie die heruntergeladene *dmg*-Datei, die Sie mithilfe eines Doppelklicks entpacken. Danach ziehen Sie das App-Icon mit dem Maskottchen Wilber in den Ordner PROGRAMME Ihres Betriebssystems.

▲ **Abbildung 1.6**
Die Download-Datei ist
leicht zu finden.

Jetzt kommt es leider zu einem Mac-spezifischen Problem: Ihrem Betriebssystem ist nämlich nichts wichtiger als der Schutz vor Viren und Malware. Deshalb wird die Installation zunächst einmal verweigert. Sollten Sie Wilber einfach doppelklicken, wird die Installation kurzerhand abgebrochen, und es erscheint eine Warnmeldung. Klicken Sie Wilber jedoch an, während Sie $\boxed{\text{Ctrl}}$ gedrückt halten und entscheiden sich danach für ÖFFNEN, sieht die Meldung schon etwas anders aus. Jetzt können Sie nämlich selbst entscheiden, was passieren soll. Betätigen Sie ÖFFNEN.

◄ **Abbildung 1.7**
Na, also! Geht doch.

Voilá, jetzt dürfen Sie auch am Mac mit GIMP arbeiten.

Besonderheiten am Mac

An dieser Stelle möchte ich noch kurz auf drei Besonderheiten eingehen, die am Mac zu beachten sind. Zunächst einmal finden Sie die EINSTELLUNGEN für GIMP nicht, wie unter Windows, im Menü BEARBEITEN. Stattdessen müssen Sie in der Menüleiste den Eintrag mit dem Namen der Software wählen – in diesem Fall also GIMP-2.10.

Weiterhin ist zu erwarten, dass kurze Zeit nach dem Starten der Software eine Hinweistafel erscheint, die auf das Fehlen des

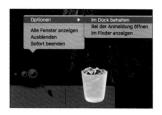

▲ **Abbildung 1.8**
Wilber soll im Dock bleiben!

COMMAND LINE DEVELOPER TOOL hinweist. Klicken Sie in diesem Fall bitte auf INSTALLIEREN und akzeptieren Sie die Lizenzvereinbarungen.

Wie unter Windows, wird das App-Icon auch am Mac nicht automatisch im Dock eingesetzt. Es verschwindet, sobald GIMP 2.10 geschlossen wird. Deshalb sollten Sie Wilber mit rechts anklicken (solange die Software noch aktiv ist) und auf OPTIONEN zeigen. Zuletzt betätigen Sie den Listeneintrag IM DOCK BEHALTEN.

GIMP-Hilfe

▲ **Abbildung 1.9**
GIMP stellt eine Verbindung zu den Hilfedateien im Internet her.

Sie haben nach der GIMP-Installation spontanen Erklärungsbedarf, was bestimmte Bereiche der Arbeitsoberfläche betrifft? Dann schauen Sie ruhig vorab schon einmal in der Hilfe nach. Um Hinweise zu einem bestimmten Thema zu bekommen, zeigen Sie mit der Maus auf das gewünschte Objekt (z. B. eine der Paletten) und drücken anschließend F1 bzw. üblicherweise fn + F1 am Mac. Die Hilfe wird ständig erweitert und kann sich daher permanent ändern.

1.2 Dateien öffnen

GIMP ist ein Bildbearbeitungsprogramm. Entsprechend müssen zu bearbeitende Fotos zunächst einmal bereitgestellt werden. Das geht über DATEI • ÖFFNEN oder die Tastenkombination Strg + O. (Bitte beachten Sie den Hinweis im Kasten links, damit Sie nachvollziehen können, warum die Oberfläche bei Ihnen möglicherweise anders aussieht als die Abbildungen in diesem Buch.)

Helle Arbeitsoberfläche

In GIMP 2.10 ist es möglich, die Helligkeit der Arbeitsoberfläche zu verändern. Ich habe für dieses Buch die Einstellung SYSTEM verwendet, damit Sie die Schriften in den Abbildungen besser erkennen können. Wie Sie die Änderung vornehmen, erfahren Sie gleich am Anfang von Kapitel 2, »Die Arbeitsoberfläche«.

Der Öffnen-Dialog

Danach öffnet sich ein Fenster, das es Ihnen gestattet, die unterschiedlichen Ordner aufzusuchen, in denen sich Ihre Fotos befinden. Hier ist zunächst einmal die linke Spalte, ORTE ❶, interessant, über die sich die einzelnen Speicherorte aktivieren lassen. Im mittleren Bereich, NAME ❸, können Sie auf weitere Ordner zugreifen (per Doppelklick).

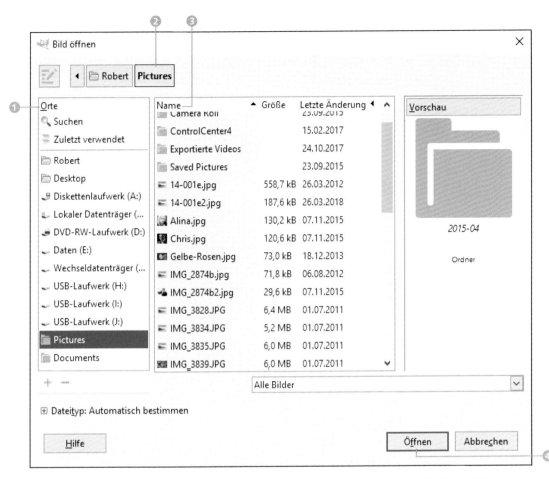

▲ **Abbildung 1.10**
Der Öffnen-Dialog

Das Interessante: Ganz oben im Dialogfenster wird für jeden Unterordner eine Taste ❷ erzeugt. Wenn Sie in Ihrer Ordnerstruktur also wieder weiter nach oben wechseln wollen, müssen Sie nichts weiter tun, als den gewünschten Button zu betätigen. Wenn Sie das gesuchte Foto gefunden haben, setzen Sie entweder einen Doppelklick darauf oder markieren es mit einem einfachen Mausklick, gefolgt von ÖFFNEN ❹.

Mehrere Bilder öffnen

Grundsätzlich dürfen Sie auch mehrere Fotos öffnen. Dazu müssen Sie die relevanten Dateien markieren, während Sie `Strg` gedrückt halten. Wenn alle Fotos markiert sind, betätigen Sie ÖFFNEN. Wollen Sie mehrere Fotos öffnen, die beisammenliegen,

Fotos wieder abwählen

Wollen Sie eine bereits markierte Datei wieder abwählen, ohne die anderen ebenfalls abzuwählen, halten Sie `Strg` gedrückt, während Sie abermals auf den Eintrag klicken.

markieren Sie zunächst das oberste, halten dann ⌨ gedrückt und platzieren danach einen Mausklick auf die unterste Bilddatei. Erst danach lassen Sie ⌨ los und betätigen ÖFFNEN.

Abbildung 1.11 ▶
Halten Sie ⌨Strg⌨ gedrückt, wenn Sie einzeln liegende Dateien markieren wollen.

Abbildung 1.12 ▶▶
Beisammenliegende Fotos selektieren Sie mit ⌨.

Name	Größe	Letzte Änderung
Alina.jpg	130,2 kB	07.11.2015
Chris.jpg	120,6 kB	07.11.2015
Gelbe-Rosen.jpg	73,0 kB	18.12.2013
IMG_2874b.jpg	71,8 kB	06.08.2012
IMG_2874b2.jpg	29,6 kB	07.11.2015
IMG_3828.JPG	6,4 MB	01.07.2011
IMG_3834.JPG	5,2 MB	01.07.2011
IMG_3835.JPG	6,0 MB	01.07.2011
IMG_3839.JPG	6,0 MB	01.07.2011
IMG_3840.JPG	5,8 MB	01.07.2011
IMG_3841.JPG	5,5 MB	01.07.2011
IMG_3842.JPG	5,7 MB	01.07.2011
IMG_3843.JPG	5,4 MB	01.07.2011
IMG_3844.JPG	5,7 MB	01.07.2011

Name	Größe	Letzte Änderung
Alina.jpg	130,2 kB	07.11.2015
Chris.jpg	120,6 kB	07.11.2015
Gelbe-Rosen.jpg	73,0 kB	18.12.2013
IMG_2874b.jpg	71,8 kB	06.08.2012
IMG_2874b2.jpg	29,6 kB	07.11.2015
IMG_3828.JPG	6,4 MB	01.07.2011
IMG_3834.JPG	5,2 MB	01.07.2011
IMG_3835.JPG	6,0 MB	01.07.2011
IMG_3839.JPG	6,0 MB	01.07.2011
IMG_3840.JPG	5,8 MB	01.07.2011
IMG_3841.JPG	5,5 MB	01.07.2011
IMG_3842.JPG	5,7 MB	01.07.2011
IMG_3843.JPG	5,4 MB	01.07.2011
IMG_3844.JPG	5,7 MB	01.07.2011

Bilder ansehen

Sie werden feststellen, dass (sofern mehrere Bilder gleichzeitig geöffnet sind) ein oben liegendes Foto alle darunter befindlichen abdeckt. Nun wollen Sie aber sicher alle Bilder begutachten. Für diesen Zweck ist GIMP mit einem Bildregister ausgestattet, das Miniaturen jedes Fotos, auch *Polaroids* genannt, oberhalb der Bildansicht zeigt. Das ist allerdings nur dann der Fall, wenn Sie sich im EINZELFENSTER-MODUS befinden, den Sie über das Menü FENSTER ein- und auch wieder ausschalten können. (Weitere Informationen dazu finden Sie im Abschnitt »EINZELFENSTER-MODUS« auf Seite 53.)

▲ **Abbildung 1.13**
Im EINZELFENSTER-MODUS taucht jedes geöffnete Foto in Form einer Registerkarte auf. Ein Klick auf die Bildminiatur ❶ stellt das Foto nach vorn. Betätigen Sie die X-Schaltfläche ❷, wird das Foto geschlossen.

Bei deaktiviertem Einzelfenster-Modus (dem Menüeintrag ist in diesem Fall kein Häkchen vorangestellt) müssen Sie ein weiter unten befindliches Foto auf der Kopfleiste ❸ anklicken, woraufhin es nach vorn gestellt wird. Sollten Sie das gewünschte Foto nicht einsehen können, schieben Sie die anderen einfach zur Seite. Das gelingt per Drag & Drop auf der Kopfleiste.

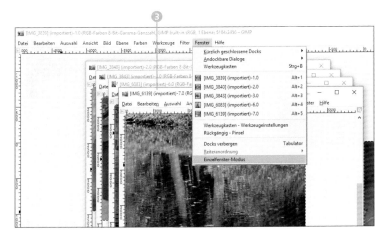

▲ **Abbildung 1.14**
Die Bildfenster liegen übereinander; der Menüeintrag Einzelfenster-Modus ist inaktiv.

Weitere Öffnen-Methoden

Über die bereits vorgestellten Methoden hinaus gibt es weitere Möglichkeiten, ein Foto zu öffnen – und zwar außerhalb von GIMP. Die vielleicht beliebteste Methode ist Drag & Drop: Öffnen Sie den Ordner, der Ihr Foto enthält, und markieren Sie die gewünschte Bilddatei. Halten Sie dabei die Maustaste gedrückt, und ziehen Sie das Foto auf den freien Bereich des Bildfensters. Dort angekommen, lassen Sie die Maustaste los. Bitte beachten Sie, dass diese Vorgehensweise nur dann funktioniert, wenn gerade kein Bild in GIMP geöffnet ist, also die Arbeitsfläche leer ist. Sollte sich dort ein Bild befinden, öffnen Sie mit dieser Methode nicht etwa die Bilddatei, sondern ziehen das Foto als Ebene auf das bereits geöffnete Foto. (Weitere Hinweise finden Sie in Kapitel 5, »Ebenen«.)

Mehrfenster-Modus

Standardmäßig wird GIMP im Mehrfenster-Modus gestartet. Die Bildfenster werden dann so angeordnet, wie in Abbildung 1.14 zu sehen. Wollen Sie zum Einzelfenster-Modus wechseln, müssen Sie das im Menü Fenster explizit aktivieren. Achten Sie im Menü darauf, dass dem Eintrag das Häkchen vorangestellt ist.

Als Ebenen öffnen

Über den Befehl Datei • Als Ebenen öffnen ist es möglich, mehrere Fotos zu einem zu verbinden. Dabei werden sämtliche Fotos als einzelne Ebenen in einer einzigen Bilddatei übereinander angeordnet. (Weitere Hinweise zu Ebenen finden Sie in Kapitel 5.)

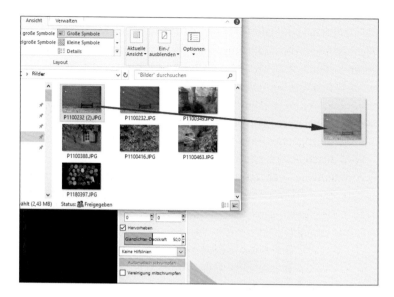

Abbildung 1.15 ▶
Das Bild muss nur hinüber-
gezogen und auf der freien
GIMP-Oberfläche fallenge-
lassen werden.

Dateien schließen

Um ein Foto zu schließen, müssen Sie nur die kleine Schließen-
Schaltfläche am Fensterrahmen betätigen. Wenn Sie sich im Einzelfenster-Modus befinden, benutzen Sie die Schließen-Schaltfläche des jeweiligen Foto-Reiters. Selbiges bewirkt die Tastenkombination Strg + W.

**Mehrere Fotos
schließen**

Sollten Sie zahlreiche
Fotos geöffnet haben, die
nun alle geschlossen wer-
den sollen, müssen Sie
das nicht Bild für Bild
machen. Stattdessen
wählen Sie DATEI • ALLE
SCHLIESSEN oder betäti-
gen Strg + ⇧ + W.

1.3 Dateien speichern – im GIMP-Format

Sie haben soeben erfahren, wie sich Fotos komfortabel schließen
lassen. Was aber, wenn Sie an einem Foto Änderungen vollzogen
haben? In diesem Fall startet GIMP eine Kontrollabfrage.

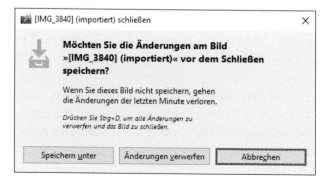

Abbildung 1.16 ▶
Hier fragt die Anwendung
nach, was geschehen soll.

Mit diesem Dialog sorgt GIMP dafür, dass Sie die Originaldatei nicht versehentlich überschreiben. Die zuvor ausgeführten Änderungen ließen sich nämlich anschließend nicht mehr verwerfen. Sie haben jetzt also mehrere Möglichkeiten:

▶ SPEICHERN UNTER: Hiermit speichern Sie die Datei unter einem anderen Namen. In diesem Fall wird das Foto losgelöst vom Original angelegt, das somit auch unverändert bleibt. Die Datei wird anschließend geschlossen.

▶ ÄNDERUNGEN VERWERFEN: Die Datei wird geschlossen, ohne dass die vorgenommenen Änderungen im Bild wirksam werden. Der Originalzustand wird wiederhergestellt; es wird keine Kopie angelegt.

▶ ABBRECHEN: Das Foto wird weder gespeichert noch geschlossen. Der Speichern-Dialog wird beendet, und Sie kehren zur herkömmlichen Bearbeitungsansicht in GIMP zurück.

Sind mehrere Fotos geöffnet und entscheiden Sie sich für DATEI • ALLE SCHLIESSEN, werden die Fotos, an denen Sie nichts geändert haben, kommentarlos geschlossen. Geänderte Fotos jedoch werden mit einem Dialog »abgefangen«, was Ihnen die Möglichkeit gibt, den ABBRECHEN-Button zu betätigen, um die Fotos anschließend einzeln zu speichern. Klicken Sie hingegen auf ÄNDERUNGEN VERWERFEN, werden die Fotos geschlossen, ohne dass die vorgenommenen Änderungen Berücksichtigung finden.

▲ **Abbildung 1.17**
Hier gibt die Anwendung Ihnen letztmalig die Gelegenheit, Änderungen zu verwerfen.

Dateien speichern

Wenn Sie sich für ⌨Strg⌨+⌨S⌨ oder DATEI • SPEICHERN entscheiden, werden die Änderungen an das Bild übergeben. Wählen Sie hingegen ⌨Strg⌨+⌨⇧⌨+⌨S⌨ oder DATEI • SPEICHERN UNTER, haben Sie die Möglichkeit, das Bild mit einem neuen Namen und/oder an einem anderen Speicherort abzulegen. Es entsteht also gewissermaßen eine Kopie, wobei das Original als eigenständige Datei unverändert erhalten bleibt.

Ich habe das in den folgenden Workshops meist dergestalt gehandhabt, dass ich die Erweiterung »bearbeitet« an den Dateinamen angehängt und die Bilder dann im Ordner ERGEBNISSE abgespeichert habe.

Kopie speichern

Im Menü DATEI findet sich auch der Eintrag KOPIE SPEICHERN. Wählen Sie diesen an, können Sie das Bild in seinem aktuellen Zustand mit einem neuen Namen speichern, arbeiten danach aber am Original weiter.

Wenn Sie den Dialog SPEICHERN UNTER verwenden, werden die Ergebnisse im hauseigenen GIMP-Format *XCF* abgesichert. Wer andere Bildformate zuweisen möchte, muss stattdessen über DATEI • EXPORTIEREN ALS gehen (oder ⎡Strg⎤+⎡⇧⎤+⎡E⎤ betätigen). Was genau es damit auf sich hat, erfahren Sie in Abschnitt 1.4, »Dateien exportieren – Speicherformate«.

Kompressionsverfahren

Öffnen Sie innerhalb des Speichern-Dialogs die Liste DATEITYP: NACH ENDUNG, lassen sich auch die Formate *bzip-Archiv (.xcf.bz2)* sowie *gzip-Archiv (.xcf.gz)* auswählen. Dabei handelt es sich um komprimierte (sogenannte *gezippte*) Dateiformate, die die Dateigrößen zum Teil drastisch reduzieren. Allerdings müssen derartige Dateien vor erneutem Gebrauch zuerst wieder »dekomprimiert« werden. Deshalb ist das Komprimieren eher geeignet, wenn Sie eine große Bilddatei beispielsweise via E-Mail verschicken wollen. Zum Archivieren sollten Sie das Format nicht verwenden – es sei denn, Ihnen steht nur wenig Festplattenspeicher zur Verfügung.

Dateien nachspeichern

Haben Sie eine Datei erst einmal gespeichert, reicht es, wenn Sie sie von Zeit zu Zeit mittels ⎡Strg⎤+⎡S⎤ oder über das Menü DATEI • SPEICHERN nachspeichern. So bleibt Ihre Arbeit immer auf dem aktuellen Stand. Es ist nämlich durchaus möglich, dass die letzten Änderungen verloren gehen, wenn die Anwendung einmal abstürzt. Zwar verspricht GIMP in seiner aktuellen Version 2.10, dass nach einem Absturz der letzte Bearbeitungsstand automatisch wiederhergestellt wird, dies gelingt in der Praxis jedoch leider nicht immer. Sorgen Sie also lieber selbst vor.

1.4 Dateien exportieren – Speicherformate

Sowohl im Öffnen- als auch im Speichern-Dialog werden zahlreiche unterschiedliche Formate angeboten. Um welches Format es sich gerade handelt, zeigt in der Regel die Dateiendung ❶.

▲ **Abbildung 1.18**
Beim Bildexport wird die Dateiendung automatisch angehängt.

Gängige Speicherformate

Bleibt noch die Frage zu klären, warum denn ein Export überhaupt nötig ist. Immerhin ist *XCF* doch das Hausformat von GIMP. Um diese Frage zu beantworten, wollen wir uns zunächst den Weg eines herkömmlichen Digitalfotos vor Augen führen. Ihre Kamera erzeugt in der Regel *JPEG*-Dateien mit der Dateiendung *.jpg.* Bei *JPEG*-Fotos handelt es sich um Bilddateien, deren Dateigröße von Haus sehr gering ist. Immerhin sollen ja möglichst viele Fotos auf dem Chip Platz finden. Der Nachteil ist allerdings, dass ein *JPEG*-Foto stark komprimiert werden muss, damit die Datei so angenehm klein bleiben kann. Dummerweise lässt sich eine solche Kompression jedoch nicht ohne Verluste realisieren.

Im Gegensatz zum *JPEG* gibt es Kompressionsverfahren, die verlustfrei sind, wie z. B. *TIFF* (»*Tagged Image File Format*«). Allerdings sind die Dateigrößen hier ungleich höher. Deshalb ist es beispielsweise nicht sinnvoll, eine *TIFF*-Datei für die Verwendung im Internet heranzuziehen. Als Druckdatei hingegen macht sich dieses Format gut, eben weil es qualitativ so hochwertig ist. Sie sehen schon: Ein einziges, für alle Verwendungszwecke gültiges Format gibt es nicht. Daher auch die heute existierende Formatvielfalt.

Ein weiteres Problem ist die Arbeit mit Ebenen, Pfaden und Vektoren. (Was es damit auf sich hat, werden Sie in diesem Buch noch erfahren.) Nicht alle Formate unterstützen dies. *JPEG* beispielsweise kann damit überhaupt nichts anfangen. *TIFF* normalerweise schon – allerdings nicht in GIMP (zumindest »noch« nicht). Und dann wären da noch die hauseigenen Formate (in Photoshop ist das beispielsweise *PSD*), die in der Regel sämtliche Funktionen unterstützen, im Gegenzug aber recht große Datenmengen produzieren. Das hauseigene Format unter GIMP ist *XCF*, wie Sie ja schon erfahren haben. Darin werden Ebenen genauso unterstützt wie Pfade und Vektoren. Das gibt uns die größtmögliche Vielfalt in Sachen Bildbearbeitung und sorgt für Topqualität. In diesem Buch kommen überwiegend zwei Formate zum Einsatz, nämlich *JPEG* und *XCF*. Später werden wir auch noch mit *GIF* und *PNG* arbeiten. Diese Formate eignen sich nämlich (wie auch *JPEG*) hervorragend zur Darstellung im Internet.

Dateien exportieren

Zur Konvertierung eines Speicherformats in ein anderes (z. B. ein *JPEG*-Foto von der Kamera in *PSD* für Adobe Photoshop) gehen Sie, wie erwähnt, über DATEI • EXPORTIEREN ALS. Öffnen Sie die Dateitypen-Liste ❶, und klicken Sie anschließend auf das gewünschte Format (hier: PHOTOSHOP-BILD (*.PSD) ❷). Wie Sie

JPEG

Die Bezeichnung *JPEG* (Dateiendung: *.jpg*) ist eine Abkürzung des für dieses Format verantwortlichen Gremiums »*Joint Photographic Experts Group*«.

»Exportieren nach«

Haben Sie eine Datei einmal exportiert, weist das Datei-Menü noch einen Eintrag auf, nämlich EXPORTIEREN NACH. Dabei wird das zuvor bereits exportierte Bild aktualisiert, wobei das zugrunde liegende Dateiformat (z. B. *JPEG*) mitsamt Qualitätseinstellungen beibehalten wird. Wollen Sie hingegen ein zweites Bilddokument erzeugen, müssten Sie sich abermals für EXPORTIEREN ALS entscheiden.

sehen, finden sich hier zahllose populäre Formate der digitalen Bildbearbeitung, wie z. B. *JPEG*, *TIFF*, *PNG*, *GIF* – und sogar das Adobe Photoshop-Format *PSD*.

Abbildung 1.19 ▶
Um das Format zu ändern, müssen Sie den gewünschten Dateityp unten im Auswahlmenü einstellen.

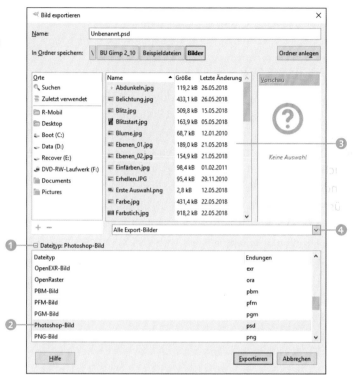

Bei der Umwandlung in das Standardformat *XCF* haben Sie es einfacher. Hier können Sie über DATEI • SPEICHERN UNTER gehen. In der Regel wird das Format mit der Endung *.xcf* bereits angeboten.

Anzeige filtern

Man könnte annehmen, es sei ausreichend, die kleine Liste unten rechts ❹ zu öffnen, mit der man ja ebenfalls verschiedene Dateitypen anwählen kann. Das ist aber nicht der Fall. Damit können Sie nämlich lediglich die bereits vorhandenen Dateitypen am jeweiligen Speicherort sichtbar machen und filtern (z. B. werden bei Einstellung von TIFF-BILD lediglich *TIFF*-Fotos in der Fenstermitte angezeigt ❸). Zur Änderung des Dateiformats müssen Sie jedoch unbedingt über die Liste der Dateitypen gehen.

1.5 Neue Bilder erzeugen

GIMP eignet sich nicht nur für die Nachbearbeitung von Fotos, sondern erlaubt auch das Erstellen eigener Bilder. Damit sind Ihrer eigenen Kreativität keine Grenzen mehr gesetzt.

Neue Datei erzeugen

Wenn Sie eine neue Datei erzeugen wollen, geht das über DATEI • NEU oder mittels Strg+N. Im Folgedialog können Sie aus einigen Vorlagen auswählen und so bestimmen, welche Abmessungen und welche Auflösung Ihr Foto haben soll. (Bitte beachten Sie hierzu auch die weiteren Informationen in Abschnitt 1.6, »Bildgrößen und Auflösungen«.)

Sie müssen es bei den Vorgaben nicht bewenden lassen, sondern können über die Steuerelemente im Bereich BILDGRÖSSE ❶ sämtliche Einstellungen manuell vornehmen. Auch die Ausrichtung (HOCHFORMAT ❷ oder QUERFORMAT ❸) bestimmen Sie hier. Mit Hilfe des Plus-Symbols ❹ lässt sich der Dialog sogar noch erweitern. Was es mit den Farben auf sich hat, werden wir uns gleich noch ansehen.

▲ **Abbildung 1.20**
Für grundlegende Größenbestimmungen reicht diese Dialogansicht vollkommen aus.

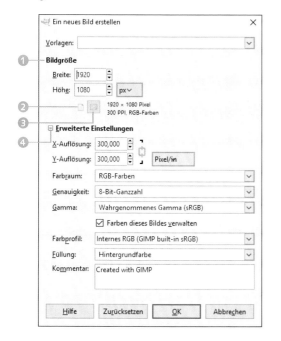

◄ **Abbildung 1.21**
Der Dialog, wie er hier zu sehen ist, zeigt sich erst nach einem Klick auf das Plus-Symbol ❹.

Duplikate anlegen

Nachdem Sie eine solche Datei erstellt haben, dürfen Sie Ihrer Kreativität freien Lauf lassen. Aktivieren Sie beispielsweise einen der Pinsel, und malen Sie mit gedrückter Maustaste über das Bild. Irgendwann werden Sie möglicherweise an einen Punkt kommen, an dem Sie mehrere Ideen verfolgen wollen. Dann ist es zu empfehlen, das Bild in seinem aktuellen Zustand zunächst einmal zu kopieren. Sie erreichen das über BILD • DUPLIZIEREN oder mit Hilfe von ⌈Strg⌉+⌈D⌉. Dabei müssen Sie allerdings berücksichtigen, dass die soeben erzeugte deckungsgleiche Kopie noch nicht gespeichert ist.

1.6 Bildgrößen und Auflösungen

Im Dialog zum Anlegen eines Bildes sind Sie eventuell zum ersten Mal mit den Begriffen *Bildgröße* und *Pixel* konfrontiert worden. Was sich dahinter verbirgt, müssen Sie unbedingt wissen, wenn Sie sich mit dem Thema Bildbearbeitung intensiver beschäftigen wollen. Lassen Sie uns dazu eines der Beispielfotos öffnen. (Wenn Sie das Vorwort gelesen haben, dürften sich die Bilder ja bereits auf Ihrem Rechner befinden.)

Pixel

»Scharfzeichnen_01.jpg«

Öffnen Sie ein beliebiges Foto (im Beispiel »Scharfzeichnen_01. jpg«). Danach betätigen Sie ⌈Alt⌉+⌈↵⌉ oder gehen auf BILD • BILD-EIGENSCHAFTEN.

In der obersten Zeile des Registers EIGENSCHAFTEN lässt sich ablesen, dass sich das Foto aus 1.000 × 667 Pixeln zusammensetzt. Dazu müssen Sie wissen, dass die kleinste Einheit eines Bildes ein Pixel ist. Dabei handelt es sich um ein kleines farbiges Quadrat, das erst zu erkennen ist, wenn Sie das Foto extrem vergrößern (siehe hierzu auch die Erläuterungen zum Werkzeug VERGRÖSSERUNG auf Seite 59). Die Pixel definieren sich aus unterschiedlichen Farbzusammensetzungen und ergeben in der Gesamtheit das Foto.

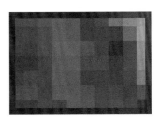

▲ **Abbildung 1.23**
Eine Stelle des Beispielfotos
bei 9.000 % Vergrößerung

▲ **Abbildung 1.22**
Das Beispielfoto »Scharfzeichnen_01.jpg« mitsamt den dazugehörigen
Bildeigenschaften

ppi

Pixel können unterschiedlich groß sein. Hier ist zunächst einmal
Zeile 3 der BILDEIGENSCHAFTEN (AUFLÖSUNG) interessant. Wir finden hier den Wert 72 × 72 ppi. Bei der Bezeichnung *ppi* handelt es
sich um eine Abkürzung, nämlich **P**ixels **P**er **I**nch (oder »Pixel pro
Zoll«). Ein Inch (bzw. ein Zoll) wiederum stellt ein Längenmaß dar,
das einer Strecke von 2,54 cm entspricht.

Für unser Bild bedeutet das: Auf einer Fläche von 2,54 × 2,54 cm
befinden sich 72 × 72 Pixel, also insgesamt 5.184. Sie können sich
vorstellen: Je mehr Pixel sich auf der erwähnten Fläche befinden,
desto kleiner müssen diese Pixel sein, desto genauer ist das Foto
aber auch schlussendlich. Daraus lässt sich ableiten: je mehr Pixel
pro Inch, desto besser ist die Qualität.

Auflösung

An dieser Stelle kommt der nächste Begriff ins Spiel, nämlich die
Auflösung. Sie definiert, wie viele Bildpixel sich auf der Länge von
einem Inch (also 2,54 cm) befinden. Hier gibt es ganz spezielle
Vorgaben, was wir anhand von vier Beispielen festmachen wollen:

▸ **72 ppi**: Diese Auflösung wird für Fotos verwendet, die am Bildschirm betrachtet oder via Internet präsentiert werden sollen. Die Auflösung ist relativ gering, jedoch für die angesprochenen Verwendungszwecke in der Regel ausreichend.

▸ **150 ppi**: Diese Auflösung eignet sich bereits für den Druck. Allerdings dürfen Sie hier keine guten Qualitäten erwarten. 150 ppi sind dann ausreichend, wenn Sie einen schnellen Referenzdruck erzeugen wollen, bei dem die Qualität nicht im Vordergrund steht (zumeist auf normalem Office-Papier).

▸ **220 ppi**: Diese Auflösung eignet sich schon für hochwertige Drucke auf Fotopapier. Diesen Wert sollten Sie nicht unterschreiten, wenn das Foto mit entsprechenden Qualitätsansprüchen auf dem heimischen Drucker ausgegeben werden soll.

▸ **300 ppi**: Für den professionellen Vierfarbdruck benötigen Sie Dateien mit einer Auflösung von mindestens 300 ppi.

ppi und dpi

Bleiben wir beim letzten Beispiel (300 ppi). Möglicherweise wird Ihr Druckdienstleister plötzlich von 300 *dpi* sprechen. Hier kommt also wieder ein komplett neues Auflösungsformat ins Spiel. Oder doch nicht? Nein, denn dpi bezeichnet **D**ots **P**er **I**nch, also Druckpunkte pro Inch, die vom Druckwerk erzeugt werden. Sie müssen sich also lediglich merken: Beim Foto spricht man von ppi, im Druck von dpi.

Vektorgrafiken

Nun müssen sich Bilder oder Bildelemente sowie Grafiken nicht generell nur aus Pixeln zusammensetzen, sondern können auch aus sogenannten *Pfaden* bestehen. Dabei wird dann nicht mehr Pixel für Pixel bestimmt, welche Farbe dem jeweiligen Quadrat zugrunde liegen soll. Vielmehr werden die Flächen in Koordinaten und Kurven beschrieben (sogenannte *Bézierkurven*).

Diese Darstellungsform hat gegenüber der Pixeldarstellung zwei entscheidende Vorteile: Da nicht Quadrat für Quadrat bestimmt werden muss, wie die fertige Fläche am Schluss aussehen soll, begnügen sich aus Pfaden bestehende Dateien mit erheblich weniger Speicherplatz. Der zweite Vorteil ist noch herausragender:

Eine aus Pfaden bestehende Grafik lässt sich beliebig skalieren – und zwar ohne jegliche Qualitätsverluste.

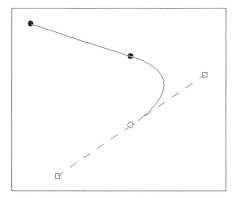

▲ **Abbildung 1.24**
Hier wird gerade ein Pfad erzeugt.

▲ **Abbildung 1.25**
Eine Kurvenlinie in einer stark vergrößerten Pixeldatei (links); dazu im Vergleich eine perfekte Pfadlinie (rechts)

Warum sind Pfade nun gegenüber Pixeldateien ohne Qualitätsverluste frei skalierbar (also in der Größe veränderbar)? Das liegt daran, dass nicht mehr Bildpunkte beschrieben werden müssen, sondern nur noch Koordinaten, Tangenten usw. Die Größe des Objekts spielt dabei keine Rolle (ganz im Gegensatz zur Pixeldatei).

Dennoch dürfen Sie bei aller Freude über Pfade nicht vergessen, dass sich ein Digitalfoto stets aus Pixeln zusammensetzt. Über diesen Umstand können wir uns auch mit GIMP nicht hinwegsetzen. Wenn es jedoch darum geht, Objekte hinzuzufügen – wie beispielsweise Grafiken oder Texte (beide können aus Bézierkurven bestehen) –, dann ist der Einsatz von Pfaden wirklich sinnvoll. (Was Sie über das Erzeugen von Pfaden wissen müssen, erfahren Sie in Kapitel 12.)

1.7 Farbräume

In Fotos haben wir es – Sie wissen es längst – mit Pixeln zu tun. Jedes Pixel bekommt eine eigene Farbe. Nun stehen aber nicht endlos viele Farben zur Verfügung, da wir in letzter Instanz nur auf bestimmte Farbsysteme zurückgreifen können.

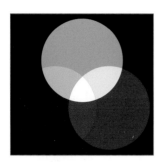

▲ **Abbildung 1.26**
Das additive Farbsystem
setzt sich aus den drei
Grundfarben Rot, Grün
und Blau zusammen.

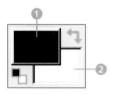

▲ **Abbildung 1.27**
Ein Mausklick auf eine der
beiden großen Flächen stellt
den Farbauswahl-Dialog zur
Verfügung.

Der RGB-Farbraum

Zunächst einmal wäre da das sogenannte *additive Farbsystem* zu
erwähnen. Dieses findet bereits während des Fotografierens Anwendung und wird auch bei der Ansicht auf dem Computermoni-
tor verwendet. Darin definieren sich die Farben meist aus anteili-
gen Mischungen der drei Grundfarben Rot, Grün und Blau – den
sogenannten *Farbkanälen*.

Jeder dieser einzelnen Farbkanäle kann in unterschiedlicher
Intensität vorliegen. Mitunter fehlen einzelne Farbkanäle auch
ganz. So ist aus dem vorangegangenen Schaubild beispielsweise
erkennbar, dass eine Mischung aus Rot und Grün die Zielfarbe
Gelb ergibt, sofern keinerlei Blau-Anteile vorhanden sind. Bleibt
die Frage: Wie viele Farben sind denn maximal möglich? Dazu
müssen Sie wissen, dass herkömmliche Farbfotos im 8-Bit-Modus
256 unterschiedliche Farbabstufungen haben können – und zwar
pro Farbkanal. Das bedeutet, dass wir es mit 256^3 verschiedenen Möglichkeiten zu tun haben; immerhin 16.777.216 Kombinationen.

Doch wie wird eine solche Farbe nun in GIMP interpretiert
bzw. gemischt? Öffnen Sie dafür zunächst einmal den Farbauswahl-Dialog. Dazu klicken Sie auf eines der beiden großen Recht-
ecke unterhalb der Werkzeuge (❶ oder ❷). (Weitere Informationen zur Vordergrund- und Hintergrundfarbe entnehmen Sie bitte
Kapitel 3, »Malen und färben«.)

RGB-Farben einstellen

Jetzt haben Sie im Folgedialog die Möglichkeit, eine Farbe zu
bestimmen. Das ist beispielsweise dann interessant, wenn Sie
Farbe auf ein Bild auftragen oder Flächen füllen wollen. Sie können die Werte für die drei Grundfarben verändern. Benutzen Sie
dazu die Schieber, die Sie in den Zeilen R, G und B ❺ finden (bei
voreingestellter schwarzer oder weißer Farbe befinden sich diese
ganz links oder ganz rechts). Diese Regler bewegen Sie nun mit
gedrückter Maustaste.

Ziehen Sie einen Regler ganz nach rechts, wird im nebenstehenden Eingabefeld der Wert 255 ausgewiesen. Das ist zumindest
dann der Fall, wenn die Schaltfläche 0..255 aktiv ist, die Sie oberhalb der Farbkürzel (R, G, B) finden. Einschließlich des Wertes 0,

der erreicht wird, wenn der Regler ganz links steht, ergeben sich also die bereits erwähnten 256 möglichen Abstufungen. Mischen Sie Ihre eigenen Farben an, indem Sie die drei Regler (R, G, B) nach Wunsch in Form ziehen. Dazu noch einige Hinweise: Sollten alle drei Farbkanäle den Wert 0 haben, ist die Ergebnisfarbe rein schwarz. Liegen alle drei Grundfarben in voller Intensität vor (dreimal 255), erhalten Sie ein reines Weiß. Sollte oben hingegen die Schaltfläche 0..100 aktiviert sein, lassen sich die Abstufungen nicht mehr von 0 bis 255 vornehmen, sondern nur von 0 bis 100. Hierbei zeigt sich die prozentuale Gewichtung einer Farbe von null (die Farbe ist nicht vorhanden) bis 100 (die Farbe ist in voller Intensität vorhanden).

Farben per Klick bestimmen

Farben lassen sich intuitiver einstellen, indem Sie zunächst per Mausklick den ungefähren Farbwert im schmalen Spektralbalken ❹ bestimmen. Die Feinabstimmung erledigen Sie dann durch einen weiteren Mausklick im großen Quadrat ❸.

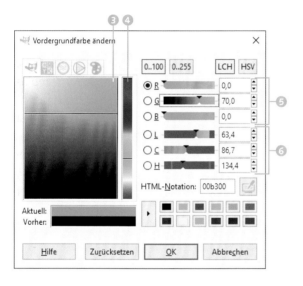

◄ **Abbildung 1.28**
Hier wurde der Wert für Grün auf 70 gezogen.

Farbtiefe

Vereinfacht gesagt, wird durch die Farbtiefe die Anzahl der Möglichkeiten verschiedener Farbabstufungen innerhalb einer Bilddatei beschrieben. Bei herkömmlichen 8-Bit-Bildern, wie sie in der Regel auch von einer Fotokamera interpretiert werden, ergeben sich die bereits erwähnten 256 möglichen Abstufungen pro Kanal. Allerdings kann GIMP seit der Version 2.10 auch höhere Farbtiefen interpretieren und verarbeiten – z. B. 16 oder auch 32 Bit. Hier sind die möglichen Farbabstufungen um ein Vielfaches höher. Nun macht es grundsätzlich keinen Sinn, ein 8-Bit-Foto in 32 Bit zu konvertieren, da es dadurch nicht verbessert, wohl aber in seiner Dateigröße unnötig aufgebläht wird. Wenn Sie allerdings neue Dateien erstellen, können Sie diese mit einer entsprechend höheren Farbtiefe anlegen, um mehr Spielraum bei der Farbinterpretation zu gewinnen. Dazu verwenden Sie im Dialog EIN NEUES BILD ERSTELLEN (DATEI • NEU) das Listenfeld GENAUIGKEIT.

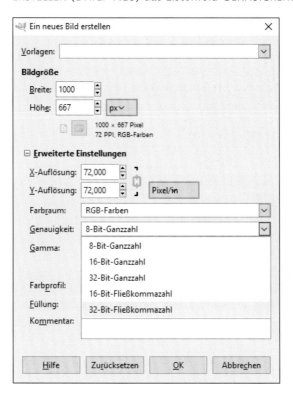

Abbildung 1.29 ▶
In GIMP 2.10 ist bei 8 Bit noch nicht Schluss.

Die Farbräume LCH und HSV

Grau erzeugen

Wollen Sie Grauwerte erzeugen, müssen Sie stets dafür sorgen, dass alle drei Grundfarben den gleichen Farbwert bekommen. Dabei gilt: je höher die drei identischen Werte, desto heller das Grau.

Sicher haben Sie schon festgestellt, dass sich bei Einstellung eines RGB-Wertes die unteren drei Schieberegler im Farbauswahl-Dialog ⑥ (siehe Abbildung 1.28) synchron mitbewegen. Das liegt daran, dass wir es dort mit einem ähnlichen Farbmodell zu tun haben, nur dass hier die Farben nicht über die Farbwerte Rot, Grün und Blau definiert werden, sondern über ein *kartesisches Koordinatensystem*, das verschiedene Farbtonwinkel beschreibt. Achten Sie einmal auf die oben rechts angeordneten beiden Schalter LCH und HSV. Betätigen Sie HSV, gelangen Sie nicht etwa auf die Internetseite des Hamburger Sportvereins, sondern tauschen die Farbregler des LCH-Farbsystems gegen HSV aus. Das steht für *Hue*, *Saturation* und *Value*, was den *Farbton*, die *Sättigung* (also die Leuchtkraft einer Farbe) und die *Helligkeit* beschreibt.

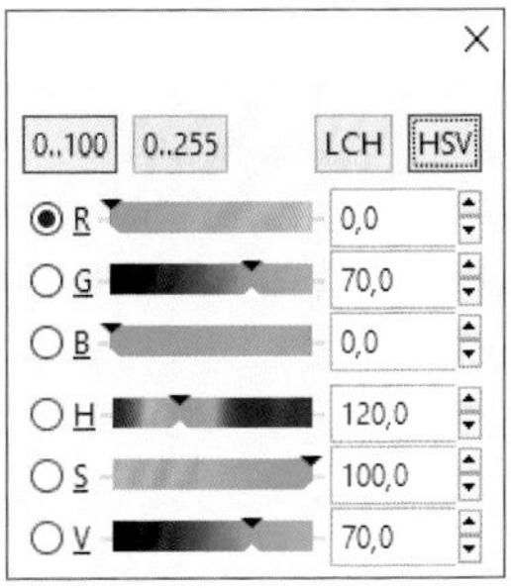

▲ **Abbildung 1.30**
Jetzt ist neben dem RGB-auch das HSV-Farbsystem aktiv.

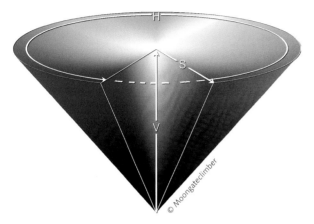

▲ **Abbildung 1.31**
Der HSV-Farbraum definiert sich anders als der RGB-Farbraum, bringt aber im Farbauswahl-Dialog das gleiche Ergebnis hervor.

Der CMYK-Farbraum (Druck)

Zuletzt wäre noch das sogenannte *subtraktive Farbsystem* nennenswert. Es ist nämlich grundsätzlich so, dass Drucker nicht mit den bereits bekannten additiven Grundfarben umgehen können. Zum Drucken benötigen Sie die Farben Cyan, Magenta und Gelb (= Yellow). Rein theoretisch ließen sich aus diesen drei Farben ebenfalls alle Grundfarben des additiven Farbsystems entwickeln. Allerdings sind längst nicht alle Farben druckbar, weshalb es oft zu Farbverfälschungen bei Ausdrucken kommt. Weil darüber hinaus die größtmögliche Zugabe von Cyan, Magenta und Gelb eben nur in der Theorie reinem Schwarz entspricht (in der Praxis erhalten Sie so allenfalls ein schmutzig wirkendes Braun), kommt beim Druck in der Regel eine vierte Farbe zum Einsatz, nämlich Schwarz (als Füllfarbe, abgekürzt mit K für »key color«).

RGB-Fotos benötigen immer eine Umwandlung in CMYK, sofern sie für den professionellen Druck vorbereitet werden sollen. Ihren heimischen Drucker dürfen Sie hingegen ruhigen Gewissens mit RGB-Fotos füttern.

CMYK-Profil hinzufügen

Wenn Sie beabsichtigen, Fotos für den Profi-Druck vorzubereiten, können Sie der Anwendung ein entsprechendes CMYK-Farbprofil zuweisen (das Sie idealerweise von Ihrem Druckdienstleister bekommen oder im Internet heruntergeladen haben). Das Farbprofil sollte die Dateiendung *.icc* oder *.icm* haben. Gehen Sie danach auf BEARBEITEN • EINSTELLUNGEN • FARBVERWALTUNG, und öffnen Sie die Liste CMYK-PROFIL. Dort lässt sich das Profil integrieren, indem Sie FARBPROFIL VON FESTPLATTE WÄHLEN aktivieren und den Pfad zum gewünschten Farbprofil herstellen.

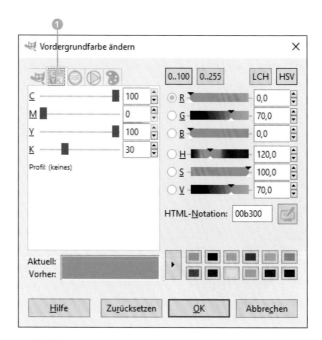

▲ **Abbildung 1.32**
Theoretisch lassen sich auch CMYK-Farben bestimmen.

Um in GIMP CMYK-Farbwerte einstellen zu können, müssen Sie im Farbauswahl-Dialog auf das zweite Register gehen ❶. Wenn Sie jetzt die Regler R, G oder B verschieben, werden Sie feststellen, dass sich die Regler C, M, Y und K ebenfalls bewegen. Dabei werden allerdings keine Werte zwischen 0 und 255 eingestellt, sondern Prozentwerte zwischen 0 % und 100 %.

1.8 Blitzeinstieg

Wie versprochen, hier nun der erste Workshop. Sie sind der Meinung, es sei doch noch zu früh für so etwas? Nein, denn Sie werden ihn mit Bravour meistern. Versprochen! Allerdings soll diese Übung nur etwas zum »Warmmachen« sein. Erklärungen, warum der eine oder andere Schritt erforderlich ist und was dieser im Einzelnen bewirkt, sind hier nicht mit dabei. Vielmehr soll diese Übung zeigen, wie schnell und intuitiv Sie mit GIMP zum Erfolg kommen können.

Cooler Look für Ihre Fotos

Kennen Sie diesen uralten Farblook, den Polaroid-Fotos seinerzeit erzeugt haben? Die Bilder wirkten sehr hell, farbstichig und
etwas blass. Im Zeitalter der Digitalfotografie ist das natürlich
Geschichte. Oder etwa nicht? Nein, denn diese Art der Bildgestal-
tung ist heute wieder total hip.

»Blitzstart.jpg«

1 Foto analysieren

Schauen Sie sich das Foto »Blitzstart.jpg« in Ruhe an, und versuchen Sie, die Schwachpunkte ausfindig zu machen. Klarer Fall: Es
ist etwas zu dunkel, die kaum vorhandenen Farben können nicht
überzeugen. Das werden Sie jetzt korrigieren.

2 Ebene duplizieren

Um dem Foto eine Korrekturgrundlage zu verschaffen, bedarf es
einer neuen Ebene (siehe Kapitel 5). Gehen Sie daher ganz oben
in die Menüleiste. Öffnen Sie das Menü EBENE, und entscheiden
Sie sich für EBENE DUPLIZIEREN. Bitte machen Sie sich keine Gedanken, wenn Sie daraufhin keinerlei Änderung im Bild erkennen können. Das ist richtig so.

© Robert Klaßen

▲ **Abbildung 1.33**
Das Original kommt noch
nicht richtig zur Geltung.

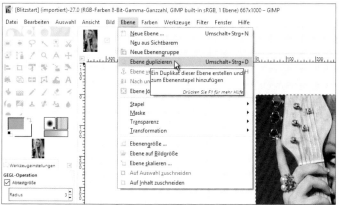

◄ **Abbildung 1.34**
Im Bild selbst wird sich durch
diese Aktion nichts ändern!

3 Ebenen-Palette finden

Jetzt müssen Sie sich um die Ebenen-Palette kümmern, die sich
standardmäßig unten rechts befindet. Der Reiter trägt das Symbol
übereinander angeordneter Blätter ❶.

Sollten Sie die Ebenen-Palette nicht finden, betätigen Sie einmal ⌷Strg⌷+⌷L⌷. Dadurch blinken die Ränder der Palette kurz auf. Alternativ gehen Sie in das Menü FENSTER • ANDOCKBARE DIALOGE • EBENEN. (Mehr zur Arbeitsoberfläche finden Sie in Kapitel 2.)

4 Modus ändern

Ganz oben sehen Sie MODUS: NORMAL, worauf Sie nun klicken. Alternativ benutzen Sie die nebenstehende Pfeil-Schaltfläche ②. Im sich daraufhin öffnenden Pulldown-Menü entscheiden Sie sich bitte für den Eintrag BILDSCHIRM. Der Erfolg: Das Foto wird heller. (Das Thema wird detailliert im Abschnitt »Ebenenmodus« auf Seite 138 besprochen.)

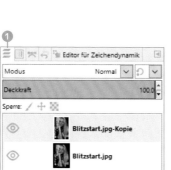
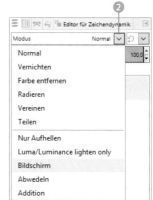

Abbildung 1.35 ▶
Jetzt wird der MODUS geändert.

Abbildung 1.36 ▶▶
Das Foto wird durch diese Aktion kräftig aufgehellt.

5 Dialog öffnen

Im nächsten Schritt gehen Sie in das Menü FARBEN und entscheiden sich für den Eintrag EINFÄRBEN. Sobald der Dialog geöffnet ist, erscheint das Foto in neuem Glanz.

6 Regler kennenlernen

Jetzt ist es Zeit für die beabsichtigte Färbung. Stellen Sie die Maus zunächst auf den Balken FARBTON ③, wobei Sie den senkrechten Trennstrich in der Mitte des Balkens erwischen sollten. Führen Sie noch keinen Mausklick aus, sondern wandern Sie zunächst mit dem Mauszeiger entlang des vertikalen Trennstrichs – ein wenig nach oben und dann nach unten. Sehen Sie, wie sich das Mauszeiger-Symbol verändert? Wenn Sie sich in der oberen Hälfte des Farbton-Feldes befinden, erhalten Sie einen nach oben weisenden Pfeil. Dieser deutet darauf hin, dass sich der Regler relativ stark verstellen lässt. Gehen Sie in die untere Hälfte, weist der Pfeil nach links und rechts. In diesem Bereich wird die Einstellung sehr viel feiner und dosierter.

7 Farbton verändern

Klicken Sie im oberen Bereich des Farbton-Reglers auf die Trennlinie, und ziehen Sie ihn nach links. Beobachten Sie die Ziffern ganz rechts im Farbton-Regler. Lassen Sie die Maustaste los, wenn Sie einen Wert von etwa 0,22 erreicht haben.

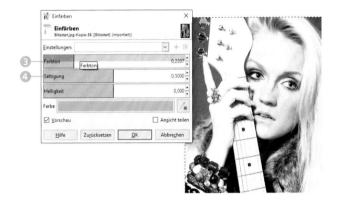

◄ **Abbildung 1.37**
Das Bild wird gelbstichig, aber das ist durchaus beabsichtigt.

8 Sättigung und Helligkeit verändern

Als Nächstes passen Sie die SÄTTIGUNG ❹ an, also die Leuchtkraft der Farbe. Streben Sie einen Wert von etwa 0,40 an. Sie müssen also auch hier nach links ziehen. Gleiches gilt für die HELLIGKEIT, die Sie auf ca. –0,06 justieren sollten. Am Schluss klicken Sie auf OK. (Mehr zum Thema Farben finden Sie in Kapitel 7, »Farben und Tonwerte korrigieren«.)

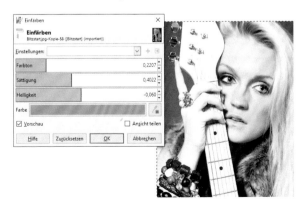

◄ **Abbildung 1.38**
Nehmen Sie diese Einstellungen vor, ehe Sie den Dialog verlassen.

▲ **Abbildung 1.39**
Die Deckkraft wird in der
Ebenen-Palette eingestellt.

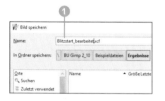

▲ **Abbildung 1.40**
Das Ergebnis wird gesichert –
und zwar im hauseigenen
GIMP-Format (XCF).

9 Deckkraft verringern

Zuletzt verringern Sie die DECKKRAFT der obersten Ebene. Dadurch wird die Sichtbarkeit der obersten Ebene reduziert. Die Folge: Die darunter befindliche Ebene schimmert durch. So ergibt sich eine Mischung aus beiden Bildebenen. Sie erreichen die Deckkraft-Reduktion, indem Sie zunächst noch einmal auf die Ebenen-Palette schauen. Dort ist ein Balken zu finden, der denen ähnelt, die Sie soeben im Farbdialog bedient haben. Einziger Unterschied: Es ist aktuell der Maximalwert von 100 % eingestellt – also volle Deckkraft. Die Teillinie ist deshalb auch nicht in der Mitte zu finden, sondern ganz rechts. Klicken Sie dorthin, und ziehen Sie den Regler so weit nach links, bis etwa 57 % angezeigt werden.

10 Datei speichern

Da Sie ja derzeit noch immer am Original arbeiten, sollten Sie die Datei unter einem anderen Namen abspeichern. Dazu gehen Sie auf DATEI • SPEICHERN UNTER und füllen das Feld NAME ❶ wunschgemäß aus. Zuletzt betätigen Sie SPEICHERN.

11 Vorher-nachher-Vergleich

Haben Sie Lust auf einen Vorher-nachher-Vergleich? Dann klicken Sie innerhalb der Ebenen-Palette auf das Augen-Symbol der obersten Ebene. Die oberste (korrigierte) Ebene wird dadurch komplett ausgeblendet, ohne dass die Deckkraft geändert werden muss. Ein erneuter Klick auf diese Stelle macht die Ebene wieder sichtbar.

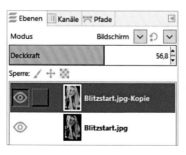 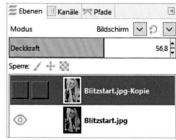

▲ **Abbildung 1.41**
Solange das Auge sichtbar ist (links), wird der Inhalt der Ebene angezeigt. Ein Klick auf das Auge blendet die Ebene aus (rechts).

Zum Vergleich finden Sie das fertige Foto im Ordner ERGEBNISSE. Es trägt den Namen »Blitzstart-bearbeitet.xcf«.

»Blitzstart_bearbeitet.xcf« im Ordner ERGEBNISSE

◄ **Abbildung 1.42**
Das ist ein Look, der das Foto interessanter macht. Es muss ja nicht immer das übliche Standardporträt sein.

Die Arbeitsoberfläche

GIMP entdecken

- ▸ Welche Werkzeuge gibt es?
- ▸ Wie kann ich die Arbeitsoberfläche nach meinen Wünschen einrichten?
- ▸ Wie funktioniert der Bild-Navigator?
- ▸ Welche verschiedenen Ansichtsoptionen gibt es?
- ▸ Wie werden Hilfslinien und Raster eingesetzt?
- ▸ Was bewirkt das Journal?

2 Die Arbeitsoberfläche

Gestärkt durch das Wissen aus dem ersten Kapitel, ist es jetzt an der Zeit, sich mit der Arbeitsoberfläche von GIMP vertraut zu machen. Sicherlich möchten Sie die zahlreichen Werkzeuge der Anwendung kennenlernen. Außerdem müssen Sie nun erfahren, wie Sie innerhalb der Bilddokumente navigieren, die Ansichten ändern und Hilfslinien sowie Raster zu Hilfe nehmen, um die Bildmanipulation enorm zu vereinfachen. Auf geht's!

2.1 Schnellübersicht Arbeitsoberfläche

Veränderte Anordnung

Möglicherweise sind einzelne Paletten oder Oberflächenelemente bei Ihnen anders angeordnet, als hier im Buch dargestellt. Das kann daran liegen, dass eine Vorgängerversion installiert gewesen ist, deren Anordnung nun übernommen wird. Weitere Ursachen könnten unterschiedliche Bildschirmgrößen oder individuell getroffene Voreinstellungen sein.

Nachdem Sie GIMP geöffnet haben, sieht die schöne neue Bildbearbeitungswelt ja noch ziemlich trist aus. Bei aktiviertem EINZEL-FENSTER-MODUS besteht die Oberfläche aus einer zentralen Einheit.

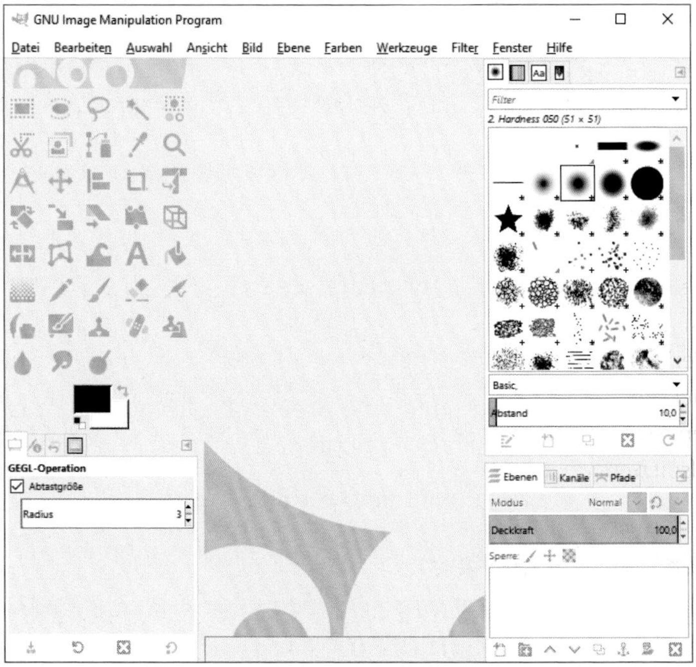

Abbildung 2.1 ▶
Noch ist GIMP grau in grau.

Einzel- und Mehrfenster-Modus

GIMP 2.10 wartet standardmäßig mit dem sogenannten *Einzel-fenster-Modus* auf. Bei Bedarf können Sie auch zu der Ansicht zurückkehren, die bis GIMP 2.6 Standard war – zum Mehrfenster-Modus. Dazu klicken Sie oben in der Menüleiste auf FENSTER und wählen dann den Eintrag EINZELFENSTER-MODUS aus. Das vorangestellte Häkchen im Menü wird daraufhin entfernt, und GIMP erscheint in drei Teilbereichen. Wiederholen Sie diesen Schritt, um zur Standardansicht zurückzukehren.

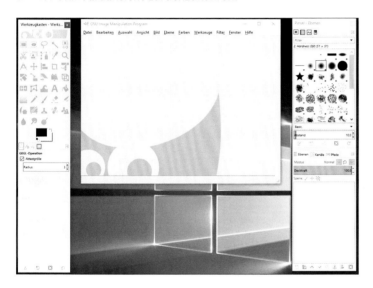

Helligkeit der Arbeitsoberfläche

Die Darstellung der GIMP-Oberfläche kann in den Voreinstellungen angepasst werden. Eine andere Oberfläche erreichen Sie über BEARBEITEN • EINSTELLUNGEN • OBERFLÄCHE • THEMA. Entscheiden Sie sich im Bereich THEMA AUSWÄHLEN für DARK, GRAY, LIGHT oder SYSTEM (letzteres kam in diesem Buch zum Einsatz).

◄ **Abbildung 2.2**
Drei Fenster, eine Software – GIMP im Mehrfenster-Modus

2.2 Werkzeuge

Die Arbeit mit GIMP erfordert permanent den Einsatz von Paletten und Werkzeugen. Deswegen wollen wir uns zunächst den Werkzeugkasten ansehen. Anschließend werfen wir noch einen Blick auf den Palettenbereich (rechts auf der Arbeitsfläche), in dem sich die Register EBENEN, KANÄLE und PFADE, aber auch Pinselspitzen, Muster und Farbverläufe ausfindig machen lassen.

Der Werkzeugkasten

Den Werkzeugkasten können Sie, wie alle anderen Paletten auch, nach Wunsch zurechtziehen. Im EINZELFENSTER-MODUS reicht der

Ansicht verändern (Mehrfenster-Modus)

Stellen Sie die Maus im Mehrfenster-Modus an den Rand des Werkzeugkastens, damit der Mauszeiger zum Doppelpfeil mutiert, und ziehen Sie mit gedrückter Maustaste in die gewünschte Richtung. Wenn Sie eine der vier Ecken ziehen, lassen sich Höhe und Breite sogar gemeinsam verstellen.

▲ Abbildung 2.3
Wählen Sie im oberen Bereich des Werkzeugkastens ein Tool aus (hier: STIFT). Im unteren Bereich lässt es sich dann individuell einstellen.

Werkzeuge wiederherstellen

Sollte einmal alles durcheinandergeraten sein, ist das kein Grund zur Sorge. Ein Klick auf das kleine Kreis-Symbol rechts unterhalb der Liste ❺ versetzt sämtliche Werkzeuge wieder in den ursprünglichen Zustand.

Werkzeugkasten stets über die gesamte Höhe. Möchten Sie den Kasten verbreitern, fahren Sie mit der Maus von den Werkzeugen ausgehend langsam nach rechts. Stoppen Sie, wenn der Mauszeiger zum Doppelpfeil mutiert. Jetzt platzieren Sie einen Mausklick, halten die Maustaste gedrückt und ziehen langsam nach rechts (Werkzeugkasten wird breiter) bzw. nach links (Werkzeugkasten wird schmaler). Genauso funktioniert es im Übrigen auch mit dem Palettenbereich, den Sie auf der rechten Seite finden. Um eines der Werkzeuge (= Tools) zu aktivieren, klicken Sie es ganz einfach an. Danach stellen Sie die Optionen des Werkzeugs ein, was Sie wiederum im unteren Teil des Werkzeugkastens erledigen. Jedes Tool stellt nach seiner Anwahl (z. B. ❶) seine ganz individuellen Einstelloptionen zur Verfügung (❷).

Werkzeugkasten anpassen

Der Inhalt des Werkzeugkastens lässt sich individuell anpassen. Dazu müssen Sie vorab BEARBEITEN • EINSTELLUNGEN wählen und dann in der linken Spalte den Eintrag WERKZEUGKASTEN innerhalb der Liste OBERFLÄCHE markieren. Sie können Tools umsortieren, indem Sie diese in der Liste nach oben oder unten verschieben. Ebenso lässt sich auch die Zeile eines Werkzeugs markieren ❹ und dann mit den Pfeiltasten ❼ nach oben oder unten verschieben.

Achten Sie synchron auf den Werkzeugkasten. Änderungen im Menü EINSTELLUNGEN werden nämlich auch dort unverzüglich umgesetzt. Sie dürfen sogar Werkzeuge aus dem Kasten verbannen. Betätigen Sie dazu eines der Augen-Symbole, das dem jeweiligen Tool vorangestellt ist ❻.

Über die vier Checkboxen im Bereich DARSTELLUNG ❸ (siehe Abb. 2.4) legen Sie fest, was zusätzlich zu den Tools angezeigt werden soll. Die oberste ist nur wenig interessant, denn damit lässt sich lediglich das GIMP-Logo oberhalb der Tools ein- und ausschalten. Die zweite ist hingegen wesentlich wichtiger. Lassen Sie dieses Häkchen auf jeden Fall angewählt, denn nur dann werden Vorder- und Hintergrundfarbe ❽ angezeigt. Mit dem dritten Kontrollkästchen können Sie zusätzlich Pinsel, Muster und Farbverläufe einsehen ❾, während AKTUELLES BILD ANZEIGEN bewirkt, dass eine Miniatur des aktiven Fotos im Werkzeugkasten sichtbar wird ❿. Am besten aktivieren Sie alle Optionen.

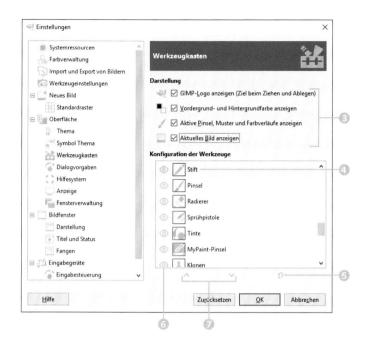

Stellen Sie sich Ihren individuellen Werkzeugkasten zusammen.

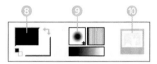

▲ **Abbildung 2.5**
Falls gewünscht, lassen Sie weitere Optionen im Werkzeugkasten anzeigen.

Werkzeuge aktivieren

Die Benutzung eines Werkzeugs läuft in der Regel in drei Schritten ab: Auswählen, Einstellen, Anwenden. Das Auswählen ist am schnellsten erledigt, da Sie das Tool lediglich anklicken müssen. In diesem Zusammenhang sollten Sie aber unbedingt auch einmal auf die QuickInfo achten. Diese sehen Sie immer dann, wenn Sie den Mauszeiger kurz auf einem Werkzeug verweilen lassen. Diese QuickInfo verrät Ihnen, um welches Werkzeug es sich handelt und was Sie damit machen können. Aber nicht nur das: Am Ende wird nämlich auch das zur Aktivierung des Werkzeugs erforderliche Kürzel bzw. die Tastenkombination angezeigt.

Tastaturkürzel

Eine enorme Arbeitserleichterung stellen sogenannte *Shortcuts* (= Tastaturkürzel) dar, wie Sie im weiteren Verlauf dieses Buches noch feststellen werden. Stellen Sie sich vor, Sie arbeiten gerade an einem Bild. Wenn Sie plötzlich ein anderes Werkzeug aktivieren müssen, fahren Sie mit der Maus auf das entsprechende Tool. Das bedeutet aber auch, dass Sie das Bild verlassen müssen. Bleiben Sie stattdessen mit dem Mauszeiger auf dem Foto,

▲ **Abbildung 2.6**
Für Einsteiger ist die Quick-Info ein nützliches Hilfsmittel – verrät sie doch auch, welche Taste (mitunter auch Tastenkombination) zur schnellen Aktivierung betätigt werden muss.

Kürzel schnell vergeben

Ein Tipp für Individualisten: Wer Menübefehle ruck zuck mit Shortcuts belegen möchte, aktiviert zunächst die Checkbox DYNAMISCHE TASTENKOMBINATIONEN BENUTZEN (BEARBEITEN • EINSTELLUNGEN • OBERFLÄCHE). Anschließend gehen Sie in das gewünschte GIMP-Menü, lassen den Mauszeiger auf dem mit einem Kürzel zu belegenden Eintrag stehen und drücken die einzelne Taste bzw. Tastenkombination, die für diesen Befehl künftig gültig sein soll.

und aktivieren Sie das Werkzeug mithilfe des Shortcuts. Praktisch, oder? – Versuchen Sie es doch gleich einmal. Wechseln Sie zwischen Verschieben- und Zoom-Werkzeug, indem Sie im Wechsel [M] und [Z] drücken.

Möchten Sie wissen, welche Tastaturkürzel aktiv sind (und diese eventuell sogar selbst konfigurieren), wählen Sie BEARBEITEN • TASTENKOMBINATIONEN. Öffnen Sie die Liste WERKZEUGE (vorangestelltes Plus-Symbol anklicken), und schauen Sie sich in Ruhe um. Wie Sie sehen, wird beispielsweise die SPRÜHPISTOLE mit [A] aktiviert.

Werkzeuge einstellen

Sie haben das Werkzeug ausgewählt und können es jetzt wunschgemäß einstellen. Dazu gibt es je nach aktiviertem Werkzeug verschiedene Optionen. Das Zuschneiden-Werkzeug ([⇧]+[C]) beispielsweise wartet mit Checkboxen, Pulldown-Menüs und Eingabefeldern auf. Hier können Sie die Eigenschaften festlegen, die Ihr individuelles Tool mitbringen soll. (Bitte machen Sie sich jetzt noch keine Gedanken um die einzelnen Funktionsweisen. Wir werden uns damit noch ausgiebig beschäftigen.)

Einstellungen speichern

Wechseln Sie jetzt doch einmal das Werkzeug, indem Sie Ⓤ drücken. Das aktiviert nämlich den ZAUBERSTAB. Danach nehmen Sie wahllos einige Einstellungen vor. Es wäre gut, wenn Sie auch den SCHWELLWERT (er steht standardmäßig bei 15,0) verändern würden, da hier die Änderungen an den Voreinstellungen sofort ersichtlich sind. Wenn Sie anschließend die linke Schaltfläche der Fußleiste ❶ betätigen, haben Sie die Möglichkeit, die aktuell gültigen Einstellungen zu speichern. Klicken Sie auf ZAUBERSTAB, wird die Voreinstellung des Zauberstabs überschrieben. Deshalb ist anzuraten, NEUE WERKZEUG-VOREINSTELLUNG zu selektieren. Dann nämlich wird ein neuer (zweiter) Zauberstab mit Ihren individuellen Einstellungen generiert.

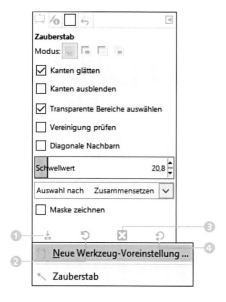

◀ **Abbildung 2.8**
Die Buttons im unteren Teil des Werkzeugkastens sparen viel Zeit.

Klicken Sie anschließend auf die zweite Schaltfläche von links ❷, werden Sie feststellen, dass sich zu dem ersten Tool ein weiteres (mit der Bezeichnung ZAUBERSTAB #1) hinzugesellt hat. Sie können von jetzt an wählen, welche der beiden Voreinstellungen aktiv werden soll. Benötigen Sie eine der Voreinstellungen nicht länger, entfernen Sie diese, indem Sie die dritte Schaltfläche der Fußleiste betätigen ❸. Hier ist am Ende noch eine Kontrollabfrage zu überwinden. Die ursprünglichen Einstellungen eines Tools erhalten

Sie immer, wenn Sie die letzte Schaltfläche rechts ❹ drücken. In diesem Fall wird dann auch der SCHWELLWERT wieder auf 15,0 zurückgesetzt. Und wenn Sie während des Klicks ⇧ gedrückt halten, werden sämtliche Werkzeugeinstellungen zurückgesetzt.

Regler

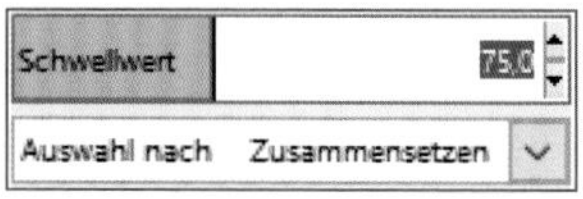

▲ **Abbildung 2.9**
Die Schieberegler sind ausgesprochen intuitiv.

GIMP verwendet Regler, die sich von den altbekannten ein bisschen unterscheiden. Im Workshop am Ende des ersten Kapitels haben Sie damit ja bereits Bekanntschaft gemacht und erfahren, dass sich die Werte in der oberen Hälfte eines Reglers sehr viel gröber einstellen lassen als in der unteren Hälfte. Ebenfalls dürfte interessant sein, dass Sie auch in die obere Hälfte des Balkens hineinklicken können, um schnell einen ungefähren Wert zuzuweisen. In der Praxis würden Sie als Nächstes in der unteren Hälfte auf die vertikale schwarze Trennlinie klicken und die Feineinstellung vornehmen. Wer es noch präziser wünscht, kann den ganz rechts stehenden Wert ändern. Ein Doppelklick bewirkt, dass entweder die Zahl vor oder hinter dem Komma markiert wird (je nachdem, auf welchen Bereich Sie geklickt haben), während ein Dreifachklick die Markierung des gesamten Wertes bewirkt. Danach dürfen Sie den gewünschten Wert mit Hilfe der Tastatur eingeben und ↵ drücken.

2.3 Die Werkzeuge im Kurzüberblick

Mittlerweile dürfte Ihnen der Werkzeugkasten ja bestens vertraut sein, oder? Da fehlen jetzt eigentlich nur noch die Funktionsweisen der Tools im Einzelnen. Und hier sind sie auch schon. Dabei soll das jeweilige Tool keinesfalls vollständig erklärt werden. Das wäre viel zu aufwendig und überdies ausgesprochen langweilig. Vielmehr werde ich Sie in den folgenden Workshops praxisnah mit dem Umgang der Tools vertraut machen. An dieser Stelle geht es jedoch ausschließlich um ihre grundsätzliche Bedeutung.

Auswahlwerkzeuge | Mit diesen Werkzeugen lassen sich Bereiche eines Bildes auswählen und so für die weitere Bearbeitung markieren. Die nicht ausgewählten Bereiche (jenseits der Auswahl) bleiben von der sich anschließenden Bildmanipulation ausgenommen. (Weitere Informationen zum Umgang mit Auswahlwerkzeugen finden Sie in Kapitel 4, »Auswählen und freistellen«.)

Pfade | Shortcut B. Erzeugen Sie mit der Maus eigene Linien, Geraden oder Kurven, die Sie später beispielsweise als Auswahl oder Kanal benutzen können. Wenn Sie in Abständen kurze Mausklicks ausführen, werden zwischen den Punkten Geraden erzeugt. Halten Sie die Maustaste nach dem Klicken fest und verschieben dabei gleichzeitig die Maus, werden Kurven produziert. (In Kapitel 12, »Pfade«, vertiefe ich dieses Thema.)

Farbpipette | Shortcut O. Mit diesem Werkzeug lassen sich Vordergrund- und Hintergrundfarbe aufnehmen. Klicken Sie mit der Maus auf eine bestimmte Stelle des Bildes, wird deren Farbwert als Vordergrundfarbe definiert.

Vergrößerung | Shortcut Z. Klicken Sie mit diesem Tool auf das Bild, um den Ausschnitt zu vergrößern. Halten Sie während des Klickens Strg gedrückt, wird der Ausschnitt wieder verkleinert. Ziehen Sie über dem Bild mit gedrückter Maustaste einen Rahmen auf, wird anschließend genau dieser Bereich vergrößert dargestellt.

Maßband | Shortcut ⇧+M. Hiermit messen Sie Abstände und Winkel im Bild. Klicken Sie dazu mit der Maus an der Stelle, an der Sie messen wollen (Startpunkt ❶). Halten Sie die Maustaste gedrückt, und klicken Sie an einer anderen Stelle erneut ❷. Sobald Sie loslassen, erscheinen unten im Fenster die Anzahl der Pixel ❸, die auf dieser Strecke liegen, der Winkel ❹ (ausgehend von 0° horizontal) sowie die Größe des imaginären Rechtecks zwischen Start- und Zielpunkt ❺. Noch ein Tipp: Halten Sie bis zum zweiten Mausklick Strg gedrückt, können Sie die Linie nur in 15°-Schritten (ausgehend von ❶) ziehen.

Abbildung 2.10 ▶
Dieses Werkzeug hilft bei der Messung von Strecken und Winkeln.

Verschieben | Shortcut M̄. Verschieben Sie Gegenstände, Ebenen oder komplette Bilder, indem Sie darauf klicken und das Objekt mit gedrückter Maustaste bewegen. Wenn Sie die korrekte Position erreicht haben, lassen Sie los.

Ausrichten | Shortcut Q̄. Mit diesem Ausrichten-Tool lassen sich einzelne oder mehrere auf unterschiedlichen Ebenen befindliche Objekte »aneinander« oder »relativ« (z. B. zum Bild oder zu einer bestehenden Auswahl) ausrichten.

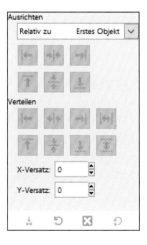

Abbildung 2.11 ▶
Die Art der Ausrichtung legen Sie in der unteren Hälfte des Werkzeugkastens fest.

Markieren Sie das Objekt mit dem Ausrichten-Werkzeug (mehrere Objekte markieren Sie, indem Sie ⇧ gedrückt halten). Stellen Sie RELATIV ZU im unteren Bereich des Werkzeugkastens nach Wunsch ein (sollte dieser Bereich nicht sichtbar sein, führen Sie einen Doppelklick auf dem Werkzeug aus). Zuletzt betätigen Sie eine der Pfeiltasten.

Zuschneide- und Transformationswerkzeuge | Wann immer Sie ein Foto zurechtschneiden, drehen, verziehen oder zurechtrücken wollen, kommen Sie mit diesen Werkzeugen ans Ziel. (Weitere Informationen dazu hält Kapitel 6, »Zuschneiden, skalieren und transformieren«, bereit.)

Käfig Transformation | Shortcut ⇧+G. Mit diesem Werkzeug lassen sich bestimmte Bereiche eines Fotos ohne großen Aufwand mehr oder weniger frei verzerren. Einen Workshop dazu gibt es in Kapitel 6, »Zuschneiden, skalieren und transformieren«, ab Seite 155.

Warp Transformation | Shortcut W. Mit der Warp Transformation lassen sich Fotos intuitiv verfremden – und zwar durch bloßes Verschieben mit der Maus. Mit etwas Übung kann es sogar zur Retusche oder Korrektur eingesetzt werden. (Einen Workshop dazu finden Sie in Kapitel 10, »Retusche und Montage«, ab Seite 267.)

Text | Shortcut T. Das Textwerkzeug wird immer dann eingesetzt, wenn Schriften innerhalb eines Bildes benötigt werden. (Weitere Erklärungen sowie interessante Workshops zu diesem Thema finden Sie in Kapitel 13, »Text«, ab Seite 332.)

Füllen | Shortcut ⇧+B. Füllen Sie Ebenen oder zuvor ausgewählte Bereiche mit einer frei definierbaren Farbe.

Verlauf | Shortcut G. Füllen Sie Ebenen oder zuvor ausgewählte Bereiche mit einem frei definierbaren Farbverlauf.

Stift und Pinsel | Malen Sie mit Farbe. Dabei stehen Ihnen sowohl ein einstellbarer Buntstift (N) als auch ein Pinsel (P) zur Verfügung, der mit unterschiedlich beschaffenen Pinselspitzen ausgestattet werden kann. Es soll nicht verschwiegen werden, dass der Pinsel auch im Bereich der Fotokorrektur zum Einsatz kommen darf.

Weitere Mal- und Farbwerkzeuge | Wenn es darum geht, Bildbereiche umzufärben, mit Farben kreativ zu malen u. Ä., dann sind diese Werkzeuge unerlässlich. Natürlich darf auch der Radierer nicht fehlen, der imstande ist, Bildbereiche zu eliminieren. (Hinweise zum Umgang mit diesen Tools gebe ich in Kapitel 3, »Malen und färben«.)

Klonen | Shortcut C. Mit dem Klonen-Werkzeug lassen sich Bildbereiche duplizieren, das heißt an anderer Stelle reproduzieren. Des Weiteren können Sie damit Muster hinzufügen. Dem Werkzeug kommt jedoch eine besondere Bedeutung zu, da es auch zur Retusche verwendet werden kann. (Mehr Informationen dazu finden Sie auch in Kapitel 10, »Retusche und Montage«.)

Heilen | Shortcut H. Das Heilen-Werkzeug wird genauso angewendet wie das Klonen-Werkzeug, mit dem Unterschied, dass mit ihm kleinere Fehlerstellen sehr viel besser korrigiert werden können. Sie sollten das Werkzeug zunächst auf die zu retuschierende Stelle setzen, um die Größe des Werkzeugs entsprechend anzupassen. (Erklärungen zum Umgang mit diesem Tool sowie praxisnahe Einsatzmöglichkeiten sind in Kapitel 10, »Retusche und Montage«, nachzulesen.)

Perspektivisches Klonen | Ohne Shortcut. Dieses Tool ermöglicht das Übertragen einer Perspektive auf ein anderes Objekt. Erzeugen Sie ein Objekt, und verändern Sie seine Perspektive. Anschließend stellen Sie das Tool im unteren Bereich des Werkzeugkastens auf Perspektivisches Klonen. Nehmen Sie eine Stelle des Ursprungsobjekts auf, indem Sie Strg gedrückt halten und darauf klicken. Danach positionieren Sie die Maus an einer anderen Stelle.

Weichzeichnen/Schärfen | Shortcut ⇧+U. Dieses Werkzeug stellt zwei grundlegende Funktionen bereit. Wenn Sie einen Bildbereich weichzeichnen wollen, dann stellen Sie unten im Werkzeugkasten auf den Radio-Button Weichzeichnen um. Zum

Scharfzeichnen bestimmter Bildbereiche wählen Sie den darunter befindlichen Radio-Button. Die Intensität des Werkzeugs bestimmen Sie mit dem Schieberegler RATE.

Danach wischen Sie mit gedrückter Maustaste über die Stelle, die geschärft oder weichgezeichnet werden soll. Sie können das Werkzeug kurzzeitig wechseln (von WEICHZEICHNEN auf SCHÄRFEN oder umgekehrt), indem Sie vorübergehend ⌑Strg⌑ gedrückt halten. (Die Themen Scharf- und Weichzeichnen vertiefe ich in Kapitel 9.)

Verschmieren | Shortcut ⌑S⌑. Mit der kleinen Hand und dem ausgestreckten Finger werden Sie im wahrsten Sinne des Wortes zum Pixelschubser. Wischen Sie mit diesem Werkzeug über einen Bereich des Bildes, werden die dort befindlichen Pixel verschmiert.

Abwedeln/Nachbelichten | Shortcut ⌑⇧⌑+⌑D⌑. Die beiden Begriffe stammen aus der klassischen Fotografie. Beim Abwedeln werden die Kontraste eines Bildes herabgesetzt. Das Bild erscheint farbärmer. Das klassische Nachbelichten hingegen verstärkt die Farbkontraste.

Und so wenden Sie das Werkzeug an: Wählen Sie zunächst den gewünschten Modus über die Radio-Buttons TYP (ABWEDELN oder NACHBELICHTEN). Danach stellen Sie die Intensität des Werkzeugs über den Schieberegler DECKKRAFT ein. Anschließend wischen Sie mit gedrückter Maustaste über die Stelle, die abgewedelt oder nachbelichtet werden soll. Sie können den Modus kurzzeitig wechseln, indem Sie ⌑Strg⌑ gedrückt halten. (Die Belichtungskorrektur von Fotos bespreche ich ausführlich in Kapitel 8.)

2.4 Paletten

Werfen Sie jetzt einen Blick auf die rechte Spalte der Anwendung. Dieser Bereich wird auch als *Dock* bezeichnet, wobei er seinen Namen der Tatsache verdankt, dass Sie dort weitere Paletten bzw. Dialoge andocken können.

Unten im Dock befinden sich drei Register ❸ (EBENEN, KANÄLE, PFADE; auch *Dialoge* oder *Reiter* genannt), deren jeweiliger Inhalt sich per Mausklick nach vorn stellen lässt. Wenn Sie also im weiteren Verlauf dieses Buches einmal dazu angehalten werden, die KANÄLE zu öffnen, ist das kein Grund, Ihr Büro zu fluten. Vielmehr reicht es, wenn Sie auf das gleichnamige Register klicken.

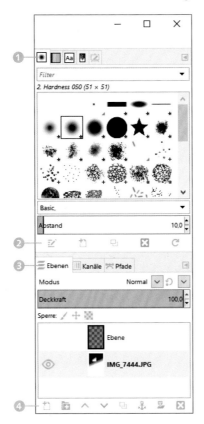

Abbildung 2.12 ▶
Der Palettenbereich wird auch als Dock bezeichnet.

Ganz oben finden sich ebenfalls Register, die mittels Mausklick nach vorn gestellt werden können (PINSEL, MUSTER, SCHRIFTEN, DOKUMENTENINDEX und EDITOR FÜR WERKZEUG-VOREINSTELLUNGEN) ❶.

Je nach gewähltem Register erhalten Sie unterschiedliche Fußleisten (❷ und ❹). Hier befinden sich wichtige Schaltflächen, deren individuellen Sinn und Zweck ich in den folgenden Kapiteln erläutern werde. Nicht alle Schaltflächen lassen sich jederzeit bedienen, sondern sind abhängig von verschiedenen Bedingungen. So können Sie den Papierkorb beispielsweise erst dann verwenden, wenn Sie zuvor ein Foto geöffnet haben.

Weitere Dialoge hinzufügen

Es werden nicht alle zur Verfügung stehenden Dialoge angezeigt. Weitere Inhalte finden Sie jedoch im Menü FENSTER. Holen Sie doch einmal beispielhaft das Histogramm hervor, indem Sie FENSTER • ANDOCKBARE DIALOGE • HISTOGRAMM wählen.

▲ **Abbildung 2.13**
In diesem Menü befinden sich weitere Fenster.

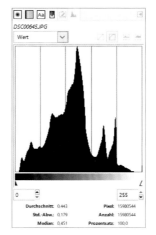

▲ **Abbildung 2.14**
Die Histogramm-Palette wird geöffnet und im Dock ganz nach vorn gestellt.

Komplettes Fenster wiederherstellen

Sollten Sie die Standard-Dialoggruppe auf der rechten Seite versehentlich einmal komplett geschlossen haben, ist es nicht erforderlich, sämtliche Dialoge einzeln zu öffnen. Gehen Sie in diesem Fall im Bildfenster auf FENSTER • KÜRZLICH GESCHLOSSENE DOCKS • EBENEN, KANÄLE, PFADE.

Dialoge an- und abdocken

Der daraufhin angezeigte Dialog erscheint oben im Dock, und zwar in einem eigenen Register. Sie können ihn jedoch nach Wunsch per Drag & Drop verschieben, indem Sie am Reiter ziehen und ihn an einer Position jenseits des Docks fallen lassen. Schließen Sie das Fenster, indem Sie die kleine Schaltfläche oben rechts betätigen. Sofern sich die Palette noch im Dock befindet, müssen Sie zum Schließen anders vorgehen. Betätigen Sie in diesem Fall die kleine Dreieck-Schaltfläche ❶ oben rechts (siehe Abb. 2.15), gefolgt von REITER SCHLIESSEN. Dabei wird stets nur der Reiter geschlossen, der gerade aktiv ist.

Und jetzt zurück ins Dock: Dazu klicken Sie den losgelösten Reiter erneut an, ziehen ihn ins Dock und lassen die Maustaste erst wieder los, wenn er sich neben den anderen Reitern im Dock befindet. Das gesamte Dock ist jetzt auch schwarz umrahmt.

Palette alternativ abdocken

Das Abdocken einer Palette kann auch über die kleine Dreieck-Schaltfläche oben rechts erfolgen. Bei dieser Vorgehensweise müssen Sie anschließend REITER LÖSEN selektieren.

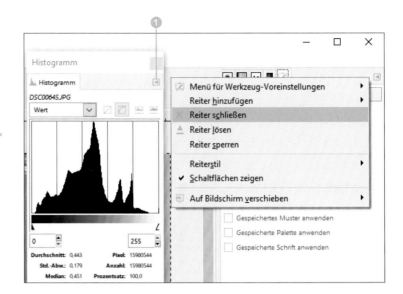

Abbildung 2.15 ▶
Schließen Sie die Reiter bei gelösten Paletten über die Schließen-Schaltfläche. Bei Paletten im Dock verwenden Sie das Menü.

Neue Fenstergruppe erzeugen

Auch ein Fenster, das nur aus einem einzigen Dialog besteht, können Sie mit mehreren Registern bestücken. Klicken Sie dazu auf die kleine Dreieck-Schaltfläche oben rechts im Dialog. Wählen Sie anschließend REITER HINZUFÜGEN, und entscheiden Sie sich für den Eintrag, dessen Dialog im neuen Fenster ebenfalls zur Verfügung stehen soll. Übrigens ließen sich die unterschiedlichen Dialoge alternativ auch wie im Fließtext beschrieben per Drag & Drop zusammenfügen.

Die Reihenfolge der einzelnen Register müssen Sie nicht widerspruchslos hinnehmen. Ziehen Sie den gewünschten Reiter ganz einfach auf einen anderen, um ihn an dieser Stelle einzusortieren. Der Reiter an dieser Position sowie alle daneben befindlichen machen daraufhin artig Platz und weichen nach rechts aus.

2.5 Bildnavigation

Mitunter werden Sie sehr stark in ein Foto einzoomen müssen. Das ist beispielsweise gegeben, wenn Sie Arbeiten im Detail verrichten wollen. Da man jedoch schnell die Übersicht verliert, wo man sich gerade auf dem Foto befindet, sollten Sie sich von GIMP unter die Arme greifen lassen.

Bildlauf mittels Scrollrad

Vertikale Verschiebungen des Ausschnitts erreichen Sie auch mit Hilfe des Scrollrades Ihrer Maus (vertikaler Bildlauf). Horizontal funktioniert das Ganze nur, wenn sich das Scrollrad kippen lässt.

Verschieben

Nachdem Sie das Werkzeug VERGRÖSSERUNG ⌈Z⌋ benutzt haben, sehen Sie meist nur einen Teilbereich des Fotos. Falls Sie diesen Teilbereich nun noch verschieben wollen, müssen Sie nicht extra auf das Verschieben-Werkzeug umschalten. Vielmehr reicht es, wenn Sie die Leertaste gedrückt halten und die Maus mit gedrückter linker Taste etwas bewegen. Dadurch wird der angezeigte Bereich entsprechend aktualisiert. Sollten Sie in diesem

Zusammenhang nachfassen müssen, beispielsweise weil sich die Maus am Rand befindet, lassen Sie einfach die Leertaste kurzzeitig los, positionieren die Maustaste neu und drücken dann wieder die Leertaste. Achtung: Das Ganze funktioniert nur, wenn

- ▶ das Zoom-Werkzeug aktiv ist und
- ▶ Sie zuvor tatsächlich gezoomt haben.

Zoomen

Wie Sie das Zoom-Werkzeug (Lupe) bedienen, haben Sie ja bereits in Abschnitt 2.3, »Die Werkzeuge im Kurzüberblick«, erfahren. Nun existieren für Eilige aber noch weitere Möglichkeiten, mit denen sich das Foto schnell vergrößern oder verkleinern lässt. Dazu sind zunächst einmal die Tasten ① bis ⑤ interessant.

- ▶ ① = Darstellung des Bildes in 100 % Größe
- ▶ ② = Darstellung 200 %
- ▶ ③ = Darstellung 400 %
- ▶ ④ = Darstellung 800 %
- ▶ ⑤ = Darstellung 1.600 %

Und noch etwas muss in diesem Zusammenhang erwähnt werden: Sie können nämlich den Mittelpunkt der Vergrößerung selbst bestimmen. Platzieren Sie dazu zunächst den Mauszeiger auf einen Punkt des Bildes, den Sie gern vergrößert sehen wollen, und betätigen Sie anschließend die gewünschte Taste. Das ist echter GIMP-Komfort.

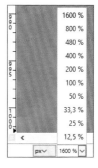

▲ **Abbildung 2.16**
Mit Klick auf die Schaltfläche rechts neben der Zoomgröße (in der Fußleiste) lassen sich weitere Größeneinstellungen vornehmen.

Weitere Ansichtsoptionen

Im Menü ANSICHT finden Sie den Eintrag VERGRÖSSERUNG. Wenn Sie darauf klicken, erhalten Sie weitere nützliche Darstellungsformate, die mit nur einem Mausklick zugewiesen werden können.

◀ **Abbildung 2.17**
Ein Tastendruck, und GIMP vergrößert exakt den Bereich, auf dem der Mauszeiger geparkt ist.

Navigator

Eine weitere Hilfe stellt der Dialog NAVIGATION dar. Sie rufen ihn über FENSTER • ANDOCKBARE DIALOGE • NAVIGATION auf. Nun haben Sie die Möglichkeit, den eingezoomten Bereich nach Wunsch zu verschieben, indem Sie das kleine weiße Rechteck ❶ innerhalb des Navigators per Drag & Drop an die gewünschte Position bringen. Das Originalbild reagiert darauf entsprechend.

Des Weiteren lässt sich der Vergrößerungsfaktor über den Schieberegler ❷ einstellen. Weiter unten befinden sich zudem sechs hilfreiche Tasten (von links nach rechts):

▸ Verkleinern (ZOOM OUT)

▸ Vergrößern (ZOOM IN)

▸ MASSSTAB 1:1: Diese Funktion stellt das Bild in 100 % Größe dar, unabhängig davon, ob das gesamte Bild angezeigt werden kann oder nicht. (Entspricht im Ergebnis dem Drücken von Taste ⊡.)

▸ DIE BILDGRÖSSE SO ANPASSEN, DASS DAS BILD VOLLSTÄNDIG SICHTBAR IST: Stellt das Bild auf jeden Fall komplett dar. Die Bildgröße passt sich an den aktuellen Bildrahmen an.

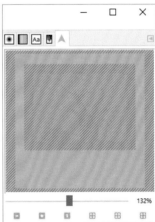

Abbildung 2.18 ▸
Der Navigations-Dialog ist außerordentlich hilfreich.

Abbildung 2.19 ▸▸
So sieht der Navigator aus, wenn kein Foto im Bildfenster geöffnet ist.

▸ DIE VERGRÖSSERUNG SO ANPASSEN, DASS DAS FENSTER VOLLSTÄNDIG AUSGEFÜLLT IST: Wenn Sie das Bildfenster zuvor horizontal oder vertikal so weit skaliert haben, dass sich jenseits des Fotos bereits ein grauer Rand zeigt, wird nach Benutzung dieses

Steuerelements der Bildrahmen komplett ausgefüllt. Die Bildgröße passt sich an den aktuellen Bildrahmen an.

▶ GRÖSSE DES BILDFENSTERS AUF DIE GRÖSSE DER BILDANSICHT REDUZIEREN: Hier wird, sofern möglich, das gesamte Bild dargestellt, ohne dass der zuvor verwendete Zoomfaktor beeinträchtigt wird. Der Bildrahmen passt sich an die aktuelle Bildgröße an.

Navigator im Bildfenster

Übrigens ist auch im Bildfenster selbst ein Mini-Navigator enthalten. Dieser ist zwar nicht so komfortabel wie der Dialog, doch zum schnellen Verschieben des eingezoomten Bildbereichs eignet er sich allemal. Um ihn zugänglich zu machen, klicken Sie einfach auf das Symbol IN DER BILDANSICHT NAVIGIEREN unten rechts im Fenster. Halten Sie die Maustaste gedrückt, damit sich das kleine Overlay-Fenster zeigt, dessen weißen Rahmen Sie nun nach Wunsch verschieben können. Sobald Sie die Maustaste loslassen, verschwindet das Overlay-Fenster wieder.

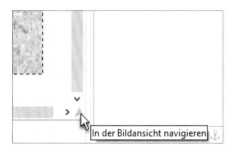

▲ **Abbildung 2.20**
Hinter diesem Button verbirgt sich …

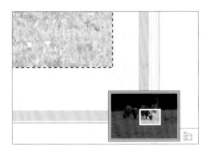

▲ **Abbildung 2.21**
… ein Navigator für Eilige.

2.6 Ansichten

GIMP ist, was die Ansichtsoptionen betrifft, wirklich gut aufgestellt. Wir sprechen hier nicht von der möglichen Größenänderung über die Steuerelemente der Fußleiste des Bildfensters, sondern von richtig interessanten Features, wie z. B. NEUE ANSICHT, PUNKT FÜR PUNKT oder UMKEHREN & DREHEN.

Neue Ansicht erstellen

Gehen Sie doch einmal in das Menü ANSICHT, und entscheiden Sie sich hier für NEUE ANSICHT. Auch wenn es auf den ersten Blick so aussehen mag: Sie haben jetzt kein Bildduplikat erzeugt! Vielmehr handelt es sich immer noch um ein und dasselbe Bild. Wozu ist das dann gut? Nun, Sie können beispielsweise die eine Ansicht stark einzoomen, während die andere weiterhin das gesamte Bild zeigt. Nehmen Sie einen Stift, und zeichnen Sie willkürlich eine Linie auf das Bild. Im richtigen Leben würden Sie natürlich sinnvollere Arbeiten vornehmen (wie beispielsweise eine Retusche). So können Sie in der Detailansicht arbeiten und sehen im anderen Bildrahmen, wie das beeindruckende Gesamtergebnis aussieht.

© William Felker by Unsplash

▲ Abbildung 2.22
Arbeiten am Bild werden grundsätzlich …

▲ Abbildung 2.23
… in beiden Ansichten wiedergegeben.

Punkt für Punkt

▲ Abbildung 2.24
Im Menü ANSICHT finden Sie wichtige Optionen für die Bilddarstellung.

Standardmäßig finden Sie im ANSICHT-Menü ein Häkchen vor dem Eintrag PUNKT FÜR PUNKT. Das bedeutet, dass diese Option aktiviert ist. Das können Sie auch prinzipiell so lassen, denn bei einer 100 %-Darstellung entspricht damit jedes Pixel des Fotos einem Pixel auf Ihrem Bildschirm. Sollten Sie einmal Fotos für den Druck vorbereiten, können Sie diesen Eintrag abermals anklicken, damit das vorangestellte Häkchen verschwindet. Dann nämlich wird das Foto in Druckgröße angezeigt. Wohlgemerkt: Es handelt sich auch hierbei lediglich um eine Ansichtsoption. Die Einstellung hat keine Auswirkung auf das Foto selbst.

Umkehren & Drehen

Diese neuartige Funktion erlaubt das Drehen einer Bildansicht in jede erdenkliche Richtung. Nachdem Umkehren & drehen (0°) im Menü Ansicht selektiert worden ist, können vordefinierte Drehwinkel (wie z. B. 15° gegen oder 90° im Uhrzeigersinn) zur Anwendung gebracht werden. Noch individueller wird es, wenn Sie sich für den Eintrag Angepasster Drehwinkel entscheiden. Dann nämlich dürfen Sie den Winkel frei via Dialogfenster bestimmen. Das Besondere: Sie dürfen den Winkel im gleichnamigen Eingabefeld mittels Tastatur angeben oder den rechts daneben befindlichen Drehregler betätigen. Letzteres erledigen Sie, indem Sie auf den kleinen Pfeil inmitten des Reglers klicken, diesen festhalten und die Maus im Kreis bewegen. So sollten auch schwierig zu bearbeitende Bildstellen problemlos angepasst werden können, um letztendlich ein Maximum an Effektivität bei der Bildbearbeitung zu erreichen. Wenn Sie fertig sind, setzen Sie das Foto wieder auf 0°. Das ist doch eine wirklich coole Funktion, oder?

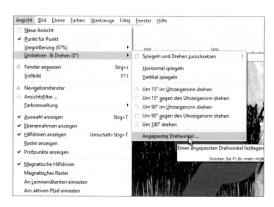

▲ **Abbildung 2.25**
Passen Sie den Drehwinkel individuell an.

▲ **Abbildung 2.26**
Falls gewünscht, dürfen Sie einen exakten Drehwinkel festlegen.

Vollbild

Wenn Sie die gesamte Arbeitsfläche einmal zur Ansicht des Fotos nutzen wollen, wählen Sie Ansicht • Vollbild oder drücken ⌊F11⌋ auf Ihrer Tastatur. Ärgerlich ist jetzt lediglich noch, dass Paletten und Docks möglicherweise die freie Sicht auf das Foto beeinträch-

Voreinstellungen für den Vollbild-Modus

Über BEARBEITEN • EIN-STELLUNGEN • BILDFENS-TER • DARSTELLUNG lassen sich individuelle Vorein-stellungen für den Voll-bild-Modus festlegen. Die hier getroffenen Einstel-lungen werden fortan be-nutzt, wenn Sie den Voll-bild-Modus aktivieren.

tigen. In diesem Fall reicht es, wenn Sie kurz ⌅ drücken. Das blendet Dock und Werkzeugkasten aus. Betätigen Sie abermals ⌅ , werden die Paletten wieder sichtbar.

Bildgröße an Fenstergröße anpassen

Damit ein Foto, das verkleinert auf der Arbeitsfläche dargestellt ist, in voller Größe erscheint, klicken Sie einmal auf die Lupe oben rechts neben dem Lineal. Die Vollbild-Ansicht verlassen Sie übri-gens wieder durch nochmaliges Betätigen von F11 .

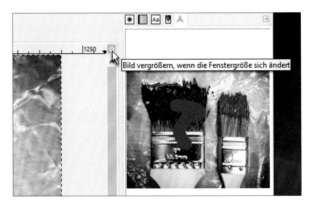

▲ **Abbildung 2.27**
Dieser Schalter sorgt für maximale Vergrößerung.

2.7 Raster und Hilfslinien

Jetzt wollen wir uns noch zwei Hilfsmittel ansehen, die das exakte Arbeiten am Foto unterstützen. Mit Rastern und Hilfslinien kön-nen Sie nämlich nicht nur Objekte anordnen, sondern diese auch exakt daran ausrichten.

Raster

Gehen Sie in das Menü ANSICHT, und entscheiden Sie sich hier für den Eintrag RASTER ANZEIGEN. Daraufhin wird Ihr Foto mit hori-zontalen und vertikalen Linien überzogen (die natürlich nicht mit ausgedruckt werden).

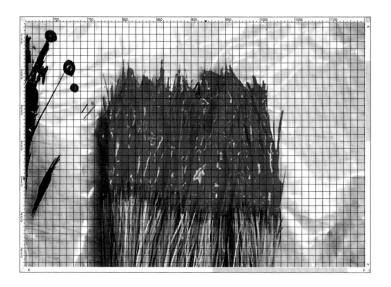

◄ **Abbildung 2.28**
Das Raster hilft beim
Ausrichten weiter.

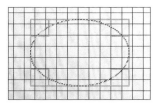

▲ **Abbildung 2.29**
Die Auswahl liegt frei auf
dem Bild.

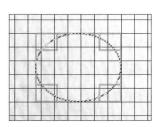

▲ **Abbildung 2.30**
Die Auswahl orientiert sich
am Raster.

Raster magnetisieren

Eine Besonderheit darf hier nicht unerwähnt bleiben: Das Raster kann magnetisch gemacht werden! Doch lassen Sie uns zunächst einmal schauen, wie sich ein Werkzeug verhält, wenn das Raster nicht magnetisch ist. Ziehen Sie einmal beispielhaft ein Auswahlrechteck auf, dessen Startpunkt nicht auf dem Raster liegt, dann wird auch die Auswahl nicht genau an das Raster angefügt. Wie sollte sie auch?

Wählen Sie anschließend AUSWAHL • NICHTS, oder drücken Sie ⌜Strg⌝+⌜⇧⌝+⌜A⌝. Danach gehen Sie in das Menü ANSICHT und klicken auf MAGNETISCHES RASTER. Achten Sie ferner darauf, dass Sie nicht zu stark einzoomen, da es ansonsten dennoch möglich ist, eine Auswahl neben dem Raster zu platzieren.

Ziehen Sie nun erneut eine Auswahl auf, werden Sie feststellen, dass sich das Werkzeug sofort am Raster orientiert und die Auswahl auch dort angelegt wird – selbst wenn Sie die Maus nicht genau auf einer Rasterlinie platziert haben.

Raster anpassen

Sicherlich bleibt die Farbe des Rasters noch zu bemängeln. Auf einem hellen Foto ist Schwarz durchaus in Ordnung. Was aber, wenn Sie eine Nachtaufnahme nachbearbeiten müssen? Dann

**Magnetisches Raster
deaktivieren**

Damit das Raster seine Magnetkraft wieder verliert, müssen Sie noch einmal in das Menü ANSICHT gehen und abermals auf MAGNETISCHES RASTER klicken.

ist vom Raster eventuell nicht mehr viel zu sehen. Grundsätzlich müssen Sie also die Möglichkeit haben, ein solches Raster frei zu definieren (möglicherweise wollen Sie ja auch größere Abstände einstellen).

Hintergrundfarbe

Die Hintergrundfarbe ist grundsätzlich zu vernachlässigen. Sie kommt lediglich zum Tragen, wenn Sie doppelt gestrichelte Linien verwenden.

Gehen Sie also über BEARBEITEN • EINSTELLUNGEN • STANDARD-RASTER (im Listenbereich NEUES BILD). Hier legen Sie grundsätzliche Einstellungen zum Raster fest. Alternativ können Sie auch BILD • RASTER KONFIGURIEREN verwenden. Die dortigen Konfigurationen wirken sich dann nur auf das aktuelle Bild aus. Wollen Sie eine andere Vordergrundfarbe einstellen, klicken Sie auf die aktuell angezeigte Farbfläche ❷ in der Zeile VORDERGRUNDFARBE.

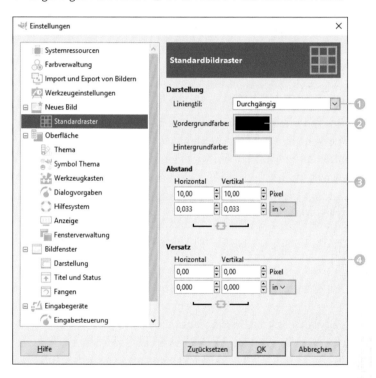

Abbildung 2.31 ▶
In diesem Dialog lässt sich das Raster frei definieren.

Aber damit längst noch nicht genug. Auch der LINIENSTIL ❶ lässt sich individuell anpassen (beispielsweise gestrichelte Linien oder Fadenkreuze). Zudem können Sie die Abstände (HORIZONTAL und VERTIKAL) ❸ ebenso festlegen wie den VERSATZ ❹. Bei einem horizontalen und vertikalen Versatz von jeweils 0 beginnt das Raster in der oberen linken Ecke des Bildes.

Noch eines müssen Sie in diesem Zusammenhang unbedingt beachten: Die aktuellen Einstellungen wirken sich nicht auf bereits geöffnete Bilder aus! Schließen Sie das Foto, nachdem Sie die Einstellungen vorgenommen haben, und öffnen Sie es anschließend erneut. Das erreichen Sie am schnellsten, indem Sie DATEI • ZULETZT GEÖFFNET anwählen und auf den obersten Eintrag des sich daraufhin öffnenden Menüs klicken.

Hilfslinien nutzen

Je nachdem, welche Arbeiten Sie am Foto zu erledigen haben, kann ein komplettes Raster störend sein. Oft reicht eine einzelne Linie vollkommen aus. Um eine solche Hilfslinie individuell platzieren zu können, benötigen Sie die Lineale oben und links neben dem Bild. Sollten diese nicht eingeschaltet sein, drücken Sie `Strg`+`⇧`+`R` oder wählen LINEALE ANZEIGEN aus dem Ansicht-Menü.

Klicken Sie im Anschluss auf eines der Lineale, und halten Sie die Maustaste gedrückt. Jetzt ziehen Sie die Maus auf das Bild. Wenn Sie den Punkt erreicht haben, an dem die Hilfslinie angeordnet werden soll, lassen Sie die Maustaste einfach wieder los.

Hilfslinien magnetisieren

Was für Raster gilt, gilt auch für Hilfslinien. Wenn Sie wünschen, dass sich Werkzeuge an dieser Linie ausrichten lassen, müssen Sie kontrollieren, ob AN-SICHT • MAGNETISCHE HILFSLINIEN aktiv ist.

◄ **Abbildung 2.32**
Senkrechte Hilfslinien werden aus dem linken, horizontale aus dem oberen Lineal herausgezogen.

Natürlich können Sie derartige Hilfslinien auch verschieben, sofern Sie noch nicht die richtige Position gefunden haben. Stellen Sie die Maus ganz einfach auf die Linie (sie färbt sich daraufhin rot), und ziehen Sie diese mit gedrückter Maustaste an die gewünschte Position.

Hilfslinien rotieren

Mitunter ist es sinnvoll, eine Ansicht zu drehen, damit Sie das Foto besser bearbeiten können. So, wie Sie ein Blatt Papier verdrehen, um beispielsweise eine Linie besser zeichnen zu können, lässt sich auch die Bildansicht in GIMP drehen: ANSICHT • UMKEHREN & DREHEN. Ziehen Sie Hilfslinien auf ein bereits gedrehtes Foto, werden diese immer im Verhältnis zum Bild projiziert. Sie bekommen also die gleiche Schräglage bzw. Neigung wie das gedrehte Foto. Hilfslinien, die sich vor der Drehung bereits auf dem Foto befunden haben, werden bei der Drehung mit gedreht.

Hilfslinien entfernen
So sinnvoll Hilfslinien auch sein mögen – irgendwann müssen sie wieder weg. Dazu reicht es, die Hilfslinie anzuklicken und mit gedrückter Maustaste aus dem Bild heraus- oder wieder ins Lineal hineinzuschieben.

Abbildung 2.33 ▶
Hilfslinien werden gedreht.

2.8 Das Journal

Last, but not least noch eine ganz wichtige Einrichtung in GIMP. Es ist nämlich zu jeder Zeit möglich, Schritte wieder rückgängig zu machen. Sie können also auf die Schnelle so tun, als hätten Sie die letzten Änderungen gar nicht gemacht. Ach, so etwas müsste auch im richtigen Leben möglich sein! – Nun gibt es zwei Möglichkeiten, so etwas zu realisieren – also in GIMP. Zum einen lässt sich eine Arbeitsabfolge Schritt für Schritt wieder zurücknehmen, indem Sie einmal oder mehrfach ⌈Strg⌉+⌈Z⌉ betätigen. Wollen Sie die Schritte anschließend doch lieber wiederherstellen, nehmen Sie ⌈Strg⌉+⌈Y⌉. (Alternativ: Bearbeiten • Rückgängig bzw. Bearbeiten • Wiederherstellen.)

Eine weitere Möglichkeit wird durch das Journal zur Verfügung gestellt. Hier listet GIMP nämlich akribisch auf, was Sie in der letzten Zeit so alles gemacht haben – an Ihrem Foto, versteht sich. Sie erreichen das Journal über Fenster • Andockbare Dialoge. Wollen Sie Ihre Arbeiten bis zu einem gewissen Punkt rückgängig machen, wählen Sie die entsprechende Zeile an (im Beispiel ❶). Das Foto wird dabei automatisch aktualisiert.

Doch Vorsicht: Sobald Sie jetzt einen neuen Schritt an dem Foto vollziehen, werden alle unter der Markierung befindlichen Einträge unwiederbringlich gelöscht. Solange Sie allerdings noch keinen neuen Schritt unternommen haben, können Sie auch weiter unten befindliche (also später erfolgte) Schritte per Maus anwählen. In Sachen Journal existieren übrigens noch zwei wichtige Einstelloptionen, die Sie über Bearbeiten • Einstellungen • Systemressourcen erreichen:

▶ Minimale Anzahl an Journalschritten: Diese Anzahl an Schritten kann auf jeden Fall rückgängig gemacht werden, selbst dann, wenn der maximale Speicher (siehe folgenden Punkt) dies eigentlich gar nicht zulässt.

▶ Maximaler Speicher für das Journal: So viel Speicherplatz wird im Arbeitsspeicher Ihres Rechners für das Journal-Protokoll freigehalten. Werden mehr Schritte unternommen, als der Speicher aufnehmen kann, werden die ältesten Schritte gelöscht – es sei denn, die minimale Anzahl an Journal-Schritten (siehe vorangegangenen Punkt) ist noch nicht erreicht.

Die voreingestellten Werte sind eigentlich ein bisschen angestaubt. Zeitgemäße Rechner können in der Regel sehr viel mehr Speicher für das Journal bereitstellen – es sei denn, Sie haben permanent viele Anwendungen in Betrieb. Sollten die Grundeinstellungen also irgendwann einmal nicht mehr ausreichen, dürfen Sie hier gerne größere Werte festlegen. Nur der Vollständigkeit hal-

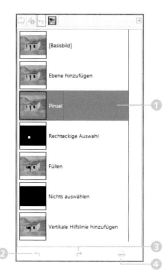

▲ **Abbildung 2.34**
Der markierte Schritt gilt grundsätzlich noch als ausgeführt, wobei alle unterhalb befindlichen nicht mehr auf das Bilddokument angewendet werden.

Buttons in der Fußleiste

Mit dem Button ❷ springen Sie innerhalb des Journals schrittweise nach oben (dadurch werden Schritte zurückgenommen), während ❸ den Sprung nach unten im Journal ermöglicht (= Wiederherstellen). Wenn Sie mögen, können Sie das Journal auch komplett löschen, indem Sie ❹ betätigen. Das gibt Arbeitsspeicher frei. Das Bild wird dann zudem in den Zustand versetzt, der im Journal gerade markiert ist.

ber ist noch zu erwähnen, dass natürlich jedes Bilddokument sein eigenes Journal hat. Beachten Sie aber, dass das Journal gelöscht wird, wenn das Bild geschlossen wird.

Abbildung 2.35 ▶
In den Umgebungseinstellungen lässt sich auch der Speicherplatz für das Journal bestimmen.

Falls Ihr Rechner mehrere Prozessoren in sich trägt, werden im Listenfeld ZAHL DER ZU VERWENDENDEN THREADS zunächst einmal alle zur Verfügung stehenden Prozessoren einbezogen. Sollten Sie das nicht wünschen, lässt sich die Anzahl reduzieren. Die Reduzierung hätte zur Folge, dass nur einige Prozessoren von GIMP benutzt werden dürften. Dadurch blieben andere frei für rechenintensive Anwendungen, die ebenfalls geöffnet sind. Sollte Ihr Rechner zudem mit der Hardwarebeschleunigung OpenCL ausgestattet sein (Optimierung der im Rechner verbauten Speicher-Schnittstellen), ist es ratsam, OPENCL VERWENDEN zu aktivieren. Das beschleunigt die Arbeit in GIMP zusätzlich, sofern in Ihrem PC entsprechende Hardware verbaut ist.

Malen und färben

Grundlegendes über Farben, Pinsel und Muster

- ▸ Wie funktioniert der Farbauswahl-Dialog?
- ▸ Wie lassen sich die verschiedenen Farbpaletten nutzen?
- ▸ Welche Farbwerkzeuge gibt es?
- ▸ Was muss ich über Pinselspitzen wissen?
- ▸ Wie kann ich selbst Pinselspitzen erzeugen und modifizieren?
- ▸ Wie werden Muster erzeugt?

3 Malen und färben

Bevor Sie sich an die eigentliche Bildbearbeitung heranmachen, sollten Sie sich einen Überblick über Farbauswahl-Dialog, Paletten und Pinsel verschaffen. Denn wenn Sie damit gut umgehen können, haben Sie es bei der späteren Bildbearbeitung oder der kreativen Zusammenstellung einer Bildkomposition wesentlich einfacher.

3.1 Farben einstellen

GIMP präsentiert in seinem Werkzeugkasten von Haus aus nur zwei Farben – nämlich Schwarz und Weiß. Dass Sie damit zunächst einmal nicht viel anfangen können, leuchtet ein. Einziger Trost: Es stehen (im 8-Bit-Modus) fast 16,8 Millionen verschiedene Farben zur Disposition (im 16- oder 32-Bit-Modus noch wesentlich mehr). Doch wo sind diese zu finden?

Vorder- und Hintergrundfarbe

Bei der Auswahl einer Farbe steht einmal mehr der Werkzeugkasten im Mittelpunkt. Unterhalb der Werkzeuge finden Sie nämlich die Schalter für die Vorder- und Hintergrundfarbe. Wenn Sie GIMP zum ersten Mal öffnen, sind diese mit schwarzer (Vordergrund) bzw. weißer Farbe (Hintergrund) gefüllt.

Mit der Taste VORDERGRUNDFARBE ❶ erreichen Sie ebenso den Farbauswahl-Dialog wie mit dem Button HINTERGRUNDFARBE ❹. Über diesen stellen Sie dann die gewünschte Farbe ein.

Des Weiteren lassen sich Vorder- und Hintergrundfarbe durch einen Klick auf den 90°-Doppelpfeil ❷ miteinander vertauschen. Entsprechendes erreichen Sie auch mit ⓧ auf Ihrer Tastatur. Zudem müssen Sie wissen, dass Schwarz und Weiß als Standardfarben definiert sind (das ist vor allem bei der Maskierung sehr wichtig, wie Sie unter anderem in Kapitel 5, »Ebenen«, auf Seite 139

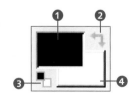

▲ **Abbildung 3.1**
Vorder- und Hintergrundfarbe im Werkzeugkasten

noch erfahren werden). Damit Sie die Farben aber nicht jedes Mal über den Farbauswahl-Dialog neu einstellen müssen, reicht es, wenn Sie auf STANDARDFARBEN ❸ klicken oder ⬚D auf Ihrer Tastatur betätigen.

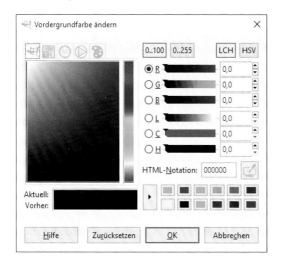

◄ **Abbildung 3.2**
Der Farbauswahl-Dialog sieht zunächst einmal befremdlich aus.

Wenn Sie auf dem Standpunkt stehen, dass Bücher grundsätzlich von Anfang an gelesen werden müssen, dann wissen Sie längst, wie sich die Farben (genauer gesagt die RGB-Farben) einstellen lassen. Wer diese Ansicht nicht teilt, der sollte jetzt hier zunächst abbrechen und sich Kapitel 1, »Die Grundlagen«, widmen. Holen Sie das Verpasste auf Seite 40 im Abschnitt »RGB-Farben einstellen« nach.

Farben aufnehmen

Grundsätzlich können Sie Farben mit dem Farbpipette-Werkzeug ⬚O aufnehmen, indem Sie mit der Spitze der Pipette auf den Farbbereich eines Fotos ❻ klicken. Die Vordergrundfarbe ❺ ändert sich im Anschluss entsprechend.

Bei dieser Art der Aufnahme wird genau »ein« Farbpixel definiert. Wenn Sie das nicht möchten, sondern eine »Mischfarbe« aus angrenzenden Bildpixeln definieren wollen, müssen Sie vorab ABTASTGRÖSSE aktivieren und den Radius mit dem darunter befindlichen Regler festlegen. (Informationen zur Funktionsweise solcher Regler finden Sie im Abschnitt »Regler« auf Seite 58.)

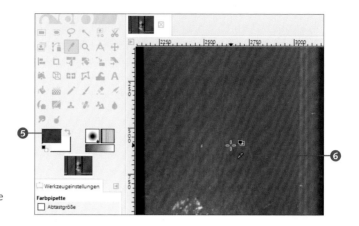

Abbildung 3.3 ▶
Eine neue Vordergrundfarbe
wurde festgelegt.

Keine Abtastgröße

Verwenden Sie die Pipet-
te des Farbauswahl-Dia-
logs, stehen Ihnen im
Gegensatz zum Farb-
pipette-Werkzeug keine
unterschiedlichen Abtast-
größen zur Verfügung.

Dazu ein Beispiel: Stellen Sie sich vor, Sie klicken genau auf eine
Kante zwischen Rot und Weiß. Bei deaktivierter ABTASTGRÖSSE
werden Sie entweder Weiß oder Rot erwischen und demzufolge
auch nur eine der beiden Farben aufnehmen. Haben Sie jedoch
eine ABTASTGRÖSSE definiert, wird das Ergebnis eine Mischung aus
Rot und Weiß sein.

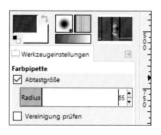

▲ **Abbildung 3.4**
Bei aktivierter ABTASTGRÖSSE
werden Mischfarben aufge-
nommen.

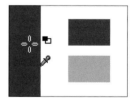

▲ **Abbildung 3.5**
Bei aktivierter ABTASTGRÖSSE
wird Rosa aufgenommen,
anderenfalls Weiß oder Rot.

Eine ähnliche Pipette steht auch innerhalb des Farbauswahl-Dia-
logs zur Verfügung. Betätigen Sie hier die Pipette ❶, ist eine Farbaufnahme ebenfalls möglich – sogar außerhalb des Fotos.

Sobald Sie eine Farbe definiert haben, werden die Schieberegler im Farbauswahl-Dialog automatisch verstellt. Eine eingestellte
Farbe lässt sich aber auch speichern, indem Sie den Schalter ❷
betätigen. Daraufhin wird sie dem Bereich der Farbliste (Schnell-
start-Buttons ❸) hinzugefügt. Benötigen Sie die Farbe irgendwann erneut, reicht ein Mausklick auf einen der Farbbuttons.

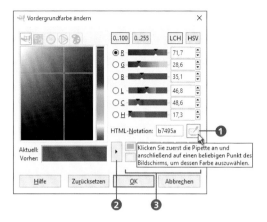

◄ **Abbildung 3.6**
Die Farbaufnahme kann
direkt aus dem Farbauswahl-
Dialog heraus erfolgen.

3.2 Farbpaletten

Was aber, wenn Sie sich künstlerisch betätigen wollen und in kür-
zester Zeit Zugriff auf zahlreiche Farben haben wollen? Es wäre ja
wirklich umständlich, jedes Mal eine neue Vordergrundfarbe definieren zu müssen. Für diesen Fall bringt GIMP noch eine überaus
interessante Palette mit. Um sie sichtbar zu machen, gehen Sie
auf FENSTER • ANDOCKBARE DIALOGE • FARBEN. Hier finden Sie alles,
was Sie bereits vom Farbauswahl-Dialog kennen, wie z. B. die
Farbskala für die grobe Farbaufnahme ❺, die Feinabstimmung ❹,
die Schalter für Vorder- und Hintergrundfarbe ❽, die Aufnahme-
pipette ❼ und sogar Tasten für die Einstellung der drei Grundfarben Rot, Grün und Blau ❻.

Register

Andere Farbbereiche wie
z. B. CMYK-Farbe oder
die Farbpaletten (siehe
nachfolgenden Abschnitt)
lassen sich aus dem Farb-
auswahl-Dialog heraus
bequem aufrufen, indem
Sie einen der Reiter oberhalb des großen Farbqua-
drats betätigen. Der linke
Reiter bringt Sie stets zur
Standardansicht zurück.

RGB-Schalter

Betätigen Sie einen der
drei Grundfarben-Schalter
❻, wird im Spektralbalken
❺ die gewählte Grundfar-
be ganz oben angezeigt.
Nach unten hin verläuft
diese Farbe dann in Rich-
tung Schwarz.

◄ **Abbildung 3.7**
Vorder- und Hintergrundfarbe
als ständig geöffnete Palette

Paletteneditor

Eine weitere nützliche Palette aktivieren Sie über FENSTER •
ANDOCKBARE DIALOGE • PALETTEN. Hierüber erreichen Sie eine
prall gefüllte Sammlung unterschiedlichster Farbpaletten. Wollen Sie eine der angebotenen Paletten benutzen, doppelklicken
Sie auf die gewünschte Zeile. Die Folge: Es öffnet sich eine neue
Palette mit Farbsammlungen. (Beachten Sie, dass diese sich als
separater Reiter »über« die soeben aktivierte Palette legt.) Suchen
Sie die Farbe mittels Mausklick aus, um sie als Vordergrundfarbe
zu definieren.

Abbildung 3.8 ▶
Die »Palettenbox« enthält
zahlreiche Farbzusammenstel-
lungen. Hier wurde beispielhaft die Palette »Browns and
Yellows« per Doppelklick
geöffnet.

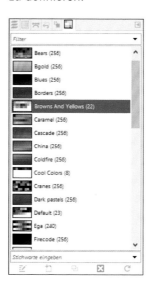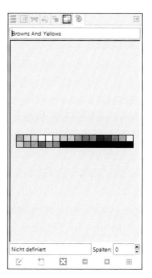

Pinsel und Füllwerkzeuge

Wer malen möchte, der benötigt auch Pinsel. Denn mit der blo-
ßen Auswahl der korrekten Vordergrundfarbe ist es nicht getan.
Irgendwie muss die Farbe ja auch auf das Bild gelangen.

Die Malwerkzeuge

Bevor wir uns mit der Praxis befassen, werden wir uns die grund-
legenden Funktionen der Farbwerkzeuge ansehen. Folgendes
müssen Sie bei der Arbeit mit den verschiedenen Malwerkzeugen
allerdings unbedingt beachten: Malen Sie beispielsweise mit dem
Pinsel und roter Farbe auf Ihr Bild, werden die Pixel des Bildes

direkt verändert. Speichern Sie das Bild ab, haben Sie quasi keine Möglichkeit mehr, den Pinselstrich wieder zu entfernen. (Es sei denn, Sie nutzen aufwendige Korrekturfunktionen.) Diese Art der Bildmanipulation wird auch als *destruktiv* bezeichnet. Wollen Sie jedoch *non-destruktiv* arbeiten, müssen Sie auf einer eigenen Ebene arbeiten (siehe dazu Kapitel 5, »Ebenen«, oder den Abschnitt »Destruktiv oder non-destruktiv?« auf Seite 231).

Füllen | Shortcut ⇧+B. Das Füllen-Werkzeug entfaltet seine Stärken vor allem dann, wenn es darum geht, Bildbereiche umzufärben. Ziehen Sie eine Auswahl auf, und klicken Sie anschließend mit dem Füllen-Werkzeug in die Auswahl hinein. In diesem Fall wird die Auswahl mit der Vordergrundfarbe gefüllt. Halten Sie Strg gedrückt, füllt sich die Auswahl mit der Hintergrundfarbe.

Falls Sie zur Füllung ein Muster bevorzugen, sollten Sie den gleichnamigen Radio-Button ❶ im Werkzeugkasten aktivieren. Ehe Sie in die Auswahl hineinklicken, lässt sich das gewünschte Muster noch über die Taste ❷ anpassen. Noch ein Hinweis: Sollte keine Auswahl geöffnet sein und führen Sie den Mausklick auf einem Bild aus, wird dieser Farbbereich mit der aktuellen Vordergrundfarbe gefüllt. Damit lassen sich bisweilen interessante Effekte erzielen.

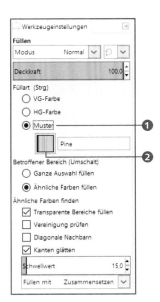

▲ **Abbildung 3.9**
Legen Sie das gewünschte Muster fest.

◄ **Abbildung 3.10**
Mut zur Veränderung! Ein Mausklick ins Foto bei aktiviertem Fülleimer und gelber Vordergrundfarbe überdeckt nur Teile des Bildes.

© Renate Klaßen

Farbverlauf | Shortcut L. Das Werkzeug FARBVERLAUF erzeugt einen weichen, laminaren Übergang von der Vordergrund- zur Hintergrundfarbe. Diese beiden Farben müssen Sie also einstellen, »bevor« Sie den Verlauf erzeugen. Danach wählen Sie im unteren Bereich des Werkzeugkastens die Form ❶ (z. B. LINEAR, KREISFÖRMIG, QUADRATISCH oder KONISCH) und ziehen zuletzt die eine Linie über das Bild. Klicken Sie dazu auf das Bild, halten Sie die Maustaste gedrückt, und bewegen Sie die Maus zur Seite. Jetzt lassen Sie los. Über die Richtung der Linie wird nun ein Verlauf von der Vordergrund- zur Hintergrundfarbe produziert. Dabei gilt: je kürzer die Linie, desto härter der Übergang zwischen den beiden Farben. Wenn Sie möchten, dass der Verlauf exakt gerade ist, halten Sie während des Ziehens Strg gedrückt.

▼ **Abbildung 3.11**
Mit dem Steuerelement FORM legen Sie fest, wie der Verlauf am Ende aussehen soll. Die kleine Palette oben rechts ermöglicht eine nachträgliche Anpassung des Verlaufs.

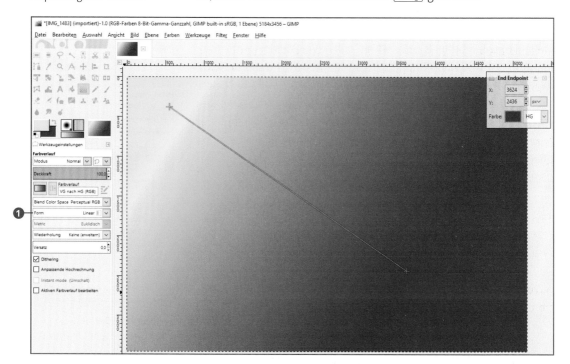

Neu in GIMP 2.10 ist, dass Sie mit Hilfe eines Overlay-Dialogs den Endpunkt noch verschieben können. Geben Sie dazu die gewünschten X- und Y-Koordinaten an. Eine nachträgliche Veränderung hat natürlich auch Einfluss auf den bereits erzeugten Verlauf.

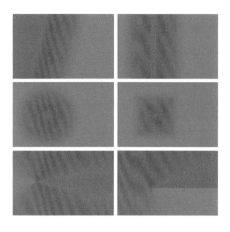

◄ **Abbildung 3.12**
Sechs mögliche Verläufe –
oben (von links nach rechts):
Linear und Bi-linear; Mitte:
Kreisförmig und Quadra-
tisch; unten: Konisch (sym-
metrisch) und Konisch
(asymmetrisch)

Mit Verläufen maskieren

Dem Verlauf kommt eine besondere Bedeutung beim Maskieren von Ebenen zu. Dabei geht es nicht um die Erzeugung von Farben, sondern um Übergänge zwischen sichtbaren und nicht sichtbaren Bereichen eines Bildes. Was dahintersteckt, erfahren Sie im Abschnitt »Verlaufsmasken erstellen« auf Seite 142.

Stift | Shortcut [N]. Halten Sie die Maustaste gedrückt, um mit dem Stift eine Freihandlinie in Vordergrundfarbe zu erzeugen. Wünschen Sie exakt gerade Linien, müssen Sie [⇧] gedrückt halten und an jedem Knick lediglich einen kurzen Mausklick ausführen. Den Stiftdurchmesser stellen Sie mit dem Steuerelement Grösse im Werkzeugkasten ein.

Pinsel | Shortcut [P]. Der Pinsel funktioniert prinzipiell wie der Stift, wobei sich mit dem Pinsel weichere Kanten erzeugen lassen. (Siehe hierzu auch den nächsten Abschnitt, »Malwerkzeug einstellen«.)

Radierer | Shortcut [⇧]+[E]. Mit dem Radierer lassen sich zuvor gezeichnete Linien oder Objekte ganz oder teilweise entfernen. Wischen Sie dazu mit gedrückter Maustaste darüber. Tipp: Wenn Sie [⇧] gedrückt halten und statt zu wischen nur einzelne Punkte setzen, lassen sich exakte Geraden aus einem Objekt herausradieren.

Sprühpistole | Shortcut [A]. Die Sprühpistole funktioniert prinzipiell genauso wie der Pinsel. Allerdings sind das Handling sowie das Ergebnis einer echten Sprühpistole weitgehend nachempfunden. So reagiert das Werkzeug beispielsweise drucksensitiv. Klicken Sie nur kurz auf das Bild, wird weniger Farbe aufgetragen, als wenn Sie die Maustaste länger betätigen. (Am besten lässt sich das nachvollziehen, indem Sie die Pinselspitze über das Steuerelement Grösse zuvor vergrößern.) Die Sensitivität wird auch bei Bewegungen nachempfunden. Je schneller Sie das Werkzeug bewegen, desto weniger Farbe wird aufgetragen.

Abbildung 3.13 ▶
Unten wurde das Werkzeug sehr viel schneller bewegt als oben.

 Tinte | Shortcut K. Dieses Werkzeug kann auch als *Füllhalter* oder *Kalligrafiepinsel* bezeichnet werden. Auf diese Weise erzeugte Striche wirken so, als seien sie mit einem Füllfederhalter gezeichnet worden.

  MyPaint | Shortcut Y. Ein Klick auf das Pinsel-Symbol ❶ bewirkt, dass sich eine Palette mit zahllosen interessanten Pinselformen öffnet, die Ihrer Kreativität nahezu sämtliche Türen öffnet. Scrollen ❷ Sie einmal nach unten, und staunen Sie, wie viele Pinselformen hier gelistet werden.

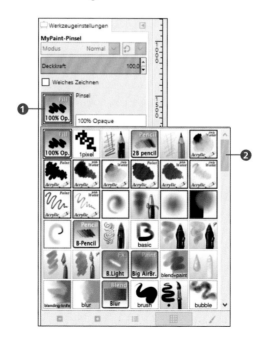

Abbildung 3.14 ▶
Pinsel, so weit das Auge reicht.

Malwerkzeug einstellen

Nachdem Sie eines der Farb- bzw. Malwerkzeuge (STIFT, PINSEL, SPRÜHPISTOLE, TINTE oder auch RADIERER) ausgewählt haben, können Sie es mit Hilfe der Werkzeugeinstellungen im unteren Bereich des Werkzeugkastens näher definieren. Hier ist zunächst einmal die Zeile PINSEL interessant (gleich unterhalb des Deckkraft-Reglers), mit der sich eine Vorauswahl treffen lässt. Ein Klick auf das Symbol ❸ auf der linken Seite offenbart eine Liste potenzieller Spitzen. Der Name des Pinsels taucht nach Anwahl im Eingabefeld ❹ daneben auf. Pinsel, bei denen eine Härte kleiner 100 angegeben ist, verfügen über weiche Ränder. Je kleiner die Zahl, desto größer der Übergang, sprich: desto weicher die Spitze. Erst bei einer Härte von 100 sind die Ränder der Spitze wirklich klar konturiert. Interessant ist auch noch das kleine Listen-Symbol ❺ in dieser Zeile (ganz rechts). Ein Klick darauf bringt Sie nämlich direkt zum Pinseleditor. Nähere Hinweise dazu gibt es im Abschnitt »Der Pinseleditor im Detail« auf Seite 96 dieses Kapitels.)

Neu im Vergleich zu GIMP 2.8 ist zudem, dass sich zu den bereits bekannten Schiebereglern GRÖSSE, SEITENVERHÄLTNIS und WINKEL ❻ jetzt auch ABSTAND, HÄRTE und DRUCK hinzugesellen. Mit GRÖSSE regeln Sie übrigens den Durchmesser des Pinsels, während das SEITENVERHÄLTNIS eine Stauchung oder Streckung ermöglicht. Hier gilt grundsätzlich: Bei einem Wert von 1,00 ist der Pinsel exakt kreisförmig. Höhere Werte ziehen den Pinsel in die Breite und verringern gleichzeitig seine Höhe. Das ist genau umgekehrt, wenn Sie den Regler nach links ziehen und so mit Werten kleiner 1,00 versehen. Der WINKEL ist nur dann interessant, wenn Sie ein SEITENVERHÄLTNIS größer oder kleiner 1,00 einstellen. Dann nämlich lässt sich die Spitze stufenlos drehen. Vergrößern Sie den ABSTAND, entstehen Lücken zwischen den einzelnen Pinselabdrücken. Der DRUCK letztendlich beschreibt die Intensität, mit der die Pinselspitze auf den Untergrund wirkt. Weitere wichtige Einstelloptionen bei den Malwerkzeugen sind:

▶ MODUS: Wirkungsweise des Werkzeugs. Nur im Modus NORMAL ist die Farbe vollkommen deckend. Weitere Hinweise zu den Modi finden Sie in Kapitel 5, »Ebenen«, auf Seite 138.)

▶ DECKKRAFT: Hiermit regeln Sie, wie stark deckend das Werkzeug arbeiten soll. Bei 100 % wird voller Farbauftrag erreicht, bei 0 % ist das Ergebnis vollkommen transparent.

▲ **Abbildung 3.15**
Je geringer der Härtegrad, desto weicher sind die Ränder des Pinsels.

▶ OPTIONEN DER ZEICHENDYNAMIK: Während des Malens mit dem PINSEL ist die Deckkraft entlang des Malstriches geringer (siehe auch den folgenden Abschnitt).

▶ ZITTERN HINZUFÜGEN: Der Pinselstrich erfolgt auf seiner Länge nicht mehr durchgehend gerade, sondern bewegt sich quer zur Zeichenrichtung permanent mit. Der Regler MENGE, der nach Aktivierung der Checkbox auftaucht, regelt die Intensität des Zitterns.

▶ WEICHES ZEICHNEN: Die Striche werden weicher.

▶ PINSEL AN ANSICHT KOPPELN: Die Funktion bewirkt, dass sich der Pinsel mit dreht, wenn Sie die Arbeitsfläche drehen.

▶ STEIGERND: Diese Option sorgt dafür, dass die Deckkraft beim mehrfachen Überpinseln einer bestimmten Stelle kontinuierlich erhöht wird. Sinnvoll ist dies eigentlich nur, wenn Sie mit verringerter DECKKRAFT arbeiten.

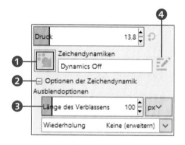

▲ **Abbildung 3.16**
Mit der DYNAMIK bestimmen Sie, wie der Pinsel während seiner Benutzung reagieren soll.

▲ **Abbildung 3.17**
Oben: Normaler Pinselstrich. Mitte: Die Deckkraft ist zufällig gewählt (mal stärker, mal schwächer). Unten: Der Pinsel wird dünner, je schneller das Eingabegerät bewegt wird.

Pinseldynamiken

Lassen Sie mich noch kurz auf den Bereich DYNAMIK eingehen. Hier können Sie zahllose Definitionen in Sachen Wirkungsweise eines Pinsels treffen. Die meisten der dort angebotenen Funktionen lassen sich nur mit einem Grafiktablett erreichen, einige aber auch mit der Maus. Betätigen Sie das kleine Plus-Symbol vor OPTIONEN DER ZEICHENDYNAMIK (nach einem Klick mutiert es zum Minus-Symbol) ❷, lässt sich mittels LÄNGE DES VERBLASSENS ❸ festlegen, wie ein Pinselstrich zum Ende hin ausgedünnt werden soll (Grafiktablett). Weitere Einstellbereiche gibt es unter ❶. Dann wäre noch die Listen-Schaltfläche ❹ eine Erwähnung wert. Sie ist dem Button ❶ vorzuziehen, da hierüber der PINSELEDITOR zugänglich wird; und der hat es in sich. Die Maler unter Ihnen werden ihre helle Freude daran haben.

Die Kästchen sind ausgegraut und nicht anwählbar? Dann muss die Funktion zuerst aktiviert werden. Das geht über BEARBEITEN • EINSTELLUNGEN. Setzen Sie einen Klick auf das Plus-Symbol ❺ vor dem Eintrag ORDNER ganz unten links. Scrollen Sie etwas weiter herunter und betätigen Sie ZEICHENDYNAMIKEN ❻. Zuletzt aktivieren Sie alle in der Mitte des Dialogs gelistete Checkboxen ❼ (Spalte: BESCHREIBBAR). Bestätigen Sie mit OK, und starten Sie GIMP neu.

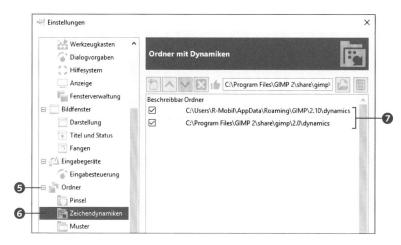

▲ **Abbildung 3.18**
Damit sich alle Pinselspitzen einstellen lassen, aktivieren Sie die
angebotenen Checkboxen.

▲ **Abbildung 3.19**
Hier lassen sich zahllose
zusätzliche Funktionen
aktivieren.

Danach lassen sich durch Aktivierung der verschiedenen Checkboxen unterschiedliche Resultate erzielen. Ein paar Beispiele:
Aktivieren Sie in der Zeile DECKKRAFT (oberste) die Checkbox
ZUFALL, bedeutet das: GIMP entscheidet per Zufallsgenerator,
welche Stärke gerade verwendet wird. Wenn Sie zusätzlich noch
festlegen, dass die GRÖSSE durch die GESCHWINDIGKEIT beeinflusst
werden soll (zweite Checkbox in Zeile 2), erreichen Sie mit unterschiedlichen Malgeschwindigkeiten auch unterschiedliche Pinselgrößen.

3.3 Der Pinseleditor

Der PINSELEDITOR befindet sich in der Regel bereits auf der
Arbeitsoberfläche (und zwar im Palettenbereich) und muss nicht
extra aktiviert werden. Sollte er wider Erwarten nicht zu finden
sein, betätigen Sie `Strg`+`⇧`+`B` oder gehen über FENSTER •
ANDOCKBARE DIALOGE • PINSEL.

Über den PINSELEDITOR haben Sie bequem Zugriff auf die zahlreichen vorinstallierten Pinselspitzen von GIMP. Die Anzeige im
Editor gibt dabei Aufschluss über die Art des Farbauftrags der
jeweiligen Spitze. Hier unterscheidet man nämlich zwischen normalen, farbigen und animierten Pinselspitzen.

Feinabstimmung

Im Pulldown-Menü ober-
halb der Checkboxen
(standardmäßig steht die-
ses auf ABBILDUNGSMAT-
RIX) kann auf bestimmte
Funktionen umgeschaltet
werden (z. B. DECKKRAFT).
Danach lassen sich die
Auswirkungen auf die
Deckkraft während des
Malens mittels Kurve prä-
zise steuern.

Normale Pinselspitzen

Suchen Sie zunächst ein Malwerkzeug aus (z. B. den Pinsel), und wählen Sie anschließend im Pinseleditor die gewünschte Pinselspitze (das geht im Übrigen auch im Feld Pinsel des Werkzeugkastens). Zuletzt stellen Sie den Pinsel im unteren Bereich des Werkzeugkastens wunschgemäß ein. Wenn Sie jetzt mit gedrückter Maustaste über das Bild oder eine neue, leere Datei fahren, wird die Farbe in der aktuell eingestellten Vordergrundfarbe aufgetragen.

Dies gilt zumindest für die normalen Pinselspitzen, also jene, die innerhalb des Pinseleditors schwarz oder grau sind. Wenn eine Spitze an ihrer unteren rechten Ecke mit einem kleinen blauen Dreieck ❶ versehen ist, heißt das: Der Pinsel wird in seiner tatsächlichen Größe dargestellt. Ist dort ein Kreuz ❸ zu sehen, wird die Spitze kleiner dargestellt, kann aber durch Anklicken und Festhalten der Maus in Originalgröße angezeigt werden. Die rote Ecke ❷ indes deutet auf animierte Spitzen hin. Dazu gleich mehr.

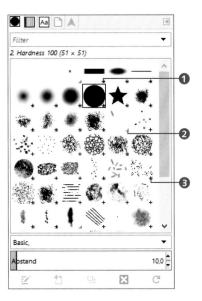

Abbildung 3.20 ▶
Der Pinseleditor

Farbige Pinselspitzen

Weiter unten finden sich aber auch noch farbige Symbole. Auch dabei handelt es sich um Pinselspitzen. Bei diesen Spitzen ist es in der Regel unerheblich, welche Vordergrundfarbe eingestellt ist;

sie behalten ihre eigenen Farben bei. Das ist beispielsweise bei der Paprikaschote (PEPPER) und den Weinblättern (VINE) der Fall.

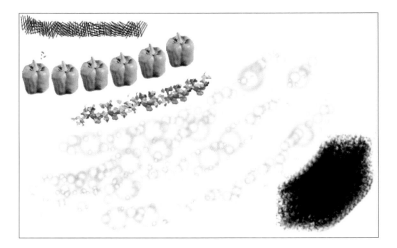

◄ **Abbildung 3.21**
Normale und farbige Spitzen können Sie wahllos kombinieren.

Animierte Pinselspitzen

Zunächst einmal ist eine herkömmliche Pinselspitze starr, das bedeutet: Sie verändert ihre Struktur während des Malens nicht. Das ist bei den »animierten« Spitzen anders. Diese können sich z. B. während des Malens drehen oder ihre Dichte oder ihre Größe verändern. Eine animierte Spitze erkennen Sie stets an einem roten Dreieck in der unteren rechten Ecke. Klicken Sie eines dieser Werkzeuge innerhalb des PINSELEDITORS an, und halten Sie die Maustaste gedrückt. Daraufhin zeigt sich eine kleine Animation, die die Veränderung der Spitze während des Malens repräsentiert. Sämtliche Einstellungen nehmen Sie wie gewohnt im unteren Bereich des Werkzeugkastens vor.

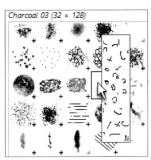

▲ Abbildung 3.22
Das überlagernde Symbol zeigt, in welcher Art und Weise die Animation erfolgt.

Pinselspitzen anpassen

Nun ist es ja ganz nett, dass GIMP mit zahlreichen unterschiedlichen Pinselspitzen aufwartet und Sie diese zudem individuell im Werkzeugkasten einstellen können. So verändern Sie beispielsweise den Durchmesser der Spitze, indem Sie den Regler GRÖSSE entsprechend verschieben. Woher bekommen Sie aber neue, zusätzliche Pinselspitzen? Spitzen können Sie aus dem Internet herunterladen, mit Freunden und Bekannten tauschen

Abstand verändern

Jede Spitze kann mit Hilfe des Reglers ABSTAND (im Pinseleditor) verändert werden. Vergrößern Sie den Abstand, entstehen zwischen den einzelnen Pinselobjekten größere Lücken.

Benennung von Pinselspitzen

Leider sind die Pinselspitzen in GIMP nicht auf allen Systemen gleich benannt. So findet sich statt HARDNESS 075 (51 × 51) manchmal auch die Bezeichnung *Round Fuzzy* oder *Circle Fuzzy*. Es kann also sein, dass die Bezeichnung auch bei Ihnen abweicht. Vergleichen Sie dann bitte einfach die Einstellungen, um die richtige Pinselspitze zu finden.

oder selbst erstellen. Hierbei müssen Sie wiederum unterscheiden, ob Sie eine Spitze auf Grundlage einer bereits vorhandenen produzieren wollen (also eine modifizierte Spitze) oder ob Sie eine komplett neue Spitze erstellen möchten. Beides bespreche ich in diesem Kapitel, und mit der ersten Variante werden wir jetzt direkt beginnen.

Schritt für Schritt
Eine modifizierte Pinselspitze erstellen

Zunächst suchen Sie im PINSELEDITOR eine Spitze aus, die als Grundlage dienen soll. Diese speichern wir dann in diesem kurzen Workshop modifiziert ab.

1 Spitze aussuchen

Markieren Sie die gewünschte Spitze im PINSELEDITOR mit einem einfachen Mausklick ❷ – im Beispiel ist das HARDNESS 075 (51 × 51) ❶. Danach betätigen Sie die Schaltfläche EINEN NEUEN PINSEL ERSTELLEN ❸ in der Fußleiste der Palette.

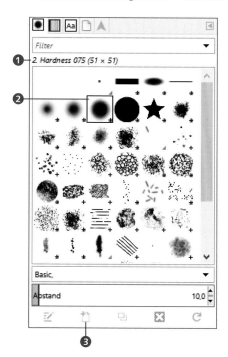

Abbildung 3.23 ▶
Der neue Pinsel wird auf Grundlage des zuvor markierten erstellt.

2 Namen vergeben

Zunächst sollten Sie der Spitze eine aussagekräftige Bezeichnung verpassen. Im Beispiel verwenden wir »Weicher Stern«.

3 Spitze einstellen

Als Nächstes können Sie die einzelnen Parameter im unteren Bereich des Dialogs verändern. Klicken Sie in der Zeile FORM zunächst auf das Symbol ganz rechts (die Raute). Vergrößern Sie den RADIUS auf etwa 40,0, und ziehen Sie den Regler SPITZEN so weit nach rechts, bis im nebenstehenden Eingabefeld die Zahl 8 erscheint. Zuletzt nehmen Sie die HÄRTE noch auf etwa 0,35 zurück. Beides funktioniert am besten mit der Feineinstellung (siehe Seite 58).

▲ **Abbildung 3.24**
Benennen Sie Ihre Spitzen aussagekräftig.

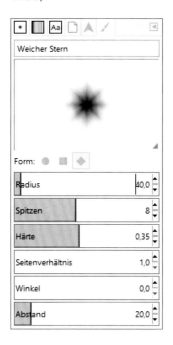

◄ **Abbildung 3.25**
Fertig ist die Spitze.

4 Spitze fertigstellen

Sie müssen jetzt nichts weiter tun, als den ganz rechts befindlichen Reiter zu schließen. Fortan gesellt sich Ihre neu erstellte Spitze zu den anderen und kann dort aktiviert werden, wann immer sie benötigt wird.

Abbildung 3.26 ▶
Ein neuer Stern am Spitzen-Himmel

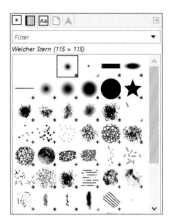

Vorhandene Spitzen editieren

Für den Fall, dass Sie die Pinselspitze nachträglich noch einmal anpassen wollen, platzieren Sie einen Doppelklick darauf. Dadurch wird der PINSEL-EDITOR erneut geöffnet, und die einzelnen Parameter können angepasst werden.

▲ **Abbildung 3.27**
Der PINSELEDITOR wird erneut geöffnet.

Der Pinseleditor im Detail

Für den Fall, dass Sie nicht ganz sicher sind, was der eine oder andere Schieberegler innerhalb des PINSELEDITORS bewirkt, hier noch einmal eine kurze Zusammenfassung:

▸ FORM: Wählen Sie aus einer der drei Grundformen Kreis, Quadrat und Raute die Form, die der gewünschten Spitze am ehesten entspricht.

▸ RADIUS: Hierüber verändern Sie die Größe der Pinselspitze (wobei Sie einen Radius festlegen müssen). Ein Beispiel: Legen Sie eine runde Spitze mit einem RADIUS von 50 Pixeln an, um einen Durchmesser von 100 Pixeln zu erhalten.

▸ SPITZEN: Bei Verwendung von Quadrat und Raute können Sie die Anzahl der Ecken (Spitzen) festlegen, über die der Pinsel verfügen soll (siehe vorangegangenen Workshop).

▸ HÄRTE: Bestimmen Sie, ob die Spitze eine härtere oder weichere Kante haben soll. Je mehr Sie sich dem Wert 0,00 nähern, desto weicher wird der Rand der Spitze. Bei einem Wert von 1,00 ist die Pinselkante hart.

▸ SEITENVERHÄLTNIS: Wer exzentrische Formen mag, kann mit Hilfe dieses Reglers die Spitze seitlich verzerren. Ein Wert größer 0 zieht die Spitze in die Breite, ohne ihre Höhe zu verändern. (Beachten Sie in diesem Zusammenhang auch den Regler WINKEL.)

▸ WINKEL: Hiermit lässt sich die Spitze drehen. Eine derartige Aktion ergibt meist nur dann Sinn, wenn Sie die Spitze zuvor mit Hilfe des Reglers SEITENVERHÄLTNIS verändert haben.

▸ ABSTAND: Beeinflussen Sie die Abstände, die während des Malens mit der Spitze zwischen zwei Pinselobjekten berücksichtigt werden sollen. (Hinweis: Der ABSTAND lässt sich auch nach Fertigstellung der Spitze noch über den gleichnamigen Regler innerhalb des PINSELEDITORS verändern.)

Pinsel weitergeben

Sicher interessieren Sie sich dafür, wo auf Ihrem Rechner denn die Pinsel gelagert sind. Nun, darauf gibt es mehrere Antworten. Auch hier ist nämlich zwischen Originalspitzen und vom Anwender eigens erzeugten Spitzen zu unterscheiden. Die vorhandenen Pinsel, also die von Hause aus mitgelieferten, befinden sich unter

▸ **Windows**: [LAUFWERKSBUCHSTABE]:/PROGRAMME/GIMP 2// SHARE/GIMP/2.0/BRUSHES/

▸ **Mac**: Hier müssen Sie zunächst in den Programmordner gehen (APPLICATIONS) und dann einen Rechtsklick auf GIMP 2.APP setzen. Im Kontextmenü wählen Sie PAKETINHALT ANZEIGEN. Danach geht es so weiter: CONTENTS/RESOURCES/SHARE/GIMP/2.0/ BRUSHES.

Dort befinden sich in unterschiedlichen Ordnern etliche Dateien mit den Endungen *.vbr*. Sie repräsentieren die Standardpinsel, während *.gbr* für farbige Pinsel steht. Außerdem lassen sich Endungen des Typs *.gih* ausfindig machen. Das sind die animierten Spitzen. Selbst erstellte Pinsel werden im Gegensatz zu den mitgelieferten standardmäßig in den Benutzerdaten abgelegt. Der Pfad zum Pinsel, den wir im letzten Workshop angelegt haben, heißt gemeinhin so:

▸ **Windows**: [LAUFWERKSBUCHSTABE STAMMLAUFWERK]:/BENUTZER/[BENUTZERNAME]/APPDATA/ROAMING/GIMP/2.10/BRUSHES/ WEICHER-STERN.VBR

▸ **Mac**: MAC/LIBRARY/APPLICATION SUPPORT/GIMP/2.10/BRUSHES/ WEICHER-STERN.VBR

> **Eventuell abweichende Bezeichnung**
>
> Sollten Sie bereits eine Vorgängerversion installiert haben (z. B. GIMP 2.8), legt die Anwendung je nach Betriebssystem eventuell keinen neuen Versionsordner an. In diesem Fall lautet der Ordnername dann nicht GIMP-2.10, sondern trägt den Namen der zuletzt installierten Version.

AppData-Ordner anzeigen

Der Ordner APPDATA ist in Windows standardmäßig ausgeblendet. Sollte er auf Ihrem PC nicht zu sehen sein, müssen Sie zunächst die EXPLORER-OPTIONEN öffnen (Eingabe im Taskleisten-Suchfeld) und dann die Registerkarte ANSICHT nach vorn stellen. Scrollen Sie im Feld ERWEITERTE EINSTELLUNGEN so weit nach unten, bis Sie den Eintrag VERSTECKTE DATEIEN UND ORDNER sehen. Aktivieren Sie den Radio-Button AUSGEBLENDETE DATEIEN, ORDNER UND LAUFWERKE ANZEIGEN, ehe Sie mit OK bestätigen.

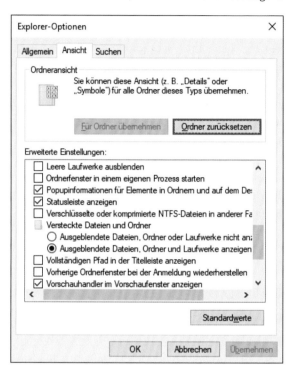

Abbildung 3.28 ▶
Der AppData-Ordner muss zunächst »sichtbar« gemacht werden.

Externe Pinsel integrieren

Sollten Sie den Pinsel im vorangegangenen Workshop nicht erstellt haben, aber dennoch an seinem Besitz interessiert sein, dann überweisen Sie mir bitte … nein, natürlich nicht. Sie finden ihn in den Beispieldateien im Ordner PLUGINS UND SKRIPTE, Unterordner BRUSHES, und dürfen ihn gern in den Zielordner Ihrer persönlichen GIMP-Installation integrieren (siehe den oben im Abschnitt »Pinsel« angegebenen Pfad). Allerdings sollten Sie GIMP schließen und wieder öffnen, damit der Pinsel auch innerhalb des PINSELEDITORS angezeigt werden kann.

Eigene Pinselspitzen erstellen

Nicht immer will man sich an dem orientieren, was andere gemacht haben. Schließlich sind Ihrer Kreativität in Sachen Pinselspitzen keine Grenzen gesetzt. Beginnen Sie komplett bei null, und kreieren Sie eine eigene Pinselspitze.

Schritt für Schritt
Eine komplett neue Pinselspitze erstellen

Nachdem Sie im vorangegangenen Workshop eine bereits vorhandene Pinselspitze modifiziert haben, interessiert es Sie doch bestimmt auch, wie Sie eine komplett neue Spitze erstellen können, oder?

»Weicher-Stern.vbr« im Ordner PLUGINS UND SKRIPTE

1 Neue Datei erzeugen

Zunächst benötigen Sie eine neue Bilddatei, weshalb Sie über DATEI • NEU gehen sollten. Im Bereich BILDGRÖSSE legen Sie 250 × 250 px fest. Klicken Sie zudem auf das kleine Plus-Symbol vor ERWEITERTE EINSTELLUNGEN.

◄ **Abbildung 3.29**
Zunächst müssen Sie eine neue Bilddatei erstellen.

Beide Werte ändern

Solange das Ketten-Symbol rechts neben den Eingabefeldern für BREITE und HÖHE aktiv ist (Standardeinstellung), wird bei Eingabe eines der beiden Werte der andere synchron verändert. Diese Änderung »sehen« Sie allerdings erst, nachdem Sie das Eingabefeld verlassen haben (z. B. mit Betätigung von ⇥).

2 Hintergrund ändern

Bevor Sie den Dialog mit OK verlassen, müssen Sie die FÜLLUNG verändern (damit ist die Farbe des Hintergrunds gemeint). Diese darf nämlich in unserem Beispiel nicht farbig sein. Klicken Sie auf das nebenstehende Selektionsfeld, und stellen Sie dort TRANSPARENZ ein. (Wenn Sie mögen, dürfen Sie sich auch im Bereich KOMMENTAR noch verewigen.)

Abbildung 3.30 ►
Das sind die korrekten Einstellungen zur Erzeugung einer Pinselspitze.

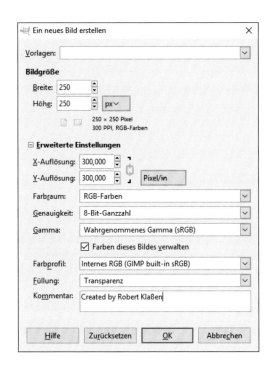

Nehmen Sie doch, was Sie wollen!

Sie müssen nicht unbedingt Pinselstriche verwenden. Sie könnten auch Formen und sogar Teile eines Fotos einfügen. Allerdings muss sich alles, was später die Pinselspitze ausmachen soll, auf der Arbeitsfläche befinden.

▲ **Abbildung 3.31**
So könnte die neue Spitze aussehen.

3 Form erzeugen

Jetzt geht es an die Produktion der Spitze. Stellen Sie eine beliebige Pinselspitze ein, und malen Sie damit auf der transparenten Fläche des Bildes. (Hier habe ich die zuvor erzeugte Spitze »Weicher Stern« verwendet.)

4 In Pinsel umwandeln

Nun haben Sie zwar ein wunderschönes Bild erzeugt, aber mit einem Pinsel hat das noch nicht viel zu tun. Deswegen müssen Sie nun noch folgendermaßen vorgehen: Wählen Sie die gesamte Fläche aus (entweder Strg+A oder AUSWAHL • ALLES), und befördern Sie den Inhalt in die Zwischenablage. Entweder drücken Sie dazu Strg+C, oder Sie betätigen BEARBEITEN • KOPIEREN. Anschließend entscheiden Sie sich für BEARBEITEN • EINFÜGEN ALS • NEUER PINSEL.

5 Pinsel anlegen

Danach haben Sie noch einen allerletzten Dialog zu bewältigen. Darin sollten Sie die Spitze zunächst aussagekräftig benennen (PINSELNAME) sowie über DATEINAME festlegen, wie die Spitze auf der Festplatte heißen soll. Mein Tipp: Lassen Sie Leerzeichen, Umlaute und dergleichen weg, und verzichten Sie auch auf Großschreibung. (Dann gibt es beim Austausch von Pinselspitzen mit anderen Usern zumeist keine Probleme.) Stellen Sie zuletzt noch den ABSTAND ein, und betätigen Sie anschließend OK.

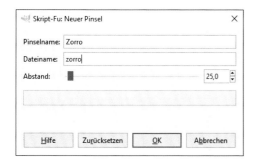

◄ **Abbildung 3.32**
Voilà, der Zorro-Pinsel
ist fertig.

Nun wird der Pinsel kurz gespeichert und sogleich ausgewählt. Jetzt müssen Sie nur noch eine neue Datei erzeugen oder ein Foto öffnen und können gleich loslegen.

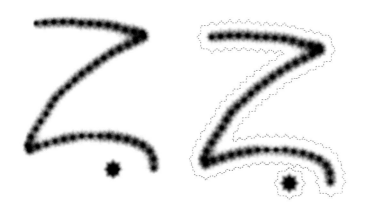

◄ **Abbildung 3.33**
Jeder Mausklick und jeder
Wisch projiziert die neue
Spitze auf das Dokument.

6 Pinsel wiederfinden

Der Pinsel wird im Übrigen dauerhaft angelegt. Sie müssen also nicht befürchten, dass er nur temporär zur Verfügung steht (so wie das bei Kopien in der Zwischenablage ja gewöhnlich der Fall ist). Selbst wenn Sie GIMP schließen und wieder öffnen, bleibt der Pinsel erhalten. Und wo ist die Pinseldatei abgeblieben? Sie befindet sich in Ihrem persönlichen Pinselverzeichnis, dessen Pfad Sie ja bereits kennen, und nennt sich »zorro.gbr«.

»zorro.gbr« integrieren

Wollen Sie den besagten Pinsel von den Beispieldateien integrieren? Dann ziehen Sie ihn in den oben angegebenen Ordner BRUSHES auf Ihrem Computer. Weitere Hinweise zur Integration von Pinseln finden Sie im Abschnitt »Externe Pinsel integrieren« auf Seite 98.

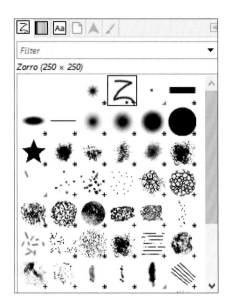

Abbildung 3.34 ▶
Auch nach einem Neustart ist
der Pinsel noch vorhanden.

3.4 Muster

Ähnlich wie Farben und Formen eines Pinsels lassen sich auch
zuvor definierte Muster problemlos auf eine Bildebene (oder
einen zuvor erzeugten Auswahlbereich) auftragen. Aber wie Sie
sich denken können, ist damit noch längst nicht Schluss – denn
selbstverständlich sind Sie mit GIMP auch imstande, eigene Muster zu produzieren.

Muster-Grundlagen

**Raster- und
Listenansicht**

In der standardmäßig ak-
tivierten Rasteransicht ❺
sehen Sie lediglich kleine
Quadrate. Wenn Sie je-
doch gleichzeitig die Be-
zeichnungen der einzel-
nen Muster einsehen
wollen, schalten Sie um
auf die Listenansicht ❹.

Sie haben verschiedene Möglichkeiten, eine Bildebene mit Mustern zu versehen. Die einfachste ist zweifellos die Tastenkombination Strg+⇧+.. Alternativ entscheiden Sie sich für BEARBEI-
TEN • MIT MUSTER FÜLLEN. Allerdings haben Sie hier keinen Einfluss
darauf, welches Muster erzeugt wird.

Deswegen ist diese Methode nur dann interessant, wenn Sie
zuvor das gewünschte Muster eingestellt haben. Und das geht so:
Aktivieren Sie das Füllen-Werkzeug (⇧+B), und betätigen Sie
den Radio-Button MUSTER ❶ weiter unten im Werkzeugkasten.
Wenn Sie jetzt noch auf das aktuell eingestellte Muster ❷ klicken, erhalten Sie eine Palette mit weiteren Vorgaben, von denen

Sie eine beliebige Miniatur anklicken können (im Beispiel »Dried mud« ❸). Da das Füllen-Tool bereits aktiv ist, können Sie einen einfarbigen Hintergrund damit anklicken und die Fläche füllen. Ebenfalls denkbar ist, dass Sie zuvor eine neue Ebene erzeugen und/oder eine Auswahl aufziehen. Dann erstreckt sich die Füllung lediglich auf den ausgewählten Bereich. (Mehr zu Auswahlen finden Sie im nachfolgenden Kapitel.)

Ein Muster klonen

Ohne der Thematik jetzt schon vorgreifen zu wollen (das Klonen-Werkzeug bespreche ich ausführlich in Kapitel 10, »Retusche und Montage« ab Seite 268), soll an dieser Stelle der Hinweis nicht fehlen, dass sich auch das Klonen-Werkzeug auf Muster umstellen lässt. Damit können Sie dann Muster punktuell in das Bild »hineinstempeln« bzw. »hineinmalen«.

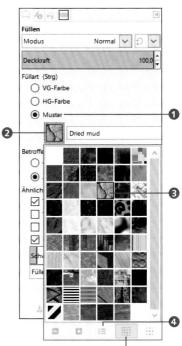

▲ **Abbildung 3.35**
GIMP bringt von Haus aus schon jede Menge Muster mit.

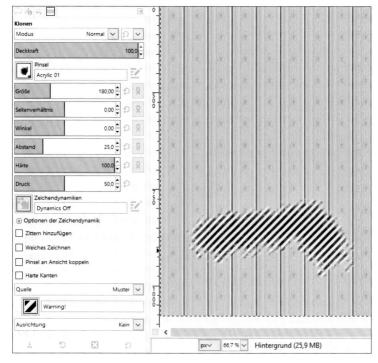

▲ **Abbildung 3.36**
Hier wird das Muster »Warning!« mit dem Klonen-Tool aufgetragen.

Ein Muster erzeugen

Arbeiten Sie ein wenig mit den zur Verfügung stehenden Mustern. Sie werden überrascht sein, was sich damit so alles herstellen lässt. Genau wie bei den Pinseln wollen wir hier aber noch eins draufsetzen, indem wir eigene Muster erzeugen.

Schritt für Schritt
Ein eigenes Muster erzeugen

Erst durch die Tatsache, dass sich in GIMP auch eigene Muster anlegen lassen, werden Sie wirklich unabhängig bei der Produktion von Hintergründen und Flächen.

1 Neue Datei erzeugen

Zuallererst benötigen Sie wieder eine neue, leere Datei. Gehen Sie daher über DATEI • NEU, und erstellen Sie eine Datei in der Größe von 500 × 500 px. Öffnen Sie ERWEITERTE EINSTELLUNGEN, setzen Sie die AUFLÖSUNG auf 300 PIXEL/IN, und setzen Sie die FÜLLUNG auf WEISS. Bestätigen Sie mit OK.

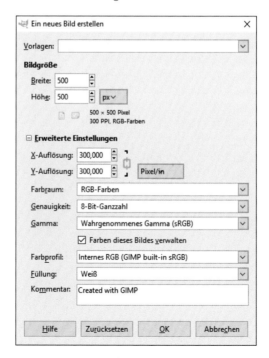

Abbildung 3.37 ▶
Diese Parameter sollen für das neue Muster gelten.

2 Pinsel einstellen

Aktivieren Sie das Pinsel-Werkzeug, und wählen Sie die Spitze SPARKS, die im MODUS: NORMAL bei 100 % DECKKRAFT und einer GRÖSSE von 60,00 ❷ vorliegen sollte. Das ist die Standardgröße. Sollte ein anderer Wert ausgewiesen sein (weil Sie vielleicht zuvor mit einer anderen Pinselspitzengröße gearbeitet haben), betätigen Sie den Button GRÖSSE AUF DIE NATIVE GRÖSSE DES PINSELS ZURÜCKSETZEN ❶. Alle anderen Werte entnehmen Sie der nebenstehenden Abbildung.

3 Bild ausmalen

Fahren Sie jetzt mit gedrückter Maustaste kreuz und quer über das Foto, und sorgen Sie so dafür, dass immer mehr Luftbläschen erzeugt werden. Lediglich am Rand sollten Sie diese nach Möglichkeit richtig fett auftragen, so dass keine weißen Bereiche mehr übrig bleiben.

▲ **Abbildung 3.38**
Die Spitze »Sparks« ist genau die richtige.

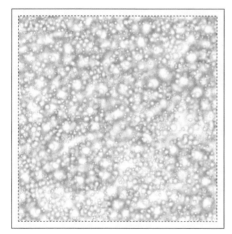

◄ **Abbildung 3.39**
Eine derartige Anordnung der Luftbläschen ist für unser Muster vollkommen in Ordnung.

4 Speicherort auswählen

Jetzt gilt es noch, die Datei zu speichern. Dazu gehen Sie zunächst über DATEI • EXPORTIEREN ALS. Jetzt müssen Sie noch einen Zielordner festlegen. Zunächst einmal ist es prinzipiell möglich, den Dokumentordner zu verwenden, den das Betriebssystem standardmäßig vorschlägt. Allerdings müssen Sie berücksichtigen, dass GIMP von sich aus nur jene Muster findet, die zentral gesichert sind. Deshalb empfehle ich, den Speicherort zu wählen, der im Kasten auf der nächsten Seite angeboten wird.

Kachelung beachten

Ein Muster besteht in GIMP zwar prinzipiell nur aus einer einzelnen Bilddatei, jedoch werden die Bilder wiederholt, wenn die Arbeitsfläche größer ist als das Muster. Da das Muster aus diesem Grund bei Bedarf gekachelt wird, kommt es zwischen den einzelnen Kacheln zu unschönen Übergängen. Deswegen ist es sinnvoll, die Ränder nach Möglichkeit entweder komplett frei zu lassen oder sie vollständig zu übermalen.

**Interner Muster-
Speicherort**

GIMP speichert Muster
standardmäßig unter fol-
gendem Windows-Pfad:
[Laufwerksbuchstabe
des Stammlaufwerks]:/
Benutzer/[Benutzerna-
me]/AppData/Roaming/
gimp/2.10. Darin enthal-
ten ist ein Ordner mit
dem Namen Patterns.
Legen Sie Ihre Muster
hier ab, können diese
auch später von GIMP
problemlos wiedergefun-
den werden (siehe Schritt
6 dieses Workshops):
Mac-User gehen indes
über Mac/Library/Appli-
cation Support/Gimp/
patterns.

Andere Formate möglich

Neben *.pat*-Dateien dür-
fen Sie auch andere For-
mate wie z. B. *JPEG*, *GIF*,
BMP, *TIFF* oder *PNG* verwenden. Allerdings ent-
spricht die Dateiendung
.pat einem Standard, der
es Ihnen erlaubt, Muster-
dateien an der Endung zu
erkennen. Und da be-
stimmte Patterns sogar
aus anderen Programmen
wie z. B. Photoshop inte-
griert werden können, ist
es sinnvoll, die Konventi-
on einzuhalten. Bleiben
Sie also bei *.pat*.

Bevor Sie auf Exportieren klicken, müssen Sie die Musterdatei
noch ordentlich benennen (im Beispiel »sparklings«) und mit der
Dateiendung *.pat* versehen. Letzteres erledigen Sie entweder
durch Direkteingabe im Feld Name oder mit Hilfe der Anwahl von
GIMP-Muster (pat) aus der Dateityp-Liste.

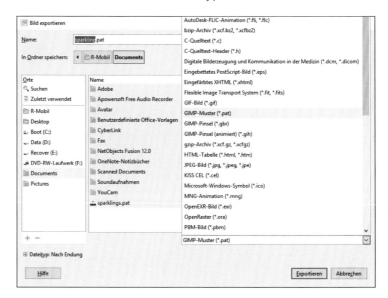

▲ **Abbildung 3.40**
GIMP-Muster (sogenannte *Patterns*) tragen die Dateiendung *.pat*.

5 Dialog bestätigen

Nun fragt GIMP noch einmal nach einer Beschreibung, wobei
»GIMP Pattern« vorgegeben wird. Falls Ihnen das nicht aussa-
gekräftig genug ist, wählen Sie eine sprechendere Beschreibung.
Bestätigen Sie mit Exportieren.

◄ **Abbildung 3.41**
GIMP fragt nach einer
Beschreibung für das Muster.

6 GIMP aktualisieren

Nun müssen Sie die Anwendung noch aktualisieren. Anderenfalls
kann das neue Muster nämlich nicht angezeigt werden. Dazu
können Sie GIMP komplett schließen und anschließend erneut

starten, oder Sie öffnen nach Aktivierung der Muster-Palette die kleine Dreieck-Schaltfläche rechts (Palettenmenü). Im nächsten Schritt gehen Sie auf MUSTERMENÜ • DIE MUSTER NEU LADEN.

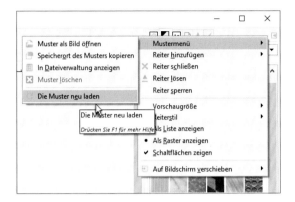

◀ **Abbildung 3.42**
Bevor es weitergeht, aktualisieren Sie die Muster-Palette.

7 Muster benutzen

Erzeugen Sie eine neue Datei (beispielsweise 2.000 × 2.000 Pixel bei 72 PIXEL/IN), und aktivieren Sie das Füllen-Werkzeug. Schalten Sie es um auf MUSTER ❶, und öffnen Sie die Liste aller Muster, indem Sie auf das kleine Vorschau-Quadrat ❷ klicken. Dort in der Liste sollten Sie dann auch das neue Pattern finden. Sobald Sie diesen Button betätigen, wird auch die zuvor vergebene Beschreibung angezeigt.

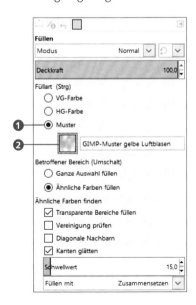

◀ **Abbildung 3.43**
Genau dort verbirgt sich das neue Muster.

8 Bildfläche füllen

Zuletzt klicken Sie mit dem Füllen-Werkzeug einmal auf die soeben erzeugte Bildfläche – und schon ist das Muster aufgebracht. Wenn Sie mögen, erzeugen Sie noch ein zweites Muster. Lassen Sie beim Erstellen des Patterns aber diesmal den Rand frei. Das ist eine interessante Alternative.

Abbildung 3.44 ▶
So etwa sieht das Muster aus, wenn Sie die Schritte exakt nachvollzogen haben.

Abbildung 3.45 ▶▶
Hätten Sie vorab die Ränder freigelassen, würde sich das Muster nun derart darstellen.

Muster nachbearbeiten

Die Problematik bei Mustern und den damit verbundenen Kacheln wird deutlich, wenn Sie sich die letzten beiden Abbildungen ansehen. Die Musterbildung findet sich übrigens nicht nur in »unserem« Muster, sondern auch in allen bereits in GIMP integrierten. (Dort sind sie zum Teil noch erheblich auffälliger.) Daher ist es grundsätzlich zu empfehlen, die Übergänge nach Füllung der Fläche noch mit einem Klonen-Werkzeug zu überarbeiten. Hinweise zum Klonen-Werkzeug finden Sie in Kapitel 10, »Retusche und Monatge«, ab Seite 268.

Abbildung 3.46 ▶
Nach der Bearbeitung mit dem Kopierstempel sieht die Fläche viel unregelmäßiger und somit natürlicher aus.

Auswählen und freistellen

Bildelemente gekonnt voneinander trennen

- ▸ Wie funktionieren die Auswahlwerkzeuge?
- ▸ Wie kombiniere ich Auswahlbereiche?
- ▸ Wie werden Objekte freigestellt?
- ▸ Wie verbinde ich Bilder miteinander?
- ▸ Wie funktioniert die Schnellmaskierung?
- ▸ Wie gehe ich mit dem Auswahleditor um?

4 Auswählen und freistellen

Meist sind nicht alle Bereiche eines Fotos wirklich interessant. Wenn Sie nur einen Teil des Fotos erhalten wollen, müssen Sie eine Freistellung vornehmen, oder eine Auswahl einsetzen. Die erforderlichen Techniken dazu beschreibe ich in diesem Kapitel.

4.1 Die Auswahlwerkzeuge

Wie Sie ja bereits dem Werkzeug-Überblick aus Kapitel 2, »Die Arbeitsoberfläche«, entnehmen konnten, dienen Auswahlwerkzeuge zumeist dazu, bestimmte Bereiche eines Fotos auszusuchen, zu markieren und separiert von den nicht ausgewählten Bereichen zu bearbeiten.

© Robert Klaßen

Abbildung 4.1 ▶
Hier ist eine Auswahl des Blattes vorgenommen worden. Dadurch bleibt der Hintergrund von der bevorstehenden Bearbeitung ausgenommen.

Zunächst wollen wir einen Blick auf die unterschiedlichen Tools werfen, die für solche Zwecke bereitgestellt werden. Sie wählen sie entweder per Klick auf das Icon im Werkzeugkasten oder per Shortcut aus, klicken dann auf das Bild, halten die Maustaste gedrückt und ziehen die Maus ein wenig zur Seite. Sobald Sie loslassen, steht die Auswahl.

Rechteckige Auswahl

Mit diesem Werkzeug – Shortcut ⬚R – lassen sich einzelne rechteckige oder quadratische Bildelemente auswählen. Die nicht ausgewählten Bereiche (außerhalb der Auswahl) bleiben dadurch von einer weiteren Bearbeitung ausgenommen.

Und so erzeugen Sie eine Auswahl: Klicken Sie auf das Bild, halten Sie die Maustaste gedrückt, und verschieben Sie die Maus. Wenn der dadurch erzeugte Rahmen (der sogenannte *Auswahlrahmen*) Ihren Wünschen entspricht, lassen Sie die Maustaste los.

Wenn Sie vor dem Aufziehen eines Auswahlrahmens FIXIERT ❶ aktivieren, erzeugen Sie immer ein exaktes Quadrat. Wollen Sie die BREITE, HÖHE oder gesamte GRÖSSE (Breite und Höhe) einer Auswahl zuvor angeben, müssen Sie die gewünschte Option rechts neben der Checkbox anwählen und die Abmessung anschließend im darunter befindlichen Eingabefeld festlegen. (Weitere Infos dazu finden Sie im Abschnitt »Auswahl in bestimmter Größe« auf Seite 118). Erst danach beginnen Sie mit der Produktion der Auswahl. Und noch ein weiterer wichtiger Hinweis: Solange Sie ⬚Alt festhalten, können Sie die fertige Auswahl mit gedrückter Maustaste nach Wunsch verschieben.

▲ **Abbildung 4.2**
Bevor Sie eine Auswahl erstellen, müssen Sie in den Werkzeugeinstellungen festlegen, über welche Eigenschaften die Auswahl verfügen soll.

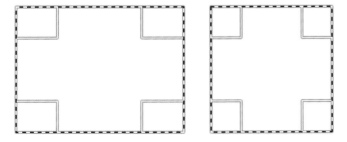

▲ **Abbildung 4.3**
Sie können ein Rechteck oder ein exaktes Quadrat erzeugen.

Wollen Sie die Auswahl nachträglich verändern (vergrößern oder verkleinern), klicken Sie in eine der quadratischen Ecken und verziehen die Auswahl (erneut mit gedrückter linker Maustaste) nach Wunsch.

Auswahl aufheben

Grundsätzlich lassen sich sämtliche Auswahlen wieder aufheben, indem Sie die Tastenkombination ⬚Strg+⬚⇧+⬚A drücken oder im Menü des Bildfensters AUSWAHL • NICHTS betätigen.

Elliptische Auswahl

Mit dem Werkzeug ELLIPTISCHE AUSWAHL – Shortcut $\boxed{E}$ – erzeugen Sie eine Auswahl in Form einer Ellipse. Auch bei elliptischen Auswahlen zeigen sich quadratische Ecken, mit denen Sie den Kreis bzw. die Ellipse nachträglich verändern können.

Freie Auswahl

Mit diesem Werkzeug – Shortcut $\boxed{F}$ – lassen sich freie Formen erzeugen, die mit einer Rechteck- oder Ellipsen-Auswahl nicht erstellt werden können. Das Tool wird auch oft als *Lasso* bezeichnet. Wenn Sie die Maustaste gedrückt halten und dann über das Bild fahren, wird eine freihändige Auswahl erzeugt. Lassen Sie die Maustaste erst wieder los, wenn Sie den Ausgangspunkt erreicht haben (der Mauszeiger wird dann um zwei ineinander verschlungene Kreise erweitert), oder führen Sie nach dem Loslassen noch einen Doppelklick aus, damit sich die Auswahl schließt. – Führen Sie hingegen nur kurze Mausklicks aus und bewegen die Maustaste anschließend weiter, werden Sie eine Auswahl mit Geraden erzeugen.

Abbildung 4.4 ▶
Die rechte Auswahl ist noch offen. Führen Sie in diesem Fall einen letzten Mausklick am Startpunkt ❶ aus.

Zauberstab

Klicken Sie mit dem ZAUBERSTAB – Shortcut $\boxed{U}$ – auf die Farbfläche eines Bildes, um diesen Farbton sowie angrenzende Farbbereiche aufzunehmen und in eine Auswahl zu konvertieren. Halten Sie $\boxed{\Diamond}$ gedrückt, und klicken Sie auf nicht ausgewählte Bereiche, um weitere Farbbereiche aufzunehmen. So lässt sich eine bereits vorhandene Auswahl komplettieren. Mit $\boxed{\text{Alt}}$ können Sie die Auswahl zudem verschieben.

◄ **Abbildung 4.5**
Lückenhafte Auswahlen sehen aus wie blinkende diagonale Linien.

Nach Farbe auswählen

Dieses Werkzeug – Shortcut ⇧+⓪ – funktioniert ähnlich wie der ZAUBERSTAB, wobei hier allerdings nicht nur die Farben aufgenommen werden, die an die Klickstelle angrenzen, sondern alle ähnlichen Farben innerhalb des Bildes.

Magnetische Schere

Die MAGNETISCHE SCHERE – Shortcut ⓘ – ist in der Lage, selbstständig eine Kante zu finden und entlang dieser eine Auswahl zu erzeugen. Klicken Sie mit diesem Werkzeug eine kontrastierende Kante (also erkennbare Farbunterschiede) in kleinen Abständen an, und vervollständigen Sie so die Kontur. Auch hier können Sie die Auswahl später schließen, indem Sie den Ausgangspunkt erneut markieren. (Der Mauszeiger wird dann um zwei ineinander verschlungene Kreise erweitert.) Falls die Kontur nicht korrekt verlaufen ist, positionieren Sie einen bereits platzierten Punkt per Drag & Drop neu.

◄ **Abbildung 4.6**
Der Pfad hangelt sich automatisch an der Kontur entlang.

Vordergrundauswahl

 Dieses Werkzeug – (ohne Shortcut) – eignet sich zum Extrahieren bestimmter Bildobjekte. Nach dessen Aktivierung müssen Sie zunächst eine grobe (in sich geschlossene) Auswahl anlegen ❶. Drücken Sie anschließend ⏎. Die Folge: Bildbereiche jenseits der Auswahl werden mit teiltransparenter blauer Farbe überdeckt ❷. In den Werkzeugeinstellungen legen Sie nun fest, was Sie übermalen wollen, um die Auswahl zu verbessern. Denn sicher entspricht der blau eingefärbte Bereich noch nicht dem, was von der Auswahl ausgenommen werden soll. Mit VORDERGRUND ZEICHNEN übermalen Sie Bereiche, die erhalten bleiben sollen, während Sie Bereiche, die nicht in die Auswahl sollen, mit aktivierter Funktion HINTERGRUND ZEICHNEN überpinseln ❸. Randbereiche dürfen Sie gerne mit UNBEKANNTE ZEICHNEN übermalen. Wenn Sie mit der Vorauswahl zufrieden sind ❹, drücken Sie erneut ⏎ und warten, welches Ergebnis GIMP zutage fördert. Die Rechenzeit kann je nach Bildgröße mehr oder weniger Zeit in Anspruch nehmen ❺. Freuen Sie sich über das Ergebnis ❻, erwarten Sie jedoch bitte zunächst keine Wunder.

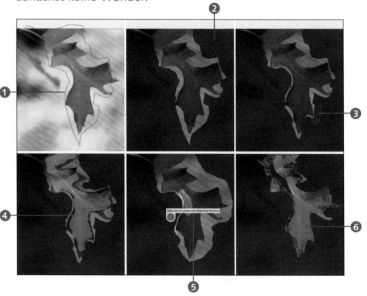

Abbildung 4.7 ▶
Die Extrahierung geschieht
in mehreren Schritten.

Bedenken Sie, dass Sie das Ergebnis Schritt für Schritt weiter verbessern können, denn nach Fertigstellung der Auswahl ist noch lange nicht Schluss. Übermalen Sie die Bereiche, die hinzugefügt oder entfernt werden sollen, immer weiter. Nach jedem Absetzen des Pinsels berechnet GIMP ein aktualisiertes Ergebnis. Zoomen Sie in das Bild ein, und zeichnen Sie mit einer verringerten PINSEL-BREITE – so lange, bis Sie mit dem Resultat zufrieden sind.

◄ **Abbildung 4.8**
Die Auswahl kann sich
sehen lassen.

4.2 Auswahlgrundlagen

GIMP stellt Ihnen also eine Menge verschiedener Auswahlwerkzeuge zur Verfügung. Darüber hinaus lassen sich allerdings auch erstellte Auswahlen verfeinern und modifizieren.

Auswahlen kombinieren

Sicher ist Ihnen bereits aufgefallen, dass sich generell nur eine einzige Auswahl erstellen lässt. Erzeugen Sie eine zweite, wird die erste auf wundersame Weise gelöscht. Das soll natürlich nicht sein, denn immerhin soll es ja auch möglich sein, Auswahlen miteinander zu kombinieren. Deswegen ist der MODUS besonders wichtig, der sich im unteren Bereich des Werkzeugkastens befindet.

Ist dort die erste Schaltfläche (AKTUELLE AUSWAHL ERSETZEN ❶) aktiv, werden Sie immer nur eine einzige Auswahl produzieren können. Schalten Sie jedoch um auf ZUR AKTUELLEN AUSWAHL HINZUFÜGEN ❷ (oder halten Sie stattdessen ⇧ gedrückt), ist dieses Problem gelöst. Jetzt können Sie so viele Auswahlen erzeugen, wie Sie wollen. Doch Vorsicht: Wechseln Sie das Auswahlwerkzeug, kann es sein, dass für dieses noch der erste Schalter aktiv ist. Deswegen sollten Sie nach jedem Werkzeugwechsel prüfen,

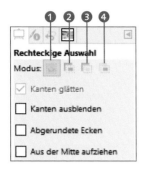

▲ **Abbildung 4.9**
Wenn die zweite Taste ge-
drückt ist, lassen sich beliebige Auswahlen kombinieren.

ob tatsächlich der zweite Button gedrückt ist (oder von Beginn an
mit ⌂ arbeiten).

▸ VON DER AKTUELLEN AUSWAHL ABZIEHEN ❸ (oder Strg gedrückt
halten): Wenn der dritte Button aktiv ist, entfernen Sie mit
einer neuen Auswahl Bereiche von einer bereits vorhandenen.

▸ AUSWAHLSCHNITTMENGE BILDEN ❹ (oder ⌂ + Strg gedrückt
halten): Ziehen Sie eine neue Auswahl über Teilen einer bereits
vorhandenen auf, bleibt schlussendlich nur das erhalten, was
innerhalb beider Auswahlen gelegen hat – die Schnittmenge
also.

Auswahl füllen

Lassen Sie uns anhand eines einfachen Beispiels ansehen, was Sie
mit einer Auswahl machen können und wie Sie eine Auswahlflä-
che mit einer Farbe füllen. Wer also noch nie mit einer Auswahl
gearbeitet hat, der wird mit dem folgenden Mini-Workshop einen
ersten Kontakt mit einer solchen aufnehmen.

Schritt für Schritt
Eine Auswahl färben

Das Beispiel soll aufzeigen, wie Sie Auswahl und Farbe miteinander kombinieren.

1 Neue Datei erzeugen
Erzeugen Sie zunächst eine neue Datei (DATEI • NEU). Die Abmessungen spielen keine Rolle, wobei Sie jedoch ein Minimum von
400 × 400 px nicht unterschreiten sollten.

2 Hintergrund färben
Klicken Sie im Werkzeugkasten auf die Farbfläche für die Vordergrundfarbe, und legen Sie hier eine Farbe Ihrer Wahl fest (im Beispiel ein sattes Blau). Bestätigen Sie mit OK. Danach aktivieren
Sie das Füllen-Werkzeug (⌂ + B), vergewissern sich, dass in den
Werkzeugeinstellungen VG-FARBE (für Vordergrundfarbe) aktiv
ist, und klicken damit einmal auf das Bild. Daraufhin sollte sich
der gesamte Hintergrund blau einfärben.

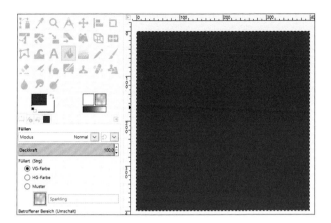

◄ **Abbildung 4.10**
Damit es funktioniert, muss
die FÜLLART auf VORDER-
GRUNDFARBE stehen.

3 Auswahl erzeugen und füllen

Produzieren Sie jetzt eine Auswahl (hier: Quadrat und Kreis kombiniert), und stellen Sie eine andere Vordergrundfarbe ein (z. B. Grün). Danach aktivieren Sie abermals das Füllen-Tool und klicken in die Auswahl hinein.

4 Auswahl aufheben

Zuletzt müssen Sie die Auswahl noch aufheben, indem Sie [Strg]+[⇧]+[A] betätigen oder im Menü AUSWAHL • NICHTS aufrufen. (Das Resultat finden Sie der Vollständigkeit halber unter dem Namen »Erste_Auswahl.png« im Ordner ERGEBNISSE.)

»Erste_Auswahl.png« im
Ordner ERGEBNISSE

◄ **Abbildung 4.11**
Der zuvor ausgewählte Bereich ist gefüllt,
und die Auswahl wurde anschließend aufgehoben (sprich: deaktiviert).

Weiche Auswahlkanten

Es bleibt zu bemängeln, dass die Kanten scharf und hart sind. Was ist zu tun, wenn die Übergänge eher weich sein sollen? Dazu verfügen sämtliche Auswahlwerkzeuge über die Checkbox KANTEN AUSBLENDEN. Allerdings müssen Sie stets daran denken, diese Option zu aktivieren, *bevor* Sie die Auswahl erzeugen. Ansonsten funktioniert es nicht. – Sobald Sie die Checkbox betätigen, taucht

Abgerundete Ecken (nur Rechteck-Werkzeug)

Das Aktivieren der Checkbox ABGERUNDETE ECKEN hat ebenfalls zur Folge, dass sich ein Regler RADIUS zeigt. Mit ihm bestimmen Sie dann, wie stark die Ecken eines Quadrats abgerundet werden sollen. Damit allein werden aber keine weichen Übergänge definiert. Im Gegenteil: Die Kante bleibt hart. Allerdings lässt sich die Funktion jederzeit mit KANTEN AUSBLENDEN kombinieren.

darunter ein Schieberegler auf, mit dessen Hilfe Sie den RADIUS des Übergangs beeinflussen. Hier gilt: je größer der Wert, desto weicher der Übergang.

▲ **Abbildung 4.12**
Nach Aktivierung von KANTEN AUSBLENDEN wird der Regler RADIUS sichtbar.

▲ **Abbildung 4.13**
Hier sehen Sie schön den weichen Übergang bei noch aktiver Auswahlkante.

Auswahl in bestimmter Größe

Mit den bislang beschriebenen Möglichkeiten sind Sie leider nicht in der Lage, eine Auswahl in einer ganz bestimmten Größe oder einem zuvor festgelegten Seitenverhältnis anzulegen. Deswegen sind den Grundform-Werkzeugen RECHTECK und ELLIPSE auch entsprechende Steuerelemente beigelegt worden. Damit gelingt das Einhalten bestimmter Abmessungen. Voraussetzung ist aber auch hier, dass Sie die Einstellungen vornehmen, *bevor* Sie die Auswahl erzeugen. Beginnen Sie damit, die Checkbox FIXIERT ❷ zu aktivieren. Nur das gewährleistet, dass die folgenden Einstellungen auch tatsächlich übernommen werden.

Als Nächstes bestimmen Sie über das Pulldown-Menü ❶, ob Sie ein SEITENVERHÄLTNIS, die GRÖSSE oder nur BREITE bzw. HÖHE angeben wollen. Schalten Sie um auf GRÖSSE, lässt sich sowohl die Breite als auch die Höhe festlegen. Das ist die exakteste Art der Größenbestimmung.

Legen Sie in ❶ die BREITE oder die HÖHE an, ist die jeweils andere Maßeinheit frei wählbar. Wenn Sie also beispielsweise bestimmen, dass die Auswahl nur 100 Pixel breit werden darf, würde dies beim Aufziehen der Auswahl genau eingehalten. Die HÖHE ließe sich hingegen frei wählen.

▲ **Abbildung 4.14**
Die Checkbox findet sich nur innerhalb der beiden ersten Auswahl-Tools.

Im Eingabefeld unterhalb ❸ geben Sie dann das Maß ein, das anschließend verwendet werden soll. Mit den Tasten HOCH-FORMAT und QUERFORMAT ❹ können Sie die Ausrichtung noch ändern. Das funktioniert sogar nachträglich. Ebenso lassen sich die unterhalb befindlichen Steuerelemente (POSITION) ebenfalls nachträglich noch bedienen. So können Sie die Auswahl nach der Erzeugung noch punktgenau verschieben.

Bildbereiche auswählen und transferieren

Sie haben zwischenzeitlich erfahren, dass Sie Auswahlbereiche einfärben und verändern können. Doch jetzt ist es an der Zeit, einen direkten Bezug zur Fotografie herzustellen. Immerhin wollen Sie ja auch die Reize einer bewussten Bildmanipulation mit Hilfe von Auswahlen kennenlernen. Dazu möchte ich Ihnen zwei aufeinander aufbauende Workshops anbieten. Im ersten werden wir eine Blume freistellen, die wir dann im zweiten auf ein anderes Bild projizieren werden.

»Blume.jpg«

Schritt für Schritt
Eine Blume freistellen und in ein anderes Bild montieren

Nehmen Sie sich zunächst die Datei »Blume.jpg« vor. Bei diesem Foto soll die Blüte mitsamt Stängel vom Hintergrund abgelöst werden. Nun haben Sie verschiedene Möglichkeiten, diese Aufgabe zu lösen. Sie könnten beispielsweise mit der MAGNETISCHEN SCHERE um die Blüte herumfahren und mit zahlreichen Mausklicks eine Umrandung erzeugen. Doch das ist viel zu aufwendig.

© Cosmin Masca, Fotolia.com

◄ **Abbildung 4.15**
So sähe die Umrandung aus, wenn Sie die MAGNETISCHE SCHERE genommen hätten. Das ist zwar eine Möglichkeit, dauert aber viel zu lange.

Magnetische Schere

Wenn Sie dieses Werkzeug einsetzen, müssen Sie zahlreiche Mausklicks entlang der Kante setzen. Sollte die Linie nicht so verlaufen, wie Sie das wünschen, können Sie jederzeit Zwischenpunkte platzieren, was für eine Korrektur der Linienführung sorgt. Wenn Sie fertig sind (wieder am ersten Punkt angekommen), klicken Sie einmal in den inneren Bereich der Umrandung. Das führt dazu, dass diese in eine Auswahl umgewandelt wird.

119

1 Werkzeug einstellen

Wir verwenden hier zunächst das Werkzeug NACH FARBE AUS-
WÄHLEN ❸ (⟨⇧⟩+⟨O⟩). Bevor Sie es anwenden, sollten Sie noch
folgende Einstellungen vornehmen: Aktivieren Sie (sofern nicht
bereits geschehen) KANTEN GLÄTTEN ❹. Das sorgt für schöne
Rundungen an den ausgewählten Bereichen. Dann ziehen Sie den
Regler SCHWELLWERT ❷ auf etwa 20,0 bis 23,0. Zuletzt aktivieren
Sie den Taster ZUR AKTUELLEN AUSWAHL HINZUFÜGEN ❶, den Sie
im Bereich MODUS finden.

Schwellwert

Damit legen Sie fest, wie
ähnlich die Farben sein
dürfen bzw. müssen, um
aufgenommen zu werden
(z. B. Hellblau zu Mittel-
blau). Je geringer der
Wert, desto weniger ähn-
liche Farben werden mit
aufgenommen.

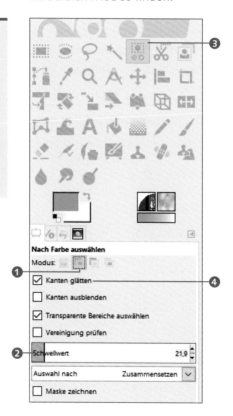

Abbildung 4.16 ▶
Mit diesen Einstellungen
kann es weitergehen.

2 Erste Auswahl erzeugen

Auch an dieser Stelle gibt es wieder zwei mögliche Vorgehenswei-
sen: Entweder Sie nehmen das Objekt selbst auf, oder Sie konzen-
trieren sich zunächst auf den Hintergrund. Letzteres erscheint hier
einfacher, da das Blau gleichmäßiger ist als das Weiß der Blüte.
Deswegen sollten Sie jetzt einmal ziemlich weit oben links auf den
Hintergrund klicken.

◄ **Abbildung 4.17**
Der obere Teil des Hintergrunds ist bereits ausgewählt.

3 Auswahl komplettieren

Da Sie ja im Vorfeld bereits den Modus geändert hatten (ZUR
AKTUELLEN AUSWAHL HINZUFÜGEN), müssen Sie nicht befürchten,
dass die ursprüngliche Auswahl verloren geht, wenn Sie jetzt
weitere Bereiche per Mausklick selektieren. Klicken Sie also auf
unterschiedliche Stellen des Hintergrunds (auch das Weiß der
Wolken nicht vergessen!), bis Ihre Auswahl in etwa so aussieht
wie in Abbildung 4.18.

Auswahl korrigieren

Sollten Sie sich einmal
»verklickt« haben, wider-
rufen Sie den letzten
Schritt mit Strg+Z
oder wählen BEARBEITEN •
RÜCKGÄNGIG. Eine weite-
re Alternative wäre, kurzzeitig den Modus zu
wechseln (VON DER AKTU-
ELLEN AUSWAHL ABZIE-
HEN) bzw. Strg gedrückt
zu halten und die fälschli-
cherweise mit aufgenom-
menen Farbbereiche er-
neut anzuklicken.

◄ **Abbildung 4.18**
Der Himmel ist komplett
ausgewählt.

4 Das Gras hinzufügen

Jetzt soll das Gras noch zur Auswahl hinzugefügt werden, da wir
es ebenfalls nicht mehr benötigen. Hier machen wir es uns jedoch
ganz einfach: Aktivieren Sie das AUSWAHLRECHTECK im Modus ZUR
AKTUELLEN AUSWAHL HINZUFÜGEN, und ziehen Sie kleine Recht-
ecke vom Himmel aus in Richtung untere Bildbegrenzung.

Abbildung 4.19 ▶
So verschwindet auch das
Gras Stück für Stück.

Wiederholen Sie diesen Schritt auch an anderen Stellen des Grases. Achten Sie jedoch stets darauf, dass Sie das neue Rechteck außerhalb des aktiven Rechteckrahmens aufziehen, da Sie den Auswahlrahmen ansonsten nur verschieben würden. Alternativ klicken Sie kurz auf den grauen Rahmen außerhalb des Bildes. Das verwirft die letzte Auswahlkontur. Je mehr Sie sich der Blume nähern, desto vorsichtiger müssen Sie vorgehen; denn immerhin soll dem Blütenstängel ja nichts passieren. Eventuell arbeiten Sie dicht am Stängel besser mit einer Auswahlellipse (ebenfalls im Hinzufügen-Modus).

Abbildung 4.20 ▶
Am Ende sollte die Auswahl so aussehen.

5 Auswahl umkehren

Natürlich haben wir der Einfachheit halber alle Bereiche aufgenommen, die *nicht* benötigt werden (nämlich den Himmel). Deswegen muss die Auswahl nun noch umgekehrt werden. Dazu gehen Sie auf AUSWAHL • INVERTIEREN oder betätigen $\boxed{\text{Strg}}$+$\boxed{\text{I}}$.

Die fertige Auswahl finden Sie im Ergebnisse-Ordner. Dort heißt die Datei »Auswahlmaske.xcf«. Bevor Sie diese jedoch benutzen, sollten Sie den Abschnitt »Auswahl speichern« auf Seite 24 lesen.

»Auswahlmaske.xcf« im Ordner ERGEBNISSE

6 Auswahlbereich kopieren
Jetzt sorgen Sie dafür, dass der ausgewählte Bereich in die Zwischenablage befördert wird. Das gelingt mit Hilfe von BEARBEITEN • KOPIEREN oder Strg + C .

7 Auswahl übertragen
Öffnen Sie das Foto »Rad.jpg«, und gehen Sie in das Menü BEARBEITEN. Entscheiden Sie sich für EINFÜGEN ALS • NEUE EBENE.

»Rad.jpg«

© Robert Klaßen

▲ **Abbildung 4.21**
Die ausgewählte Blüte taucht oben links im Foto auf.

Als neues Bild einfügen

Wenn Sie BEARBEITEN • EINFÜGEN ALS • NEUES BILD wählen, wird eine komplett neue Datei erzeugt, in der nur der ausgewählte Bereich zu finden ist. Der Hintergrund ist transparent, was Sie am Schachbrettmuster erkennen. Wenn Sie zusätzlich eine solche Bilddatei anlegen und das Ergebnis speichern, können Sie das Objekt auch in Zukunft schnell einsetzen, ohne es vorab freistellen zu müssen.

8 Blüte verschieben
Zuletzt aktivieren Sie das Verschieben-Werkzeug, klicken damit auf die Blüte, halten die Maustaste gedrückt und bewegen das Objekt an die gewünschte Position. Ich schlage vor, es so anzuordnen, dass es eine Einheit mit den kargen Grashalmen rechts neben dem Rad bildet.

9 Optional: Ebenen vereinen
Nun besteht unser Bild aus zwei Ebenen, nämlich dem Rad und der Blüte. Da wir uns zum gegenwärtigen Zeitpunkt jedoch noch

keine Gedanken um Ebenen machen wollen, erzeugen wir aus beiden Teilen ein zusammenhängendes Bild. Entscheiden Sie sich für EBENE • NACH UNTEN VEREINEN. Dadurch ist die Blüte auch fortan gegen unbeabsichtigtes Verschieben geschützt. (Hinweise zu Ebenen finden Sie in Kapitel 5.)

»Rad_bearbeitet.jpg« im Ordner ERGEBNISSE

Abbildung 4.22 ▶
Ein Hoffnungsschimmer! Die fertige Montage finden Sie im Ergebnisse-Ordner unter der Bezeichnung »Rad_bearbeitet.jpg«.

▲ **Abbildung 4.23**
Hier ist eine Maske entstanden.

Auswahl speichern

Grundsätzlich ist es sinnvoll, eine komplizierte Auswahl auch zu speichern. Stellen Sie sich vor, Sie benötigen die Auswahl später noch einmal. Dann müssten Sie sie ja erst wieder mühsam erzeugen. Um dem zu entgehen, legen Sie erzeugte Auswahlbereiche als Kanal an. Und das geht so: Klicken Sie bei aktivierter Auswahl auf AUSWAHL • IN KANAL SPEICHERN. Danach können Sie die Auswahl über AUSWAHL • NICHTS verwerfen.

Gehen Sie anschließend einmal in die Kanäle-Palette (FENSTER • ANDOCKBARE DIALOGE • KANÄLE). Dort finden Sie dann neben den standardmäßig vorhandenen Farbkanälen (ROT, GRÜN und BLAU) einen weiteren Eintrag (AUSWAHLMASKE-KOPIE ❶).

In einer Maske bedeuten Schwarz und Weiß grundsätzlich: Was weiß ist, gehört dazu, was schwarz ist, bleibt außen vor. Sie erkennen also bereits an der Kontur, dass es sich bei dieser Maske um die Auswahl der Blüte handelt. Klicken Sie nun mit rechts auf diese Zeile ❶, können Sie zunächst einmal die KANAL-EIGENSCHAFTEN anwählen und dem Kanal einen aussagekräftigeren Namen geben. Darüber hinaus besteht die Möglichkeit, nach einem Rechtsklick AUSWAHL AUS KANAL zu selektieren. Genau das führt nämlich dazu, dass die zuvor mühsam erzeugte Auswahl im Bild wieder auftaucht. Nicht schlecht, oder?

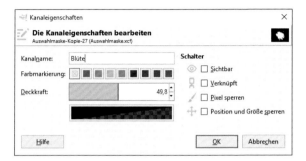

▲ **Abbildung 4.24**
Auswahlkanäle sollten Sie sinnvoll betiteln.

Bitte berücksichtigen Sie, dass Sie das Bild im hauseigenen Format *XCF* abspeichern müssen. *JPEG* beispielsweise unterstützt das Exportieren von zusätzlichen Kanälen nicht. Wenn Sie es dennoch versuchen, wird die Maske zerstört. Das Ergebnis ist davon abhängig, ob die Maske innerhalb der Kanäle-Palette vor dem Exportieren ausgewählt war oder nicht. Wenn nicht, wird die Bilddatei ohne Maske und Auswahl gespeichert. War die Maske hingegen ausgewählt, löst GIMP die Kanal-Datei auf und erzeugt ein Schwarzweißfoto in Form des ausgewählten Kanals. Anstelle einer RGB-Datei erhalten Sie jedoch nur ein Graustufen-Foto. Schauen Sie sich einmal »Maske.jpg« im Ergebnisse-Ordner an; dort wird es deutlich. Anstelle der RGB-Kanäle gibt es dort nur noch einen Graustufen-Kanal ❷. – Also lieber in *XCF* speichern!

▲ **Abbildung 4.25**
Mit diesem Befehl holen Sie die Auswahl wieder ins Bild zurück.

»Maske.jpg« im Ordner
ERGEBNISSE

◄ **Abbildung 4.26**
Beim Exportieren wurden nicht nur die Grundfarben-Kanäle, sondern auch die Bildinhalte entfernt.

4.3 Die Schnellmaske

Mitunter ist es erforderlich, eine Auswahl auch nach ihrer Fertigstellung noch zu korrigieren. Nun ließe sich beispielsweise mit dem Werkzeug FREIE AUSWAHL arbeiten, das es ermöglicht, weitere Bereiche hinzuzufügen oder bereits aufgenommene wieder zu subtrahieren. Doch mitunter sind genau diese Stellen so empfindlich, dass hier eher der PINSEL weiterhelfen könnte als irgendein Auswahlwerkzeug. Für diese Fälle verfügt GIMP über eine sogenannte *Schnellmaske*. Diese rufen Sie auf, indem Sie entweder [⇧]+[Q] drücken oder auf das kleine Quadrat unten links am Foto klicken.

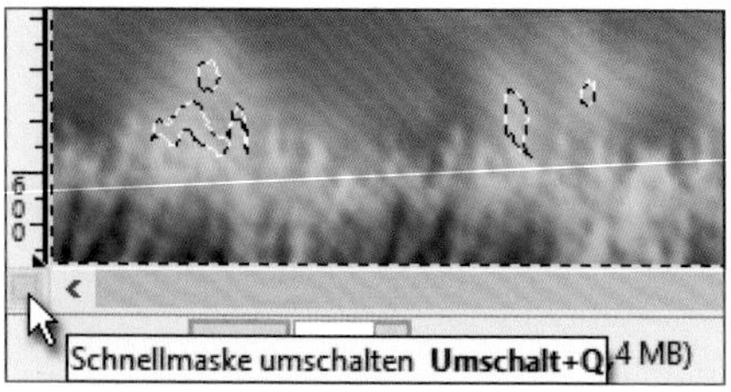

▲ **Abbildung 4.27**
Hier erreichen Sie die Schnellmaske. Sobald Sie darauf klicken, mutiert der Schalter zu einem roten Rahmen. Das bedeutet: Schnellmaske aktiv!

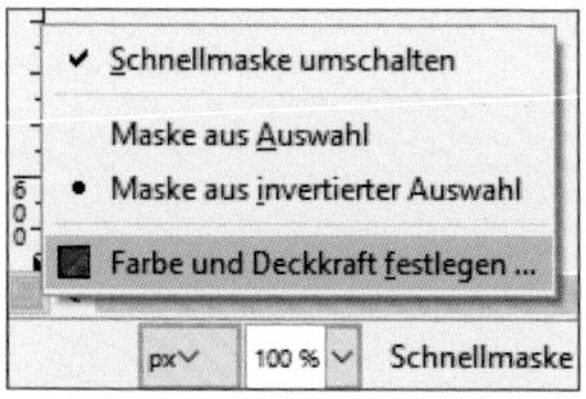

◂ **Abbildung 4.28**
Ändern Sie bei Bedarf die Maskenfarbe.

Innerhalb der Schnellmaske werden nicht ausgewählte Bereiche teiltransparent rot überdeckt. Nun kann es sein, dass gerade die rote Farbe überhaupt nicht passt. (Stellen Sie sich vor, Sie wollen ein Feuerwehrauto freistellen.) In diesem Fall weisen Sie den nicht ausgewählten Bereichen eine andere Farbe zu, indem Sie mit rechts auf die Schnellmaske-Schaltfläche klicken. Im Kontextmenü entscheiden Sie sich dann für FARBE UND DECKKRAFT FESTLEGEN. Klicken Sie im Folgedialog auf die Farbfläche, öffnet sich der Farbauswahl-Dialog, der eine neue Farbzuweisung ermöglicht.

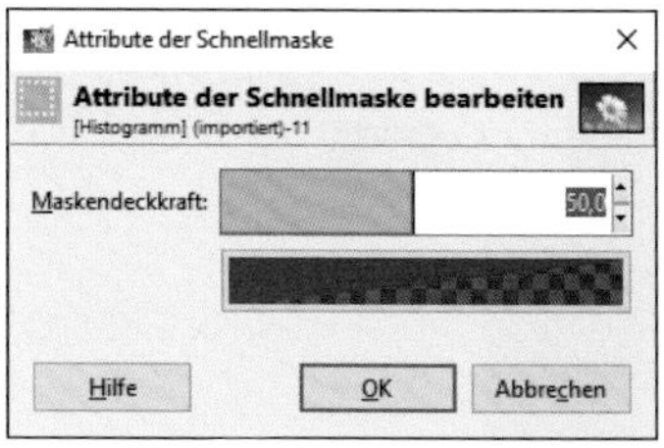

◂ **Abbildung 4.29**
Ein Klick auf diese Fläche bringt Sie in den bereits bekannten Farbauswahl-Dialog.

Zuletzt müssen wir noch klären, wie Sie die Auswahlbereiche ausdehnen oder verringern. Dazu nehmen Sie das Pinsel-Werkzeug und malen mit weißer Vordergrundfarbe über die Bildbereiche, die Sie demaskieren wollen, und mit schwarzer Vordergrundfarbe, wenn Sie maskieren möchten. Zuletzt klicken Sie abermals auf das kleine Maskierungsquadrat unten rechts, um von der Schnellmaske zur Auswahl zurückzukehren.

Schwarz und Weiß vertauschen

Sie können schnell zwischen schwarzer und weißer Vordergrundfarbe wechseln, indem Sie ⊠ drücken. So müssen Sie das Bild nicht extra verlassen, um im Werkzeugkasten umzuschalten. Sollten Schwarz und Weiß gerade nicht eingestellt sein, reicht die Betätigung von ⒟ auf Ihrer Tastatur.

◄ **Abbildung 4.30**
Rot eingefärbte Bereiche gehören nicht zur Auswahl, können aber mit weißer Vordergrundfarbe hinzugefügt werden.

4.4 Der Auswahleditor

Zuletzt möchte ich noch kurz den Auswahleditor ansprechen, den Sie über das Menü Auswahl erreichen. Mit ihm lässt sich eine vorhandene Auswahl zwar nur bedingt bearbeiten, jedoch finden Sie dort jederzeit eine aktuelle Maskenansicht der vorhandenen Auswahl (nicht im Schnellmasken-Modus, sondern nur im Auswahlmodus) sowie zahlreiche Schaltflächen, die die Arbeit mit Auswahlen erleichtern.

❶ Alles auswählen: Die gesamte Bildfläche wird ausgewählt.

❷ Die Auswahl verwerfen: Die vorhandene Auswahl wird verworfen.

❸ Die Auswahl invertieren: Die vorhandene Auswahl wird umgekehrt. Dabei werden ausgewählte und nicht ausgewählte Bereiche miteinander getauscht.

Aufnahme in der Maskenansicht

Die Maskenansicht im Auswahleditor eignet sich sogar zur Aufnahme von Farbbereichen innerhalb des Bildes. Dazu reicht es, wenn Sie in die Maske klicken. Wollen Sie weitere Farbbereiche hinzufügen, müssen Sie jetzt allerdings ⇧ gedrückt halten. Ansonsten wird die ursprüngliche Auswahl wieder verworfen.

④ Auswahl in Kanal speichern: Eine vorhandene Auswahl wird innerhalb der Kanäle-Palette als separater Kanal angelegt.

⑤ Pfad aus Auswahl: Die Auswahl wird in einen Pfad konvertiert (siehe dazu auch Kapitel 12). Ein Klick auf diesen Button bei gehaltener Umschalttaste bewirkt, dass erweiterte Einstellungen bei der Konvertierung von der Auswahl zum Pfad bereitgestellt werden.

⑥ Am Umriss der Auswahl entlangzeichnen: Hiermit füllen Sie die Auswahlkante, ohne dass gleichzeitig das Auswahlinnere gefüllt wird.

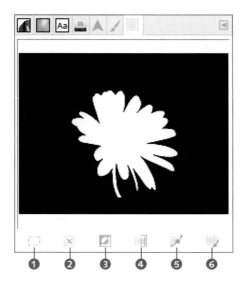

Abbildung 4.31 ▶
Die aktuelle Auswahl wird hier als Maske angezeigt.

Ebenen

Einstieg in die Bildkomposition

- ▸ Was sind Ebenen?
- ▸ Wie funktioniert die Ebenen-Palette?
- ▸ Was passiert, wenn ich den Ebenenmodus ändere?
- ▸ Wie werden Ebenen maskiert?
- ▸ Wie erzeuge ich Verlaufsmasken?
- ▸ Was sind Ebenengruppen?
- ▸ Wie erstelle ich ein ansprechendes Filmposter?

5 Ebenen

Senna ist eine junge Frau mit übersinnlichen Kräften. Sie kann kraft ihrer Gedanken Energie erzeugen und Zeitreisen unternehmen. So weit der Inhalt jenes Films, zu dem Sie am Ende dieses Kapitels ein effektvolles Filmplakat erzeugen werden. Dazu müssen Sie sich aber vorab mit den Ebenentechniken vertraut machen.

5.1 Ebenengrundlagen

Ebenen sind das Herzstück einer jeden Bildkomposition. Mit dieser Technik, die die digitale Bildbearbeitung mehr beeinflusst hat als jede andere Errungenschaft, ist es letztendlich möglich, Objekte miteinander zu verbinden, Bilder zu korrigieren und individuelle Gestaltung bis ins Letzte auszureizen. Sie merken: Ich gerate ins Schwärmen. Und zwar nicht ohne Grund, wie Sie später noch sehen werden.

Was sind Ebenen?

Ebenen muss man sich vorstellen wie übereinander angeordnete Klarsichtfolien. Auf der einen Folie ist ein bestimmter Gegenstand aufgebracht, auf der nächsten ein anderes Objekt. Schaut man nun durch alle Folien hindurch, ergibt sich ein Gesamtbild beider Elemente. Und das Beste ist: Man kann beide Elemente unabhängig voneinander bearbeiten, verschieben, vergrößern, verzerren und sogar maskieren.

Nun ist insgesamt etwas mehr nötig, als nur einzelne Fotos übereinander zu platzieren. Das Problem ist nämlich, dass ein oben liegendes Foto das darunter befindliche schlicht und ergreifend überdeckt. Erst Transparenzen oder die sogenannten *Ebenenmodi* machen ein Foto an einer bestimmten Stelle »durchsichtig« und geben den Blick auf die untere Bildebene frei. – Sie sehen schon: So einfach loslegen können Sie nicht, wenn es um Ebenen geht. Deswegen wollen wir uns zunächst wieder ein wenig der Theorie widmen. Aber es lohnt sich, denn am Ende werden Sie mit vier überaus interessanten Workshops entlohnt, bei denen es darum geht, ein ansprechendes Filmplakat zu erstellen. Und das macht richtig Spaß. Ich glaube, am Ende des Kapitels werden Sie von Ebenen und Masken genauso begeistert sein wie ich. (Außerdem werden zwischendurch ein paar kleine Workshops Ihre Aufmerksamkeit fordern.)

◄ **Abbildung 5.1**
Mehrere übereinanderliegende Bildfolien können für ein interessantes Gesamtbild sorgen.

Die Ebenen-Palette

Werfen Sie einen Blick auf die Ebenen-Palette, die sich gewöhnlich unten rechts im Dock befindet (linker Reiter). Sollte sie nicht sichtbar sein, drücken Sie Strg+L (L steht übrigens für englisch »layer« = Lage, Schicht, Ebene), oder gehen Sie über FENSTER • ANDOCKBARE DIALOGE • EBENEN. Nun sieht die Ebenen-Palette wirklich leer und uninteressant aus, wenn kein Bild geöffnet ist. Das ändert sich aber, wenn Sie ein Foto bereitstellen (DATEI • ÖFFNEN). (Im Beispiel habe ich »Scharfzeichnen_01.jpg« verwendet und wahllos drei neue Ebenen erzeugt.)

Dass die Ebenen-Palette gerade den Vorzug gegenüber den anderen Paletten genießt, wird auch durch den Reiter ❶ symbolisiert, über den Sie die Ebenen-Palette jederzeit wieder nach vorn stellen können. Kommen wir zum Foto. Dieses besteht im Original nur aus einer einzigen Ebene. Das ist bei Digitalfotos die Regel, da alles, was von der Kamera aufgenommen wird, auf einer einzigen Folie abgelegt wird. Die Ebenen-Palette stellt allerdings zahlreiche Möglichkeiten zur Verfügung:

»Scharfzeichnen_01.jpg«

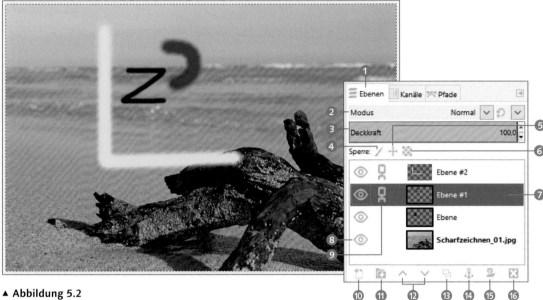

▲ Abbildung 5.2
Das Foto besteht aus
vier Ebenen.

❷ Modus: Hiermit können Sie die Wirkungsweise der Ebene im Zusammenhang mit darunter befindlichen Ebenen beeinflussen. (Das spreche ich später in diesem Kapitel sowie in Kapitel 7, »Farben und Tonwerte korrigieren«, noch an.)

❸ Deckkraft: Schieben Sie den Regler nach links, nimmt die Sichtbarkeit der Ebene ab. Bei 0% ist sie komplett unsichtbar.

❹ Pixel sperren: Nicht transparente Bereiche einer Ebene werden bei Aktivierung dieser Funktion gegen Bearbeitung geschützt. (Die Ebene kann dennoch verschoben werden.)

❺ Position und Grösse sperren: Verhindern Sie, dass die Inhalte der Ebene verschoben oder skaliert werden können.

❻ Alphakanal sperren: Transparente Bereiche einer Ebene sind gegen Bearbeitung (z.B. Farbauftrag) geschützt. Allerdings lässt sich die Ebene trotzdem noch verschieben.

❼ Aktuell ausgewählte Ebene: Mittels Mausklick lässt sich eine Ebene markieren. Diese können Sie dann anschließend bearbeiten.

❽ Ebene deaktivieren: Die Ebene wird beim Klick auf das Augen-Symbol unsichtbar (das Augen-Symbol erlischt). Ein erneuter Klick auf diese Schaltfläche macht die Ebene wieder sichtbar.

❾ Ebenen verketten: Alle Ebenen, deren Ketten-Symbol eingeschaltet ist, können gemeinsam bewegt werden.

⑩ NEUE EBENE ERSTELLEN: Dieser Button erstellt eine neue Ebene oberhalb der aktuell ausgewählten. Dabei wird ein Dialog angeboten, mit dessen Hilfe sich neben dem Namen der Ebene auch deren Breite und Höhe sowie die gewünschte EBENEN-FÜLLART (z. B. WEISS oder TRANSPARENZ) festlegen lassen. Sie können den Dialog auch übergehen, indem Sie ⌂ gedrückt halten, während Sie auf das Blatt-Symbol klicken. In diesem Fall werden die letzten Einstellparameter des Dialogs automatisch auf die neue Ebene angewendet.

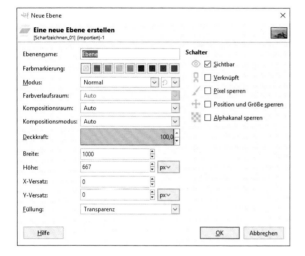

◄ **Abbildung 5.3**
Der Ebenen-Dialog stellt bei Bedarf zahlreiche Optionen zur Verfügung.

⑪ NEUE EBENENGRUPPE ERSTELLEN: Hierüber lassen sich Ebenen in Gruppen zusammenfassen. Diese neue Funktion erkläre ich weiter unten im Abschnitt »Ebenengruppen« auf Seite 135.

⑫ EBENE UM EINEN SCHRITT ANHEBEN/ABSENKEN: Die aktuell markierte Ebene wird um eine Position nach oben bzw. nach unten verschoben. (Eine Ebene lässt sich jedoch grundsätzlich auch per Drag & Drop an eine andere Position ziehen.)

⑬ EIN DUPLIKAT DIESER EBENE ERSTELLEN: Die gesamte Ebene wird kopiert und deckungsgleich über der derzeit aktiven Ebene angeordnet.

⑭ SCHWEBENDE AUSWAHL VERANKERN: Der Inhalt einer schwebenden Ebene (siehe Abschnitt »Schwebende Ebenen, schwebende Auswahlen« auf Seite 135) kann durch Klick auf den Anker wieder mit der Ebene verschmolzen werden, aus der die Auswahl ursprünglich entstanden ist.

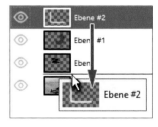

▲ **Abbildung 5.4**
Hier wird gerade EBENE #2 unter EBENE verschoben.

⑮ Eine Maske hinzufügen: Fügen Sie der Ebene eine Maske hinzu, um Teile der Ebene ganz oder teilweise unsichtbar zu machen bzw. teilweise transparent erscheinen zu lassen. Hier gilt genauso wie für das Erstellen einer neuen Ebene: Ein Mausklick stellt einen Dialog zur Verfügung, mit dem weitere Optionen angeboten werden. Übergehen Sie den Dialog, indem Sie während des Klicks ⌂ gedrückt halten.

⑯ Ebene löschen: Die derzeit markierte Ebene wird entfernt.

◄ **Abbildung 5.5**
Mit Hilfe dieses Dialogs lässt sich die Beschaffenheit der Ebenenmaske definieren.

Ebeneneigenschaften bearbeiten

Ebenenbezeichnungen wie Neue Ebene #1 oder dergleichen ergeben ja nicht allzu viel Sinn – zumindest dann nicht, wenn Sie es mit einer Fülle von Ebenen zu tun haben. Deswegen ist es möglich, Ebenen logisch zu benennen. Klicken Sie mit rechts auf eine Ebene, gefolgt von Ebeneneigenschaften, oder setzen Sie einen Doppelklick auf die Ebenenminiatur. Im Folgedialog lässt sich dann unter Ebenenname eine bessere Bezeichnung zuweisen. Zudem können Ebenen farblich unterschiedlich ausgezeichnet werden, damit sie besser auseinandergehalten werden können. Besonders interessant: Wenn Sie mögen, können Sie die Ebene mit Hilfe der X- und Y-Koordinaten verschieben.

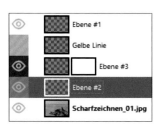

▲ **Abbildung 5.6**
Machen Sie von der Möglichkeit Gebrauch, Ebenen zur besseren Unterscheidung Farbmarkierungen zuzuweisen.

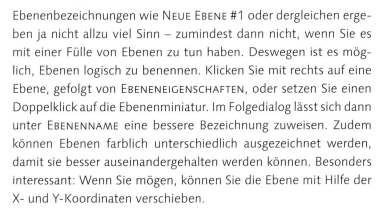

◄ **Abbildung 5.7**
So ist es besser: Benennen Sie die Ebenen logisch.

Ebenengruppen

Ebenen lassen sich in Gruppen zusammenfassen. So erhalten Sie die Übersicht innerhalb der Ebenen-Palette und können zusammengehörende Ebenen in einer Art Ordnersystem verwalten.

Und das geht so: Klicken Sie auf das kleine Ordner-Symbol in der Fußleiste der Ebenen-Palette, oder entscheiden Sie sich nach einem Rechtsklick auf eine Ebene (oder einen freien Bereich) für NEUE EBENENGRUPPE. Danach müssen Sie die gewünschten Ebenen nur noch per Drag & Drop einsortieren. Achten Sie darauf, dass sich dabei ein kleiner Rahmen (Punktlinien) um die Ebenengruppe herum bildet. Jetzt lassen Sie los. Genauso einfach lässt sich eine Ebene übrigens auch mit der Maus wieder aus dem Ordner herausziehen. – Und jetzt zur Platzersparnis: Schließen Sie den Ordner, indem Sie auf das kleine Minus-Symbol klicken, das dem Ordner vorangestellt ist. Ein erneuter Klick darauf (die Schaltfläche ist jetzt zum Plus-Symbol mutiert) öffnet die Ablage wieder.

Gruppen benennen

Um eine Ebenengruppe zu benennen, gehen Sie genauso vor wie im Abschnitt »Ebeneneigenschaften bearbeiten« beschrieben.

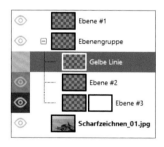 

▲ **Abbildung 5.8**
Einsortierte Ebenen erscheinen etwas nach rechts eingerückt. Einer geöffneten Ebenengruppe ist ein Minus-Symbol vorangestellt. Klicken Sie darauf, um die Gruppe zu schließen.

Schwebende Ebenen, schwebende Auswahlen

Stellen Sie sich vor, Sie wollen z. B. einem bestimmten Teil eines Fotos die Farbe entziehen, während der Rest des Bildes farbig bleiben soll. Dann haben Sie die Möglichkeit, eine Auswahl anzulegen und genau diesen Bereich als schwebende Auswahl anzuordnen. Das machen Sie, indem Sie zunächst eine vorhandene Ebene in der Ebenen-Palette anwählen, danach mit rechts in die fertige Auswahl klicken und im Kontextmenü AUSWAHL • SCHWEBEND wählen. Daraufhin wird temporär eine schwebende Ebene erzeugt.

Nun können Sie sich daranmachen, dieser schwebenden Ebene die Farbe zu entziehen (z. B. FARBEN • FARBTON/SÄTTIGUNG und den Regler SÄTTIGUNG ganz nach links schieben). Zuletzt klicken Sie bei aktivierter schwebender Ebene (eine andere Ebene ließe sich zu diesem Zeitpunkt auch gar nicht aktivieren) auf das Anker-Symbol in der Fußleiste. Die Folge: Die Ebene wird wieder aufgelöst, wobei der entfärbte Teil des Fotos auf der Ursprungsebene erhalten bleibt.

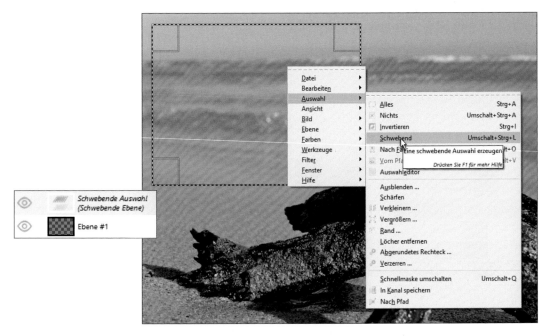

▲ **Abbildung 5.9**
So wandeln Sie eine Auswahl in eine schwebende Ebene um. Die schwebende Ebene ist nur temporärer Natur und muss nach der Bearbeitung der Auswahl wieder aufgelöst werden.

5.2 Bildebenen erzeugen –
Basiswissen Fotomontage

»Ebenen_01.jpg«,
»Ebenen_02.jpg«

Kurze Bestandsaufnahme: Wir haben also jede Menge Bilder, die alle aus einer einzelnen Ebene bestehen. Wie gelingt es nun, verschiedene Fotos in einem Bilddokument zusammenzufügen? Hier gibt es wieder zahlreiche Möglichkeiten.

© Robert Klaßen

© Robert Klaßen

▲ **Abbildung 5.10**
Die Aufnahme »Ebenen_01.jpg« (links) soll mit dem Porträt »Ebenen_02.jpg«
(rechts) verbunden werden.

Nun könnten Sie rein theoretisch beide Fotos öffnen, danach Bild
1 markieren und in die Zwischenablage befördern ([Strg]+[C]
oder BEARBEITEN • KOPIEREN). Wenn Sie dann auf Bild 2 gehen und
dort den Inhalt der Zwischenablage wieder einfügen ([Strg]+[V]
oder BEARBEITEN • EINFÜGEN), liegen beide Fotos in einer Bilddatei
übereinander. Ebenfalls denkbar: Sie klicken auf die Ebene (innerhalb der Ebenen-Palette von Bild 1) und ziehen diese Ebene auf
Bild 2. Dort angekommen, lassen Sie die Maustaste los. Diese
Vorgehensweise empfiehlt sich besonders, wenn Sie nicht im EIN-
ZELFENSTER-MODUS arbeiten. Wir wollen jedoch einen anderen
Weg gehen:

Dazu öffnen Sie Bild 1 gar nicht, sondern stellen nur das Porträt
(»Ebenen_02.jpg«) in GIMP bereit. Wenn kein Foto geöffnet ist,
reicht dazu ein Doppelklick auf die freie Arbeitsfläche der Anwendung. Klicken Sie doppelt auf die besagte Porträt-Datei, oder markieren Sie diese und betätigen ÖFFNEN. Danach gehen Sie in das
Menü DATEI und selektieren den Eintrag ALS EBENEN ÖFFNEN.
Suchen Sie im Folgedialog EBENEN_01.JPG aus.

▲ **Abbildung 5.11**
Die Panorama-Ebene liegt
über der Porträt-Ebene.

Ebenendeckkraft

Klicken Sie jetzt bei markierter oberster Ebene in die Mitte des
Deckkraft-Reglers, und ziehen Sie mit gedrückter Maustaste nach
links oder rechts, bis ein Wert von etwa 50,0 angezeigt wird.

Abbildung 5.12 ▶
Nach Reduktion der DECK-
KRAFT scheint die untere
Ebene (Porträt) durch. Beide
Bildebenen sind damit zu
sehen.

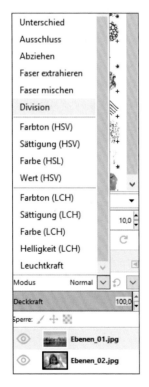

▲ **Abbildung 5.13**
Von Haus aus bringt GIMP
zahlreiche Ebenenmodi mit.

Ebenenmodus

Allerdings haben Sie auch andere Möglichkeiten, Ebenen ineinander wirken zu lassen, als die bloße Verringerung der Deckkraft. Setzen Sie die DECKKRAFT daher wieder auf 100 %. Klicken
Sie anschließend auf die Zeile MODUS: NORMAL in der Ebenen-
Palette, und stellen Sie um auf DIVISION. Erstaunlich, oder? Jetzt
verschmelzen beide Ebenen optisch zu einer, obwohl die oberste
Ebene (mit voller Deckkraft) die untere eigentlich überdecken
müsste. Und damit sind wir mitten im Thema Ebenenmodi. Experimentieren Sie ein wenig mit den verschiedenen Möglichkeiten.
Einige Ebenenmodi erzeugen ganz interessante Kombinationen.

Was passiert bei der Modusänderung? Sobald Sie einen anderen Modus als NORMAL wählen, ist die Ebene nicht mehr deckend,
sondern wird mit der darunter befindlichen verrechnet. Welche
Art der Verrechnung (sprich: welcher Algorithmus) dabei zum Tragen kommt, ist bei jedem Modus unterschiedlich. Bei der MULTI-
PLIKATION beispielsweise werden die Farbwerte der oberen Ebene
mit der darunter befindlichen multipliziert und durch 255 divi-
diert. Somit wird prinzipiell ein dunkleres Resultat erzielt.

Die umgekehrte Wirkung (also eine Aufhellung) wird durch den
Modus BILDSCHIRM realisiert. Die Farbwerte werden dabei umgekehrt (invertiert), indem man sie von 255 subtrahiert und dann
multipliziert, wobei das Resultat schlussendlich abermals inver-

tiert wird. Interessant ist bei beiden Modi, dass reines Schwarz und reines Weiß nicht verändert werden. Das bedeutet: Schwarz wird nicht heller und weiß nicht dunkler. Mit diesen Methoden lässt sich ein Foto auch aufhellen (BILDSCHIRM) bzw. abdunkeln (MULTIPLIKATION), wie Sie in Kapitel 7, »Farben und Tonwerte korrigieren«, noch sehen werden.

◀ **Abbildung 5.14**
Oben links: DIVISION, oben rechts: WEICHE KANTEN, unten links: FASER EXTRAHIEREN, unten rechts: FARBTON (LCH)

Experimentieren Sie!
Nun ist es schier unmöglich, alle verschiedenen Modi und ihre Algorithmen gleich zu verstehen. Zudem erreichen Sie mit verschiedenen Bildebenen auch stets unterschiedliche Resultate. Deswegen kann ich an dieser Stelle nur die Empfehlung aussprechen, mit den Modi zu experimentieren. Wollen Sie detailliertere Informationen zu sämtlichen Ebenenmodi, kann ich Ihnen die Website *http://docs.gimp.org/de//gimp-concepts-layer-modes.html* empfehlen.

Ebenenmasken

Bei den Methoden, die Sie bisher kennengelernt haben, ist stets die gesamte Ebene involviert. Nun kommt es aber auch häufig vor, dass nur Teile einer Ebene erhalten bleiben sollen, während andere Bereiche vielleicht verschwinden müssen. In diesem Fall müssen Sie die Ebene maskieren.

Schritt für Schritt
Eine Ebene maskieren

Stellen Sie noch einmal die gleiche Ebenenkomposition zusammen, die ich eingangs bereits einmal angesprochen habe (siehe Seite 137). Sorgen Sie also dafür, dass die Ebene des Bildes »Ebenen_01.jpg« in das Foto »Ebenen_02.jpg« integriert wird. Sollten Sie die Komposition noch nicht erstellt haben, dürfen Sie auch gerne »Ebenen_verbunden.xcf« aus dem Ergebnisse-Ordner benutzen.

»Ebenen_01.jpg«, »Ebenen_02.jpg« sowie »Ebenen_verbunden.xcf« aus dem Ergebnisse-Ordner

1 Modus ändern

Stellen Sie den Modus der obersten Ebene innerhalb der Ebenen-Palette um auf Weiche Kanten. Dabei müssen Sie sicherstellen, dass auch tatsächlich die oberste Ebene (Ebenen _ 01.jpg) aktiviert ist. Jetzt sehen Sie beide Bildteile ineinander verblendet.

Abbildung 5.15 ▶
Die Porträt-Ebene scheint durch.

2 Maske erzeugen

Kontrollieren Sie anschließend, ob die oberste Ebene (»Ebenen_01.jpg«) aktiv ist. Falls nicht, klicken Sie diese an. Betätigen Sie den zweiten Schalter von rechts im Fuß der Ebenen-Palette (Eine Maske hinzufügen). Alternativ können Sie auch über das Menü gehen. Hier heißt es dann: Ebene • Maske • Ebenenmaske hinzufügen. Im folgenden Dialog sorgen Sie dafür, dass der Radio-Button Weiss (volle Deckkraft) ❶ ausgewählt ist, ehe Sie auf Hinzufügen ❷ klicken.

Schwarz (volle Transparenz)

Sollten Sie Schwarz (volle Transparenz) einstellen, wird die komplette Ebene unsichtbar, also maskiert. Weiss (volle Deckkraft) hingegen lässt die Ebene vollkommen sichtbar.

Abbildung 5.16 ▶
Mit dieser Einstellung bleibt die Ebene komplett sichtbar.

Abbildung 5.17 ▶▶
Rechts neben der Miniatur der obersten Ebene erscheint das Masken-Symbol (hier: weiß).

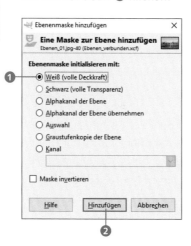

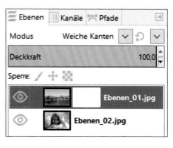

3 Farbwähler einstellen

Nun gilt es, einen ganz wichtigen Grundsatz zu beherzigen: Alles, was weiß ist, ist sichtbar; alles, was schwarz ist, ist unsichtbar! Das mag zunächst verwirrend sein, doch wird sich dieses Prinzip sogleich erschließen. Werfen Sie einen Blick auf den Bereich für die Vordergrund- und Hintergrundfarbe innerhalb des Werkzeugkastens. Diesen haben Sie ja bereits in Kapitel 1, »Die Grundlagen«, auf Seite 40 kennengelernt. Drücken Sie [D] auf Ihrer Tastatur. Das macht Schwarz zur Vordergrundfarbe und Weiß zur Hintergrundfarbe. Alternativ klicken Sie auf ❺. Jetzt müssen Sie noch wissen, dass Sie mit jedem Klick auf ❸ oder mit Betätigung von [X] auf Ihrer Tastatur Vorder- und Hintergrundfarbe miteinander vertauschen. Probieren Sie es aus; sorgen Sie jedoch am Ende dafür, dass Schwarz als Vordergrundfarbe definiert ist ❹.

▲ **Abbildung 5.18**
Die Farben Schwarz und Weiß spielen eine ausschlaggebende Rolle beim Maskieren.

4 Pinsel aktivieren

Aktivieren Sie jetzt das Pinsel-Werkzeug ([P]), und nehmen Sie die Spitze HARDNESS 050 bei einer GRÖSSE von etwa 75,00. Man könnte annehmen, dass Sie bei Anwendung des Werkzeugs jetzt schwarze Farbe auf die oberste Bildebene auftragen werden. Doch das ist nicht der Fall. Immerhin haben Sie vorab eine Maske erzeugt.

5 Ebene maskieren

Malen Sie mit gedrückter Maustaste vollflächig über das Gesicht der jungen Dame. Dabei werden Sie feststellen, dass die störenden Strukturen des überlagernden Fotos (Strand) in diesen Bereichen verschwinden; sie werden buchstäblich maskiert. Sie dürfen übrigens ruhig mehrfach absetzen (die Maustaste loslassen) und neu ansetzen.

▲ **Abbildung 5.19**
So in etwa sollten Sie den Pinsel einstellen.

6 Optional: Demaskieren

Sollten Sie versehentlich einmal Teile des Hintergrunds maskiert haben – kein Problem: Drücken Sie [X] (das macht Weiß zur Vordergrundfarbe), und überfahren Sie die Stelle erneut. Danach drücken Sie abermals [X] oder betätigen den 90°-Pfeil ❸, was Schwarz wieder nach vorn stellt. Jetzt können Sie weiter maskieren.

Das ebenenbasierte Endergebnis inklusive Maskierung finden Sie im Ergebnisse-Ordner unter dem Namen »Ebenen_fertig.xcf«.

»Ebenen_fertig.xcf« im Ordner ERGEBNISSE

Ich empfehle, noch ein bisschen mit den verschiedenen Ebenen-modi zu experimentieren. Neben WEICHE KANTEN (links) sind auch die Modi NUR ABDUNKELN (Mitte) und VERNICHTEN (rechts) sehr interessant.

▲ **Abbildung 5.20**
Das Gesicht (das sich ja noch immer auf der unteren Ebene befindet) wird im Bereich der Maskierung nicht mehr überlagert.

▲ **Abbildung 5.21**
Ebenen- und Maskenminiatur befinden sich direkt neben-einander.

▲ **Abbildung 5.22**
Hier ist noch die Bildminiatur aktiv (weißer Rahmen). In diesem Fall muss vor der Maskierung noch ein Mausklick auf die rechte Miniatur (Masken-miniatur) erfolgen.

Automatische Maskenaktivierung

Unmittelbar nach Erzeugung einer Ebenenmaske müssen Sie sich um die Auswahl der Maske keine Gedanken machen. Diese wird dann nämlich automatisch selektiert – und bleibt so lange aktiv, bis Sie die Ebenenminiatur oder eine andere Ebene anklicken.

Fassen wir zusammen: Wenn Sie mit Schwarz oder Weiß auf einer Bildebene malen, tragen Sie dort Farbe auf. Malen Sie aber mit Schwarz auf einer Maskierung, machen Sie Bereiche der Ebene unsichtbar. Im Gegenzug können Sie mit weißer Farbe maskierte Bereiche wieder sichtbar machen. Wo ist nun der Unterschied zwischen Ebene und Ebenenmaske? Den sehen Sie in der Ebenen-Palette. Die Miniatur ❶ steht dabei für die Ebene und die Maskenminiatur ❷ für die Maskierung. Und auch dort gilt: Was schwarz ist, ist im Bild nicht sichtbar.

Damit stehen Sie natürlich in der Verpflichtung, genau aufzu-passen, was denn nun gerade angewählt ist. Denn beide Minia-turen können mit einem Mausklick ausgewählt werden. Was aus-gewählt ist, wird mit einem weißen Rahmen versehen. Dies ist jedoch bei einer weißen Maske mitunter schwer zu sehen. Wenn Sie nicht sicher sind und beabsichtigen, zu maskieren, sollten Sie vorsichtshalber noch einen Mausklick auf die Ebenenmaske set-zen, ehe Sie ans Werk gehen.

Verlaufsmasken erstellen

Beim Thema Maskierung dürfen die Verlaufsmasken nicht fehlen. Da Sie ja, wie Sie bereits wissen, beim Maskieren mit den Farben Schwarz und Weiß arbeiten, ist auch der Schwarzweißverlauf ein ausgesprochen interessantes Hilfsmittel.

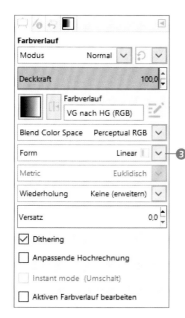

◀ **Abbildung 5.23**
Der lineare Schwarzweißverlauf ist
optimal zur Maskierung geeignet.

Dazu ein Beispiel: Öffnen Sie doch noch einmal die Datei »Ebe-
nen_verbunden.xcf«. Weisen Sie der obersten Ebene eine weiße
Ebenenmaske zu, und aktivieren Sie anschließend das Verlaufswerkzeug (⌨G) mit der FORM LINEAR ❸.

Danach klicken Sie in etwa an Position ❹ auf das Bild, halten
die Maustaste gedrückt und ziehen so weit nach rechts, bis Sie
in etwa ❺ erreicht haben. Wenn Sie dabei ⌨Strg gedrückt halten, werden Sie eine exakt horizontale Linie ziehen. Lassen Sie die
Maustaste anschließend los.

▲ **Abbildung 5.24**
Hier haben wir es mit einer
klassischen Verlaufsmaske
zu tun.

Übergang festlegen

Je länger die Linie ist,
desto weicher (breiter)
wird der Übergang von
Schwarz zu Weiß sein.
Eine sehr kurze Linie er-
zeugt hingegen einen
harten Übergang.

◀ **Abbildung 5.25**
Die Linie bestimmt, wie der
Verlauf im Anschluss ausse-
hen soll.

Verlaufsmasken korrigieren

Verlaufsmasken lassen sich korrigieren, solange das Verlaufswerkzeug noch aktiv ist. Klicken Sie dazu den Start- oder Endpunkt an, halten Sie die Maustaste gedrückt, und verschieben Sie das Kreuz nach Wunsch. Das Ergebnis der Korrektur lässt sich sogleich im Bild begutachten. Wenn Sie fertig sind, bestätigen Sie mit ⏎, oder wechseln Sie das Werkzeug.

Sie sehen, dass auch jetzt gilt: Wo Schwarz ist, ist die oberste Ebene unsichtbar (links in Abb. 5.25). Wo Weiß ist, ist die oberste Ebene sichtbar. Und der Übergang? Nun, der gestaltet sich in Graustufen. Das bedeutet: je heller das Grau, desto mehr ist sichtbar; je dunkler das Grau, desto mehr wird verdeckt.

Ebenen speichern

Ebenen bleiben nur erhalten, wenn Sie Ihr Dokument im hauseigenen Format *XCF* oder im Photoshop-Format *PSD* speichern. Setzen Sie beispielsweise *BMP* oder *JPEG* ein, werden die Ebenen aufgelöst, was das Foto auf eine Ebene reduziert. Das wäre natürlich fatal, da Sie später mit den einzelnen Ebenen nicht mehr arbeiten könnten. Benutzen Sie deswegen immer ein ebenenbasiertes Format. *TIFF* ist zwar ein solches, wird aber derzeit von GIMP noch nicht dahingehend unterstützt. Öffnen Sie die mit GIMP gespeicherte ebenenbasierte *TIFF*-Datei in einer anderen Software, die Ebenen unterstützt (z. B. Adobe Photoshop), sind dort sämtliche Ebenen untrennbar zu einer verschmolzen.

Ebenen vereinen

Jetzt fehlt noch die Vereinigung von Ebenen. Immerhin werden die Dateien immer größer, je mehr Ebenen im Bild vorhanden sind. Aus diesem Grund lassen sich Ebenen, die nicht mehr separat bearbeitet werden müssen, vereinen. Wenn Sie eine übergeordnete Ebene in der Ebenen-Palette mit rechter Maustaste markieren und dann aus dem Kontextmenü NACH UNTEN VEREINEN wählen, wird aus der aktuellen sowie der unterhalb befindlichen eine einzelne Ebene. Entscheiden Sie sich hingegen für den Eintrag BILD ZUSAMMENFÜGEN, werden alle Ebenen zu einer Hintergrundebene verschmolzen.

TIFF-Kompression

TIFF ist ein verlustfreies Kompressionsverfahren, das darüber hinaus permanent verlustfrei nachgespeichert werden kann. Sie können im Dialog zwar andere Kompressionsverfahren anwählen, diese haben aber eine größere Kompression zur Folge. Im Gegenzug dauert das Öffnen eines solchen Fotos auch länger. Es wird empfohlen, KEINE angewählt zu lassen.

▲ **Abbildung 5.26**
Beim Export als *TIFF* fragt GIMP lediglich nach, ob das Foto komprimiert werden soll.

5.3 Ebenen in der Praxis – Ein Filmplakat gestalten

Wie versprochen, geht es nun an das Plakat für einen fiktiven Film. Er trägt den Namen »Calling Senna« und erzählt die Geschichte einer jungen Frau mit übersinnlichen Kräften. Ich wünsche Ihnen schaurig-spannende Unterhaltung und vor allem gutes Gelingen bei der Ebenenmontage.

Schritt für Schritt
Ebenen einsetzen (Filmplakat I)

Anders als bei den bisherigen Beispielen dieses Kapitels starten Sie hier nicht mit einer Bilddatei, sondern legen zunächst eine neue, leere Datei an. Danach fügen Sie die einzelnen Bildelemente Schritt für Schritt hinzu.

1 Datei anlegen

Stellen Sie die Vordergrundfarbe zunächst auf Schwarz. Sie wissen ja: Die Taste ⌨D wirkt hier wahre Wunder. Erzeugen Sie anschließend eine neue Datei (Strg + N), und stellen Sie die Abmessungen BREITE 667 px und HÖHE 1.000 px ❶ bei einer AUFLÖSUNG ❸ von 72 PIXEL/IN ein (dazu müssen Sie ERWEITERTE EINSTELLUNGEN ❷ öffnen). Den FARBRAUM stellen Sie auf RGB-FARBEN ❹ und die FÜLLUNG auf (die soeben als Schwarz definierte) VORDERGRUND-FARBE ❺. Bestätigen Sie mit OK.

◄ **Abbildung 5.27**
Das ist der erste Schritt auf dem Weg zum Filmplakat.

2 Ebenen hinzufügen

»Blitz.jpg«, »Senna.jpg«

Jetzt benötigen Sie zwei Bilddateien. Wir werden sie direkt aus dem vorhandenen Dokument heraus über DATEI • ALS EBENEN ÖFFNEN hinzufügen. Klicken Sie auf BLITZ.JPG und danach bei gehaltener Taste ⌊Strg⌋ auf SENNA.JPG. Zuletzt betätigen Sie den Schalter ÖFFNEN.

© Sean McAuliffe, Unsplash

© Robert Klaßen

▲ **Abbildung 5.28**
Dieses Foto soll im wahrsten Sinne des Wortes für Spannung sorgen.

▲ **Abbildung 5.29**
Die Model-Ebene wird ebenfalls Teil der Bildkomposition sein.

3 Modus ändern

Kontrollieren Sie die Ebenen-Palette. Die Ebene mit dem Blitz sollte bis auf Weiteres ganz oben stehen. Ist das nicht der Fall, korrigieren Sie das durch Verschieben der Ebene. Danach setzen Sie den MODUS der obersten Ebene auf ADDITION.

4 Ebene duplizieren

Wählen Sie die Ebene SENNA.JPG mit rechter Maustaste an, und entscheiden Sie sich im Kontextmenü für EBENE DUPLIZIEREN. (Alternativ gehen Sie über EBENE • EBENE DUPLIZIEREN.)

▲ **Abbildung 5.30**
Das ist die aktuelle Ebenen-reihenfolge.

5 Auswahl erzeugen

Zoomen Sie etwas in das Bild ein. Aktivieren Sie das LASSO (FREIE AUSWAHL ⌊F⌋), und kreisen Sie damit die Ebene des Models ein.

Allerdings lassen Sie die rechte Seite (jenseits des Hauptblitzes) außen vor. Beginnen Sie außerhalb des gelben Ebenenrahmens (an Punkt ❶). Den zweiten Punkt setzen Sie an ❷. Danach fahren Sie über den Hauptblitz, wobei Sie darauf achten müssen, dass die Lasso-Linie niemals außerhalb des Blitzes zu sehen ist. Bei jeder Richtungsänderung muss ein Mausklick erfolgen. Sie müssen nicht bis ganz unten fahren. Wenn Sie deutlich unterhalb des Gesichtes sind, dürfen Sie die Auswahl nach links hin komplettieren. Dazu setzen Sie Punkte an ❸ und ❹ und schließen die Auswahl durch Klick auf ❶. Die fertige Auswahl sollte in etwa so aussehen wie in Abbildung 5.31.

Keine Auswahl zu sehen?

Sollte die Auswahl jetzt nicht in Form einer Ameisenlinie zu sehen sein (das muss sie eigentlich, sobald Sie die Auswahl schließen), wechseln Sie das Auswahlwerkzeug. Schalten Sie dazu beispielsweise auf den ZAUBERSTAB (U) um.

▲ **Abbildung 5.31**
Schließen Sie die Auswahl durch erneuten Klick auf ❶.

6 Auswahl speichern

Da Sie die Auswahl später noch einmal benötigen, speichern Sie sie. Betätigen Sie AUSWAHL • IN KANAL SPEICHERN. Dadurch wird automatisch zur Kanäle-Palette (anstelle der Ebenen-Palette) gewechselt, in der jetzt die AUSWAHLMASKE-KOPIE zu sehen ist.

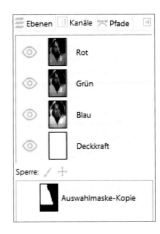

▲ **Abbildung 5.32**
Die Auswahl wird als Maske archiviert.

7 Ebenenmaske hinzufügen

Setzen Sie die Ebenen-Palette wieder nach vorn. Aktivieren Sie die zweite Ebene von oben (SENNA.JPG-KOPIE) mit einem Rechtsklick, und entscheiden Sie sich für EBENENMASKE HINZUFÜGEN. Da die Auswahl noch aktiv ist, können Sie den Radio-Button AUSWAHL markieren und danach auf HINZUFÜGEN klicken. Zuletzt heben Sie die Auswahl auf (AUSWAHL • NICHTS).

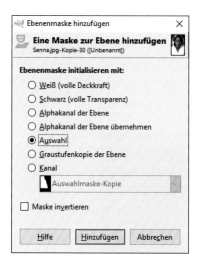

◄ **Abbildung 5.33**
Die Auswahl soll als Maskierung dienen.

»Plakat_01.xcf« im Ordner
ERGEBNISSE

▲ **Abbildung 5.34**
Langsam wird es voll ...

Schritt für Schritt
Ebenenmodi ändern (Filmplakat II)

Sollten Sie Workshop I nicht ganz durchgearbeitet haben, können Sie jetzt mit »Plakat_01.xcf« aus dem Ergebnisse-Ordner fortfahren.

1 Ebene verschieben

Die im vorangegangenen Workshop duplizierte Ebene (SENNA. JPG-KOPIE) ziehen Sie jetzt in der Ebenen-Palette ganz nach oben. Stellen Sie zudem sicher, dass die Ebenenminiatur (und nicht etwa die Maskenminiatur) ausgewählt ist. Wenn Sie nicht sicher sind, was gerade aktiv ist, klicken Sie auf die Bildminiatur der obersten Ebene. Diese wird daraufhin umrandet (bei der im Buch verwendeten Oberflächenhelligkeit ist der Rand weiß).

2 Ebene bearbeiten

Begeben Sie sich bei aktivierter oberster Ebene in das Menü FAR-
BEN, und entscheiden Sie sich für FARBTON/SÄTTIGUNG. Beachten
Sie, dass dieser Eintrag zweimal vorhanden ist (einmal für LCH
und einmal für die Farbton-, Helligkeits- und Sättigungskorrek-
tur). Wählen Sie den untersten der beiden Listeneinträge. Setzen
Sie dort die SÄTTIGUNG ❷ ganz nach links (–100,0) sowie die HEL-
LIGKEIT ❶ auf etwa 20,0. Bestätigen Sie mit OK. Daraufhin senken
Sie die DECKKRAFT der obersten Ebene auf etwa 83,0 %.

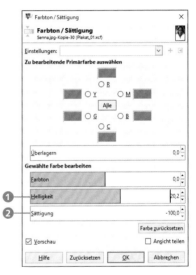

▲ **Abbildung 5.35**
Wählen Sie die Standardoption (Farbton, Sättigung, Helligkeit). Achten
Sie auf die QuickInfo. HELLIGKEIT und SÄTTIGUNG sollten noch bearbeitet
werden.

3 Ebene deaktivieren

Für den Rest des Workshops gilt jetzt: »Volle Konzentration!«
Aktivieren Sie die Ebene BLITZ in der Ebenen-Palette, und dupli-
zieren Sie diese. Am schnellsten geht das, wie Sie ja wissen, mit
`Strg` + `⇧` + `D`. Die duplizierte Ebene soll uns aktuell nicht im
Weg sein, weshalb sie mittels Klick auf das Augen-Symbol unsicht-
bar gemacht werden sollte. Das Auge verschwindet daraufhin.
Danach wählen Sie bitte wieder die unterhalb befindliche Ebene
BLITZ.JPG an. Ihre Ebenen-Palette sollte jetzt aussehen wie in der
Abbildung rechts.

▲ **Abbildung 5.36**
Die Blitz-Kopie ist unsichtbar.

149

4 Modus ändern

Bringen Sie mehr Dramatik in die rechte Bildhälfte. Dazu stellen Sie den MODUS auf FASER EXTRAHIEREN. Das sieht doch gut aus, oder?

5 Ebenenkopie bearbeiten

Jetzt klicken Sie wieder auf die kopierte Blitz-Ebene und ziehen diese in der Ebenen-Palette ganz nach oben. Reaktivieren Sie das Augen-Symbol, so dass die Ebene wieder sichtbar wird. Damit vorwiegend die extrem hellen Ebenenbereiche sichtbar bleiben, stellen Sie den Modus dieser Ebene auf NUR AUFHELLEN. Verringern Sie zudem die DECKKRAFT auf ca. 72,0 %.

6 Auswahl reaktivieren

Für den folgenden Schritt benötigen Sie erneut jene Auswahl, die eingangs als Kanal gespeichert wurde. Reaktivieren Sie diese, indem Sie mit rechts auf die oberste Ebene klicken und EBENEN-MASKE HINZUFÜGEN wählen. Aktivieren Sie vor dem Klick auf HINZUFÜGEN noch den Radio-Button KANAL.

Mehrere Kanäle

Da innerhalb unserer Bilddatei nur ein einziger Kanal angelegt worden ist, entfällt die Wahl des gewünschten Kanals im Selektionsfeld unterhalb des Radio-Buttons KANAL. Wären mehrere Kanäle vorhanden, könnten Sie jetzt wählen, aus welchem die Maske erzeugt werden soll.

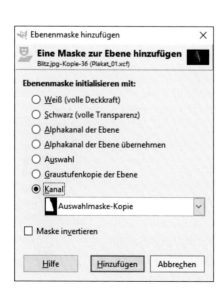

▲ **Abbildung 5.37**
Erzeugen Sie eine Maske direkt aus dem Kanal heraus.

▲ **Abbildung 5.38**
Das ist der aktuelle Zustand der Bilddatei.

Schritt für Schritt
Mit Ebenenmasken arbeiten (Filmplakat III)

Sie wollen gleich mit diesem Workshop einsteigen? Dann habe ich eine gute Nachricht für Sie: Im Ergebnisse-Ordner können Sie auf »Plakat_02.xcf« zugreifen.

»Plakat_02.xcf« im
Ergebnisse-Ordner

1 Ebenenmaske aktivieren
Setzen Sie in der Ebenen-Palette einen Mausklick auf die oberste Ebene, damit diese aktiv wird. Zudem muss jetzt zwingend die Ebenenmaske ausgewählt werden. Klicken Sie dazu auf die Maskenminiatur.

◄ **Abbildung 5.39**
Die Maskenminiatur der obersten Ebene ist aktiv.

2 Pinsel einstellen
Aktivieren Sie den PINSEL $\boxed{\text{P}}$, und spendieren Sie ihm eine weiche Spitze, z. B. HARDNESS 050, deren GRÖSSE Sie auf etwa 20,00 stellen. Der Druck sollte 50,0 % nicht übersteigen.

3 Ebene maskieren
Aktivieren Sie Weiß als VORDERGRUNDFARBE, und fahren Sie mit dem Pinsel vorsichtig über den Blitz. So schaffen Sie einen weichen Übergang zwischen Blitz und darunter befindlichen Ebenen. Sollten Sie einmal etwas zu viel übermalt haben, drücken Sie $\boxed{\text{X}}$ und korrigieren die Stelle (mit schwarzer Vordergrundfarbe). Danach erneut $\boxed{\text{X}}$ drücken (reaktiviert Weiß) und weitermalen.

▲ **Abbildung 5.40**
Mit diesen Pinseleinstellungen sollte die Maskierung gut gelingen.

Abbildung 5.41 ▶
Sorgen Sie dafür, dass die harten Kanten der Maskierung verschwinden.

4 Ebene erzeugen

Erzeugen Sie eine neue Ebene an oberster Position. Am besten klicken Sie dazu auf das linke Symbol in der Fußleiste der Ebenen-Palette. Vergeben Sie im Folgedialog den Namen »Balken«.

5 Auswahl erzeugen und füllen

Jetzt aktivieren Sie das Auswahlrechteck (⟨R⟩) und ziehen einen Rahmen über das untere Drittel des Bildes. Orientieren Sie sich dabei an Abbildung 5.42. Danach betätigen Sie ⟨⇧⟩+⟨B⟩, um das FÜLLWERKZEUG bereitzustellen, wählen Schwarz als VORDERGRUNDFARBE und klicken damit in die Auswahl, die Sie im Anschluss daran mit ⟨Strg⟩+⟨⇧⟩+⟨A⟩ wieder aufheben.

Abbildung 5.42 ▶
Das Auswahlrechteck sollte in etwa an dieser Position sitzen. Es darf ruhig etwas über die Seitenränder hinausragen.

Abbildung 5.43 ▶▶
Sorgen Sie dafür, dass oben und unten jeweils ein schwarzer Balken zu sehen ist.

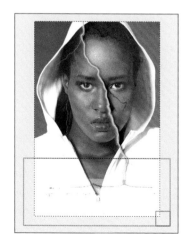

6 Ebene duplizieren und verschieben

Zuletzt duplizieren Sie die soeben erzeugte Ebene (vierter Schalter von rechts in der Fußleiste der Ebenen-Palette) und stellen das Verschieben-Werkzeug (M) ein. Klicken Sie im Bild auf den schwarzen Balken, und ziehen Sie ihn mit gedrückter Maustaste nach oben. Wenn Sie währenddessen noch Strg festhalten, erreichen Sie, dass das Objekt nicht ungewollt nach links und rechts verschoben werden kann. Wenn Sie den zweiten Balken in etwa so positioniert haben, wie in Abbildung 5.43 zu sehen ist, lassen Sie zunächst die Maustaste und erst danach Strg los. Heben Sie die Auswahl wieder auf.

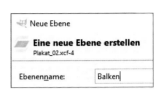

▲ **Abbildung 5.44**
Benennen Sie die Ebene.

Schritt für Schritt
Text hinzufügen (Filmplakat IV)

Sie sollten jetzt mit Ihrem Ergebnis aus Workshop III weiterarbeiten. Alternativ steht »Plakat_03.xcf« aus dem Ergebnisse-Ordner für Sie bereit.

»Plakat_03.xcf« im Ordner
ERGEBNISSE

1 Textebenen hinzufügen

Da wir dem Thema Text ein eigenes Kapitel widmen (siehe Kapitel 13), müssen Sie sich um die Erzeugung der Texte gar nicht kümmern. Sie sind nämlich alle schon fertig. Ist das nicht ein grandioser Service?

2 Ebene hinzufügen

Aktivieren Sie die oberste Ebene, und gehen Sie danach über DATEI • ALS EBENE ÖFFNEN. Fügen Sie die Datei »Filmplakat_Text. png« ein. Wenn Sie im ersten Workshop die korrekten Maße eingegeben haben, sollten jetzt alle Texte korrekt »sitzen«.

»Filmplakat_Text.png«

3 Ebene überlagern

Lassen Sie uns abschließend noch für zusätzliche Bilddynamik sorgen. Klicken Sie die Ebene BLITZ.JPG in der Ebenen-Palette an, und duplizieren Sie diese. Danach ziehen Sie die Kopie (die jetzt direkt oberhalb von BLITZ.JPG angeordnet worden ist) an die

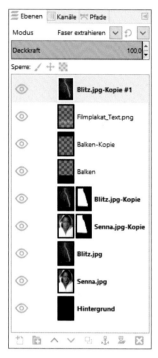

▲ Abbildung 5.45
Die Ebenen-Palette ist ge-
hörig angewachsen.

oberste Position der Ebenen-Palette. Vergleichen Sie Ihr Ergebnis
mit Abbildung 5.45.

4 Modus und Deckkraft ändern

Ändern Sie den Modus der obersten Ebene. Entscheiden Sie sich
für NUR AUFHELLEN, und reduzieren Sie die DECKKRAFT auf ca.
20,0 %. So wird zweierlei erreicht: Zum einen wird die Überla-
gerung des Blitzes auf dem Gesicht des Models noch etwas weicher dargestellt, zum anderen finden sich Strukturen des Fotos auf
den schwarzen Balken wieder. Das dramatisiert das Gesamtbild
noch etwas – und fertig ist das Plakat für den Mega-Blockbuster
des Jahres! Das Ergebnis finden Sie unter »Plakat_fertig.xcf« im
Ergebnisse-Ordner.

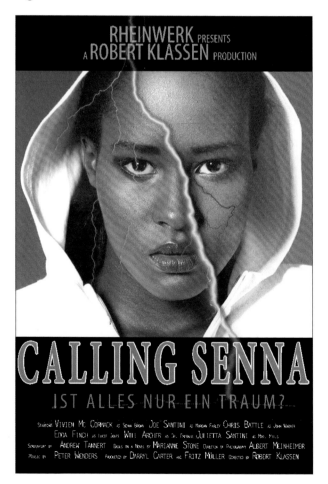

Abbildung 5.46 ▶
Ein Film, der Kinogeschichte
schreibt. Jetzt fehlen nur noch
die Oscars.

154

Zuschneiden, skalieren und transformieren

Bilder vergrößern, verkleinern und zurechtrücken

- ▸ Wie funktionieren die Transformationswerkzeuge?
- ▸ Wie verändere ich die Größe eines Fotos?
- ▸ Wie lässt sich die Arbeitsfläche vergrößern?
- ▸ Wie korrigiere ich die Perspektive eines Fotos?
- ▸ Wie »repariere« ich stürzende Kanten?
- ▸ Wie kann ich einen schiefen Horizont begradigen?
- ▸ Was ist die Warp Transformation?

6 Zuschneiden, skalieren und transformieren

Je nachdem, wofür Sie Ihre Fotos einsetzen, muss deren Größe zuvor oft angepasst werden. Manchmal muss aber auch die Arbeitsfläche (sprich: Leinwand) etwas größer werden, um weitere Bildelemente hinzufügen zu können. Was in solchen Fällen zu tun ist, verraten die folgenden Seiten. Am Ende dieses Kapitels sehen Sie, wie Sie schiefe oder schräge Bilder buchstäblich in Form ziehen.

6.1 Transformationswerkzeuge

Es existieren viele Möglichkeiten, Objekte oder sogar ganze Bilder in der Größe zu verändern. Zunächst werfen wir einen Blick auf die Objekte. Diese lassen sich nämlich prima mit den zahlreichen Werkzeugen bearbeiten, die GIMP dafür bereithält.

Zuschneiden | Shortcut ⬆+ⓒ. Mit dem Zuschneiden-Werkzeug lassen sich unerwünschte Bildbereiche entfernen (freistellen). Im ersten Schritt ziehen Sie mit gedrückter Maustaste einen Rahmen auf. Dieser Rahmen soll alle Bereiche enthalten, die im Bild erhalten bleiben sollen. Danach klicken Sie mit der Maus in den Rahmen hinein. Das hat zur Folge, dass alle jenseits des Rahmens befindlichen Bildelemente entfernt werden.

© Renate Klaßen

Abbildung 6.1 ▶
Mit dem Zuschneiden-Werkzeug verändern Sie den Bildausschnitt.

Vereinheitlichtes Transformationswerkzeug | Shortcut ⇧+Ⓣ. Dieses neu integrierte Werkzeug unterstützt Sie nach Kräften bei der geometrischen Veränderung von Bildebenen. Nach Aktivierung dieses Tools klicken Sie auf das Foto und halten die Maustaste gedrückt. Jetzt lässt sich die Ebene komplett verschieben. Sie werden zu Recht monieren, dass sich das auch locker mit dem Verschieben-Tool bewerkstelligen lässt. Und recht haben Sie! Das Werkzeug entfaltet erst dann seine Möglichkeiten, wenn Sie nur kurz auf die Bildebene klicken. Dann nämlich zeigen sich zahlreiche Anfasser entlang der Bildränder, anhand derer Sie die Ebene bearbeiten können. Zudem erscheint oben rechts im Fenster eine kleine Overlay-Palette.

▼ **Abbildung 6.2**
Nach einem kurzen Klick werden zahlreiche Anfasser sichtbar.

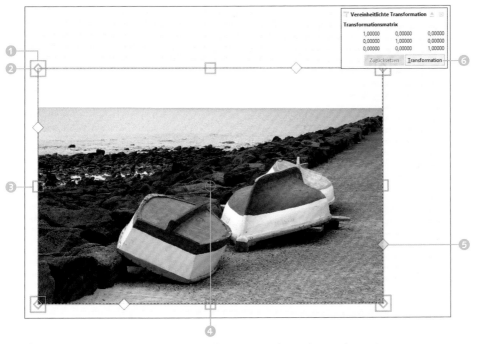

① Klicken Sie auf einen der Eckanfasser (quadratischer Rahmen), lässt sich diese Ecke verziehen, also das Foto sowohl in der Höhe als auch in der Breite skalieren. Wichtig: Halten Sie während des Ziehens ⇧ gedrückt, bleiben die Bildproportionen erhalten.

② Fassen Sie die in der Mitte des Quadrats befindliche Raute an, lässt sich das Foto verzerren. Was genau es damit auf sich hat, erfahren Sie im Workshop Perspektive korrigieren auf Seite 167.

❸ Die Anfasser in der Mitte der Bildbegrenzungen bewirken eine einseitige Verzerrung des Fotos, also beispielsweise nach oben bzw. nach unten oder nach links bzw. rechts. Auch hier gilt, dass die Proportionen unter Zuhilfenahme von ⬀ erhalten bleiben.

❹ Auch der Mittelpunkt lässt sich verschieben. Dies sollte jedoch vor der eigentlichen Transformation erledigt werden, da eine Positionsveränderung (z. B. eine Drehung oder Neigung) immer um diesen Punkt herum erfolgt.

❺ Und dann wären da noch die kleinen Rauten, die Sie jeweils zwischen den horizontalen und vertikalen Bildbegrenzungen finden. Sie färben sich gelb, sobald Sie den Mauszeiger darauf parken. Mit diesen Anfassern lässt sich das Foto neigen. Halten Sie zusätzlich ⌞Strg⌟ gedrückt, wird die gegenüberliegende Seite in die jeweils entgegengesetzte Richtung geneigt.

❻ Wenn Sie mit der Transformation fertig sind, klicken Sie oben rechts im Overlay-Bedienfeld auf TRANSFORMATION oder drücken ⌞↵⌟. Wollen Sie die Transformation stattdessen abbrechen, damit Sie noch einmal von vorn beginnen können, betätigen Sie ZURÜCKSETZEN oder drücken ⌞Esc⌟.

Drehen | Shortcut ⬀+⌞R⌟. Wählen Sie zunächst die zu drehende Ebene bzw. das Objekt aus. Schalten Sie danach auf das Drehen-Werkzeug um. Im weiteren Verlauf haben Sie zwei Möglichkeiten:

▶ Erstens: Markieren Sie das Objekt mit einem kurzen Mausklick. Dies hat zur Folge, dass die Overlay-Palette DREHEN geöffnet wird.

▶ Zweitens: Klicken Sie das Objekt außerhalb der Mitte an, und halten Sie die Maustaste gedrückt. Auch in diesem Fall wird das Drehen-Dialogfenster geöffnet, jedoch können Sie das Objekt (mit noch immer gedrückter Maustaste) beliebig rotieren lassen.

Innerhalb des Drehen-Dialogs stellen Sie den WINKEL über das gleichnamige Steuerelement ❶ oder den Schieberegler ❷ nach Wunsch ein. Schließen Sie die Aktion ab, indem Sie auf DREHEN klicken oder ⌞↵⌟ betätigen. Auch hier ist im Übrigen der Mittelpunkt entscheidend, den Sie vor Beginn des eigentlichen Drehvorgangs an jede beliebige Position ziehen können (sogar außerhalb der Bildebene). Die anschließende Drehung erfolgt stets um diesen Punkt herum.

Direkt transformieren

Für alle in diesem Abschnitt angesprochenen Werkzeuge gilt: Sobald Sie die Maustaste loslassen, erhalten Sie einen Rahmen, der sich noch individuell ausgestalten lässt. Zudem öffnet sich ein entsprechender Dialog. Wollen Sie all das umgehen? Dann halten Sie ⬀ gedrückt. Das hat den Effekt, dass sich das Element, sobald Sie die Maustaste loslassen, sofort und ohne Zwischendialog verändert.

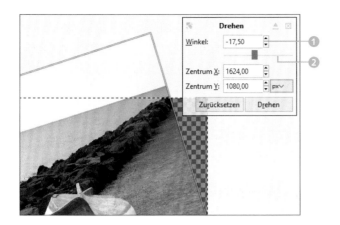

◄ **Abbildung 6.3**
Der Drehen-Dialog öffnet sich automatisch.

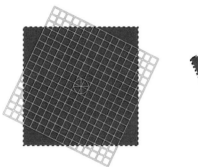

◄ **Abbildung 6.4**
Hier sehen Sie eine aktive (links) sowie eine abgeschlossene Rotation (rechts).

Skalieren | Shortcut ⌂+S. Dieses Tool hat die Aufgabe, Objekte zu vergrößern oder zu verkleinern. Des Weiteren lassen sich Objekte damit proportional verzerren. Nachdem Sie die gewünschte Ebene ausgewählt haben, markieren Sie das Objekt mit dem Skalieren-Tool. Sie erhalten nun acht Anfasser (Quadrate am Rand), die Sie mit gedrückter Maustaste nach Wunsch verschieben. Halten Sie ⌂ gedrückt und ziehen dann einen der vier Eckanfasser, wird das Objekt proportional skaliert. Am Ende müssen Sie zunächst die Maustaste loslassen und dürfen erst dann den Finger von ⌂ nehmen.

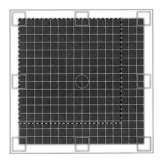

▲ **Abbildung 6.5**
Die Quadrate können Sie nach Wunsch verschieben.

Benutzen Sie eines der vier übrigen Quadrate (jeweils in der Mitte der Seitenränder) oder die Eckanfasser ohne Strg, verziehen Sie das Objekt unproportional. Schließen Sie die Aktion ab, indem Sie im automatisch erscheinenden Dialog auf SKALIEREN klicken, oder drücken Sie die ↵-Taste auf Ihrer Tastatur.

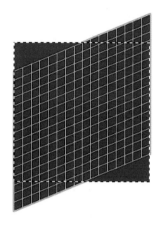

▲ **Abbildung 6.6**
So sieht ein zu scherendes Objekt während der Bearbeitung aus.

Abbildung 6.7 ▶
Legen Sie die gewünschte X- oder Y-Scherneigung fest.

Scheren | Shortcut ⌂+Ⓗ. Dieses Werkzeug hat die Aufgabe, Objekte zu verziehen. Klicken Sie das Objekt kurz an, und stellen Sie die Scherneigung X (= horizontal) bzw. Y (= vertikal) über die entsprechenden Steuerelemente auf der Overlay-Palette ein. Alternativ klicken Sie das Objekt an, halten die Maustaste gedrückt und scheren das Objekt direkt im Bildfenster, indem Sie die Maus entsprechend verschieben. In beiden Fällen schließen Sie die Aktion mit einem Klick auf Scheren oder mit der ⏎-Taste ab.

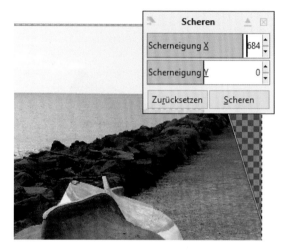

Gitter-Transformationswerkzeug | Shortcut ⌂+Ⓛ. Fügen Sie einem Foto per Mausklick bis zu vier Bewegungspunkte hinzu. Danach klicken Sie einen der Punkte erneut an und verschieben ihn. Die Bildebene wird dadurch entsprechend gedreht und/oder geneigt, als stünde sie im dreidimensionalen Raum. Je nachdem, welche Funktion Sie im Bereich Transformation aktivieren, lassen sich auf diese Weise Bildebenen ❺ bzw. zuvor erzeugte Auswahlformen ❹ oder Pfade ❸ transformieren.

Hier noch einige Besonderheiten: Wenn Sie nur zwei Punkte einsetzen, fungiert der zweite Punkt ❷ als Anfasser. Der erste Punkt ❶ dient hingegen als Achse, um die das Foto gedreht wird. Eine Neigung erfolgt in diesem Fall nicht. Diese wird erst durch Erzeugung von mindestens drei Punkten erreicht, wobei ❻ und ❽ als Dreh- und Neigungsachse verwendet werden und ❼ als Anfasser.

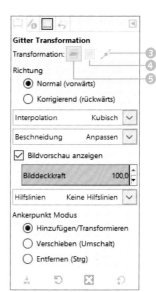

▲ **Abbildung 6.8**
Mit zwei Punkten wird die Bildebene lediglich gedreht.

▲ **Abbildung 6.9**
In der Transformations-Palette wählen Sie, welches Element Sie transformieren möchten.

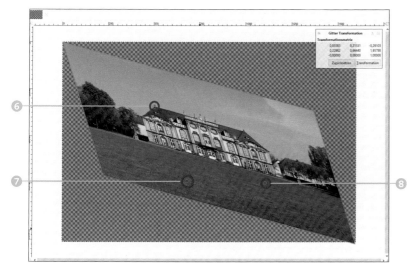

▲ **Abbildung 6.10**
Bei drei Punkten erfolgt zusätzlich eine Neigung.

Perspektive | Shortcut ⌖+P. Das Tool funktioniert prinzipiell so wie das Scheren-Werkzeug. Allerdings erreichen Sie hiermit eine Perspektivverzerrung des Objekts, was die optische Wirkung zur Folge hat, das Objekt werde im 3D-Raum gekippt.

Abbildung 6.11 ▶
Dieses Objekt wurde an den
beiden oberen Ecken ver-
schoben. Jetzt fehlt nur noch
die Bestätigung über Transformation oder die ⏎-
Taste.

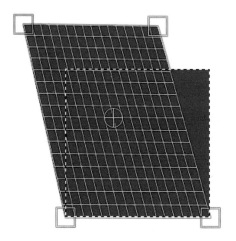

Spiegeln | Shortcut ⇧+F. Wenn Sie ein Objekt horizontal spie-
geln wollen, klicken Sie es ganz einfach an. Soll die Spiegelung
vertikal erfolgen, halten Sie zum Zeitpunkt des Mausklicks Strg
gedrückt. Jeder Klick spiegelt das Objekt erneut um 180°.

Abbildung 6.12 ▶
Wenn Sie das Objekt vertikal
spiegeln wollen, müssen Sie
Strg gedrückt halten.

Käfig-Transformation | Shortcut ⌂+Ⓖ. Dieses Tool erlaubt die Verformung von Gegenständen mit Hilfe eines Auswahlrahmens.

Warp Transformation | Shortcut Ⓦ. Mit diesem Werkzeug gelingt Ihnen das viel zitierte »Pixel-Schubsen« im wahrsten Sinne des Wortes. Wischen Sie wie mit dem Verschmieren-Werkzeug bzw. einem herkömmlichen Pinsel mit gehaltener Maustaste über ein Foto, um es mehr oder weniger stark zu verfremden. Die Art der Verfremdung hängt vor allem von den Werkzeugeinstellungen ab, die Sie vor Beginn des Transformationsvorgangs wählen. Genial: GIMP versucht, die am Rand befindlichen Pixel, die durch die Verschiebung eine leere Stelle erzeugen würden, zu reproduzieren. Dadurch entstehen keine Lücken entlang der Bildbegrenzungen.

▲ **Abbildung 6.13**
Hier geben sich kreative Veränderungen und plumper Kitsch gern mal die Klinke in die Hand.

Bildgröße und Arbeitsfläche

Bei den meisten hier vorgestellten Methoden bleibt die ursprüngliche Größe des Bildes erhalten. Wenn Sie also ein Foto beispielsweise herunterskalieren, wird lediglich die Ebene verkleinert, nicht aber das gesamte Bilddokument. (Dieses wird in GIMP übrigens als *Leinwand* bezeichnet.) Der Rest der Leinwand wird dabei transparent.

Leinwand anpassen

Wenn Sie ein Objekt wie beschrieben skaliert und die Skalierung zudem bestätigt haben, können Sie auch BILD • LEINWAND AN EBENEN ANPASSEN einstellen. Dabei ist die finale Größe des Bildes aber eher Glückssache. Genauer geht es mit der auf Seite 165 beschriebenen Methode »Die Leinwandgröße verändern«.

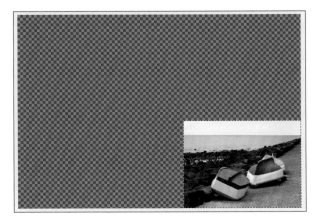

▲ **Abbildung 6.14**
Die Ebene ist kleiner geworden, wobei die ursprünglichen Abmessungen des Fotos erhalten geblieben sind.

Bildgröße verändern

Unproportional skalieren

Falls Sie ein Foto einmal unproportional skalieren wollen, müssen Sie zunächst dafür sorgen, dass das Seitenverhältnis Breite zu Höhe aufgehoben wird. Dazu klicken Sie auf das Ketten-Symbol ❶. Danach können Sie BREITE und HÖHE unabhängig voneinander eingeben.

Wollen Sie ein Foto insgesamt vergrößern oder verkleinern und dazu noch bestimmte Abmessungen einhalten, müssen Sie den Weg über BILD • BILD SKALIEREN gehen. Hier haben Sie dann die Möglichkeit, die neuen Werte festzulegen. Dabei gilt: Solange das Ketten-Symbol ❶ aktiv ist, müssen Sie nur eine der Größenangaben (BREITE oder HÖHE ❷) verändern. Dazu setzen Sie einen Doppelklick in eines der Eingabefelder (der aktuelle Wert wird dann markiert) und geben die neue Größe ein. Verlassen Sie das Eingabefeld mit ⬚, damit GIMP den anderen Wert proportional anpassen kann.

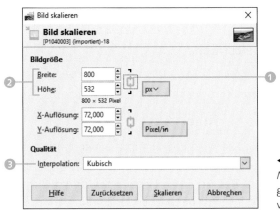

◀ **Abbildung 6.15**
Mit dem Dialogfeld geht die Skalierung viel genauer.

Interpolation

Ein wichtiges Thema in diesem Zusammenhang ist die Interpolationsmethode ❸. Dazu müssen Sie sich vergegenwärtigen, dass bei einer Vergrößerung Pixel hinzugerechnet und bei einer Verkleinerung Pixel aus dem Bild entfernt werden müssen (zumindest solange die Auflösung erhalten bleibt). Beides bedeutet Qualitätsverluste.

▶ Die beste Art, ein Foto zu verändern, ist die Methode KUBISCH.

▶ KEINE und LINEAR eignen sich nur bedingt, da die Algorithmen hier oberflächlichere, wenngleich schnellere Ergebnisse zutage fördern.

▶ LOHALO: Diese Funktion eignet sich, wenn Sie Fotos drastisch verkleinern wollen (auf weniger als die Hälfte der Originalgröße).

▶ NOHALO: Wenn die Größenänderungen sehr gering sind (nur 1 bis 3 %), sollten Sie sich für diese Methode entscheiden.

Berechnungen verwenden

Interessant ist auch, dass sich kleinere Berechnungen zur Angabe von Maßen verwenden lassen. Wenn Sie das Bild also beispielsweise um 50 Pixel in der Breite vergrößern wollen, müssen Sie nicht unbedingt das Endergebnis eintragen, sondern dürfen dem aktuell angezeigten Wert auch gerne »+50« anhängen. (Das ist übrigens in allen Dialogen möglich, in denen Maße verlangt werden.)

Grundrechenarten

Bescheiden Sie sich aber bitte mit den Grundrechenarten. Addition (+), Subtraktion (–), Multiplikation (*) und Division (/) werden freilich problemlos angenommen.

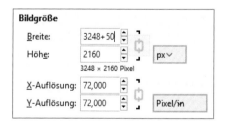

◀ **Abbildung 6.16**
Wenn das Ketten-Symbol aktiv ist, wird auch die Höhe proportional mit verändert, sobald Sie das Eingabefeld für die Breite verlassen.

Die Leinwandgröße verändern

Mitunter möchte man die Bildgröße verändern, wobei die Größe der Ebene eigentlich erhalten bleiben soll. Das ist häufig bei Kompositionen aus mehreren Bildern wünschenswert. Nun könnten Sie das mit dem Skalieren-Werkzeug machen, doch sind dann die

Abmessungen eher zufällig. Wenn es also exakt sein soll, entscheiden Sie sich für LEINWANDGRÖSSE. Den Befehl finden Sie ebenfalls im Menü BILD.

Hier ❶ lassen sich dann die neuen Abmessungen eingeben (Vergrößerung oder Verkleinerung). Unten in der Vorschau ❸ sehen Sie, wie sich die Änderung auswirken würde (hier bei einer Vergrößerung von 800 auf 3.000 Pixel BREITE). Nun können Sie die Bildebene innerhalb des Dokuments noch verschieben, indem Sie den VERSATZ ❷ ändern oder das Menü EBENENGRÖSSEN ÄNDERN ❹ benutzen. Hierbei gilt:

▸ KEINE: Die Größe der Bildebene bleibt erhalten, während sich die Gesamtgröße der Leinwand ändert.

▸ ALLE EBENEN: Die Ebenen nehmen die neuen Abmessungen der Leinwand an – werden also skaliert.

▸ EBENEN IN BILDGRÖSSE: Nur Ebenen, die der Bildgröße entsprechen, werden an die neue Leinwandgröße angepasst.

▸ ALLE SICHTBAREN EBENEN: Nur derzeit sichtbare Ebenen werden an die neue Leinwandgröße angepasst.

▸ ALLE VERKNÜPFTEN EBENEN: Nur in der Ebenen-Palette mit einem Ketten-Symbol verbundene Ebenen werden an die neue Leinwandgröße angepasst.

Ebene zentrieren

Durch Klick auf ZENTRIEREN ❺ verschieben Sie die Bildebene in die Mitte der Leinwand.

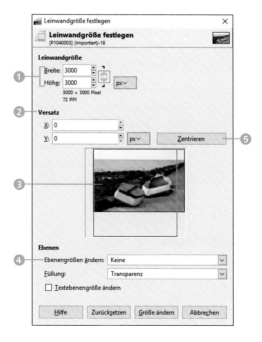

Abbildung 6.17 ▸
Die Arbeitsfläche wird vergrößert, wobei die Ebenengröße erhalten bleibt.

6.2 Perspektivische Korrekturen

Lassen Sie uns zur Praxis übergehen. Dazu nehmen wir eine perspektivische Änderung vor. Das erreichen Sie durch eine Verzerrung des Bildes.

Stürzende Kanten ausgleichen

Wenn Sie die Kamera neigen, beispielsweise um an einem Objekt hochzufotografieren, entstehen im Bild zwangsläufig die sogenannten *stürzenden Kanten*. Dabei laufen gerade Konturen (wie Hauswände) auf dem Foto nach oben hin konisch zusammen. Denn es gilt: Was weiter von der Kamera entfernt ist, ist logischerweise kleiner. Was das menschliche Auge in der Realität keinesfalls als störend empfindet, fällt in einem zweidimensionalen Foto drastisch ins Gewicht. Deswegen erscheint es ab und an sinnvoll, stürzende Kanten zu beseitigen.

Schritt für Schritt
Perspektive korrigieren

Öffnen Sie das Foto »Perspektive.jpg«. Dieses Foto ist ganz typisch für perspektivische Verzerrungen, die sich in den soeben erläuterten stürzenden Kanten widerspiegeln. Sie fallen nicht ins Gewicht, wenn wir das Gebäude vor Ort betrachten. Schauen wir uns aber später das Foto an, ist die Enttäuschung groß. Woher kommt das? Das *zweidimensionale* Foto »sieht« ein Gebäude anders als das menschliche Auge. Hier muss GIMP ran, oder?

> **Nicht jede Kante zurechtrücken!**
>
> Sie sollten grundsätzlich maßvoll vorgehen. Wenn Sie ein imposantes Gebäude fotografieren, verleiht gerade die Perspektive dem Bild seinen besonderen Ausdruck. Das sollte nach Möglichkeit auch so bleiben. Bei Panoramen und leichten Verzerrungen hingegen können Sie schon mal etwas nachhelfen.

»Perspektive.jpg«

© Robert Klaßen

◄ **Abbildung 6.18**
Windschiefe Häuser im rheinischen Brüggen? Das geht ja wohl gar nicht!

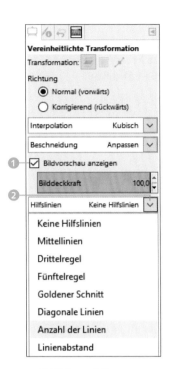

▲ **Abbildung 6.19**
Die Ebene soll transformiert
werden.

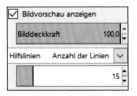

▲ **Abbildung 6.20**
Diese Einstellung sorgt dafür,
dass später 15 Hilfslinien
angezeigt werden.

1 Ansicht optimieren

Aktivieren Sie zunächst das Zoom-Werkzeug [Z], und sorgen Sie damit für eine etwas verkleinerte Ansicht. Sie sollten außerhalb des Fotos graue Montagebereiche sehen können, da Sie das Foto gleich über seine eigenen Begrenzungen hinausziehen müssen.

2 Werkzeug einstellen

Aktivieren Sie das Werkzeug VEREINHEITLICHTE TRANSFORMATION, das sich über [⇧]+[T] bereitstellen lässt. Wählen Sie zudem BILDVORSCHAU ANZEIGEN ❶ an, damit die Auswirkungen der Korrektur direkt im Bild angezeigt werden. Die weiteren Checkboxen der Werkzeug-Palette interessieren uns nicht sonderlich. Wichtig ist hingegen, dass Sie auf das Selektionsfeld HILFSLINIEN ❷ klicken und dort ANZAHL DER LINIEN aktivieren. Das erlaubt nämlich die anschließende Definition zahlreicher Hilfslinien, an denen sich unser Objekt prima ausrichten lässt. Entscheiden Sie sich unterhalb des Listenfeldes für insgesamt 15 Hilfslinien.

3 Erste Seite verziehen

Klicken Sie jetzt kurz auf das Foto, damit die Hilfslinien und die Anfasser sichtbar werden. Jetzt sollte Ihr Augenmerk der oberen linken Ecke gelten. Dort zeigen Sie nun bitte auf die Raute, die sich in der Mitte des Quadrats befindet. Wenn diese gelb wird und das Quadrat hingegen unverändert bleibt, klicken Sie die Raute an und halten die Maustaste gedrückt.

◄ **Abbildung 6.21**
Achten Sie genau darauf, dass
die Raute und nicht das Quadrat aktiviert wird.

Schieben Sie die Maus nach oben links, und beobachten Sie dabei die Senkrechten des Gebäudes. Sie müssen diese jetzt noch nicht exakt ausrichten, jedoch sollten sich die Vertikalen deutlich nach links neigen. Lassen Sie die Maustaste los. Dies sollte zunächst einmal reichen.

◄ **Abbildung 6.22**
Die Ausrichtung hat begonnen.

4 Palette entfernen

Nun ist es ja ganz nett, dass GIMP oben rechts eine Transformations-Palette anbietet, jedoch stört sie unser weiteres Vorgehen enorm. Deshalb muss sie weichen. Klicken Sie auf den Button DIALOG VON LEINWAND ABDOCKEN (links neben dem Schließen-Kreuz). Danach können Sie die gelöste Palette am Kopf anklicken und mit gedrückter Maustaste zur Seite schieben, wo sie nicht länger stören kann.

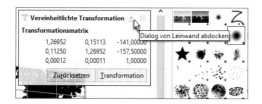

◄ **Abbildung 6.23**
Die Palette muss weg.

5 Weitere Ecken verziehen

Jetzt sollte die Raute oben rechts gut erreichbar sein. Ziehen Sie auch diese aus dem Bild heraus – und zwar nach oben rechts. Bitte bedenken Sie, dass die Hilfslinien ebenfalls verzogen werden. Sie eignen sich also nicht zur Ausrichtung der Vertikalen, sondern zeigen lediglich, auf welche Weise das Foto bereits verschoben wurde. Der Rahmen der ursprünglichen Bildfläche hingegen (gelb-schwarz) ist immer exakt vertikal. Orientieren Sie sich bei der Ausrichtung der Bildränder daran, machen Sie jedoch nicht zu viel. Da die Kameraposition nicht mittig vor dem Gebäude war, können wir jetzt auch keine Wunder mehr vollbringen.

Zuletzt kümmern Sie sich um die Rauten unten links und unten rechts. Ziehen Sie auch diese in Form, wobei Sie die Vertikalen des Gebäudes ebenso wenig aus den Augen lassen sollten wie die Horizontalen. Wenn Sie mit dem Ergebnis zufrieden sind, drücken Sie ⏎ oder betätigen TRANSFORMIEREN auf der zuvor gelösten Palette.

Abbildung 6.24 ▸
Das sieht schon ganz gut aus, oder?

6 Arbeitsfläche erweitern

Sobald die Berechnung der Transformation erledigt ist, zeigt sich ein Gebäude mit hoffentlich ansehnlichen Vertikalen. Doch wo ist das Dach geblieben? Leider befindet es sich jenseits der ursprünglichen Bildabmessungen. Aber es ist nicht verloren. Gehen Sie in das Menü, und entscheiden Sie sich für BILD • LEINWAND AN EBENEN ANPASSEN.

7 Bild zuschneiden

Zuletzt aktivieren Sie das Werkzeug ZUSCHNEIDEN (⇧+C) und ziehen auf dem Foto einen Rechteckrahmen auf. Die Ecken des Rahmens werden farbig markiert, sobald Sie den Mauszeiger darauf parken. Das ist das Indiz dafür, dass die Ecken nun mit gedrückter Maustaste nach Wunsch in Form gezogen werden können. Sorgen Sie dafür, dass der Rahmen eine maximale Größe erhält, ohne karierte (also inhaltlose) Bildbereiche darin aufzunehmen. Wenn das erledigt ist, betätigen Sie ⏎.

◄ **Abbildung 6.25**
Wenn der Rahmen so sitzt, haben Sie alles richtig gemacht.

Das Ergebnis finden Sie unter »Perspektive_bearbeitet.jpg«.

Horizont begradigen

Jetzt widmen wir uns einem zweiten Phänomen, das ebenfalls bei der Fotografie auftreten kann. Im vorangegangenen Beispiel war ja die Rede von einer nach oben und zur Seite gekippten Kamera. Im zweiten Beispiel schauen wir uns eine Aufnahme an, bei der die Kamera nicht exakt horizontal gehalten wurde. Dabei kommt es nicht selten zu schiefen Horizonten – und die will kein Mensch sehen.

Schritt für Schritt
Eine schiefe Horizontlinie gerade rücken

Zunächst einmal benötigen Sie die Bilddatei »Horizont.jpg« aus dem Ordner mit den Beispielfotos. Hier sehen Sie, was passieren kann, wenn man nicht auf die Bildgeometrie achtet und die Kamera ein wenig verdreht. Mist!

»Horizont.jpg«

Abbildung 6.26 ▶
Leider verrissen – das schöne
Schloss Benrath rutscht nach
links ab.

© Robert Klaßen

▲ Abbildung 6.27
Sie benötigen im nächsten
Schritt das INFO-FENSTER.

1 Maßband-Werkzeug aktivieren

Sie könnten das Foto jetzt nach Gutdünken mit Hilfe des Dre-
hen-Werkzeugs verdrehen. Doch das ist zu ungenau. Außerdem
bräuchten Sie dafür doch keinen Workshop, gell? Aktivieren Sie
deshalb zunächst das Maßband (⇧ + M). Zudem wählen Sie die
einzige im Werkzeugkasten vorhandene Checkbox an, nämlich
INFO-FENSTER VERWENDEN ❶.

2 Horizontlinie ziehen

Klicken Sie nun auf eine Linie, die im Idealfall horizontal sein
sollte. Wir entscheiden uns für das Dach. Setzen Sie links z. B. bei
❷ an. Führen Sie dort einen Mausklick aus, wobei Sie die Maustaste aber unbedingt noch gedrückt halten müssen. Jetzt ziehen
Sie nach rechts. In Höhe der gleichen Linie (z. B. bei ❸) lassen Sie
die Maustaste los.

Abbildung 6.28 ▶
Hier könnten Sie Anfangs-
und Endpunkt platzieren.

3 Winkel ablesen

Widmen Sie sich jetzt der Maßband-Palette, die das Bild oben rechts überlagert. Sie erscheint ja, da wir zuvor die entsprechende Checkbox aktiviert hatten. Lesen Sie dort den Wert im Bereich WINKEL ab. Hier sind es 0,79° (wobei Sie möglicherweise auf ein leicht verändertes Maß kommen). Merken Sie sich diesen Wert, oder schreiben Sie ihn auf. Sie benötigen ihn gleich noch.

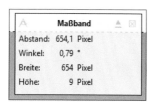

◀ **Abbildung 6.29**
Hier steht, um wie viel Grad die Linie gedreht ist.

Wert kopieren

Wer besonders clever vorgehen möchte, der markiert den angezeigten Wert für den Winkel und bugsiert ihn mit ⌨Strg+⌨C in die Zwischenablage. In Schritt 5 dieses Workshops (»Winkel verändern«) fügen Sie ihn dann mittels Tastenkombination ⌨Strg+⌨V in das betreffende Eingabefeld ein.

4 Drehen-Werkzeug aktivieren

Suchen Sie das Drehen-Werkzeug (⌨⇧+⌨R) aus. Setzen Sie die BESCHNEIDUNG im Werkzeugkasten auf AUF ERGEBNIS BESCHNEIDEN. Danach klicken Sie auf das Foto.

5 Winkel verändern

Wie von Geisterhand öffnet sich nun der Dialog DREHEN. Tragen Sie hier den soeben abgelesenen Winkel ein (im Beispiel 0,79°). Betätigen Sie den Button DREHEN. Wer den vorangegangenen Kasten gelesen hat, kann sich das Getippe natürlich sparen.

◀ **Abbildung 6.30**
Dieser Wert ist maßgeblich für die Drehung.

Falsche Richtung?

Je nach Neigungsrichtung kann die Horizontlinie entweder gerade oder sogar noch weiter verdreht werden. Wenn das passiert, stellen Sie dem eingegebenen Wert bitte ein Minuszeichen voran. Dann wird der Winkel zur anderen Seite hin gedreht – und alles passt wieder.

6 Bild beschneiden

Ein letztes Problem bleibt: Entlang der Bildränder sind Transparenzen auszumachen. Doch die werden Sie schnell los, wenn Sie ins Menü gehen und BILD • LEINWAND AN EBENEN ANPASSEN selektieren.

Abbildung 6.31 ▶
Nun ist alles wieder in
Ordnung.

6.3 Bildbereiche transformieren

Lassen Sie uns noch einen Blick auf die neu integrierte WARP TRANSFORMATION werfen, mit deren Hilfe sich Objekte fließend verformen lassen. Ziel unseres Workshops ist es, ein Gemälde aus einem Foto zu erstellen, dessen gerade, harte Kanten zunächst abgerundet werden.

Schritt für Schritt
Ein Gemälde aus einem Foto erzeugen

»Warp.jpg«

Nach diesem Workshop sollen die Boote im Foto etwas rundlicher wirken. Anschließend werden wir einen Filter anwenden, der aus dem Foto eine Art Gemälde macht.

1 Werkzeug einstellen
Öffnen Sie die Datei »Warp.jpg«. Danach aktivieren Sie das Werkzeug WARP TRANSFORMATION. Am schnellsten geht das über Ⓦ auf der Tastatur. Platzieren Sie die Maus auf dem Foto, und begutachten Sie den Kreisdurchmesser des Warp-Tools. Mit einer GRÖSSE von etwa 400 Pixel Durchmesser sollte er korrekt bemessen sein. Die HÄRTE sollte 50,0 % nicht übersteigen.

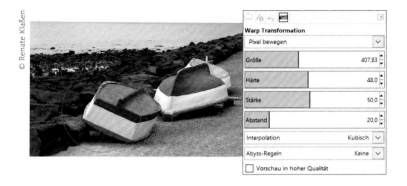

◄ **Abbildung 6.32**
Achten Sie auf den Durch-
messer des Werkzeugs.

2 Kanten abrunden

Klicken Sie nun an verschiedenen Stellen auf die Ränder der
Boote. Halten Sie die Maustaste gedrückt, und verschieben Sie
die Maus ein wenig. Was Sie hier machen und wie das Ergebnis nachher aussieht, steht Ihnen natürlich vollkommen frei. Es
kommt letztendlich nicht auf das Resultat an, sondern darauf, wie
Sie mit dem Werkzeug umgehen und dass es Ihnen gelingt, die
Kanten zu verformen.

◄ **Abbildung 6.33**
So oder so ähnlich könnte Ihr
Zwischenergebnis aussehen.

3 Transformation bestätigen

Wenn Sie fertig sind, drücken Sie ⏎. Bitte berücksichtigen Sie
jedoch, dass Sie einzelne Transformationsschritte nicht rückgängig
machen können. Innerhalb des GIMP-Journals wird die gesamte
Verformung als ein einziger Arbeitsgang gelistet.

4 Filter hinzufügen

Jetzt wollen wir noch einen effektvollen Kunstfilter hinzufügen.
Dazu gehen Sie in das Menü FILTER und zeigen auf KÜNSTLERISCH.
In der Liste, die sich daraufhin öffnet, selektieren Sie ÖLGEMÄLDE.

5 Filter einstellen

Zunächst einmal sollten Sie darauf achten, dass die Checkbox VORSCHAU aktiv ist. Dann nämlich sehen Sie Veränderungen am Dialogfeld auch direkt im Bild. Je höher Sie den Wert MASKENRADIUS einstellen, desto abstrakter wird das Resultat. Ich denke, Sie sollten nicht höher als 9 gehen. Der EXPONENT (Dichte der Pinselmaske) sollte bei ca. 5 liegen, während die ANZAHL INTENSITÄTEN (steht für die Anzahl der Bilddetails und deren Farbabstufungen) mit 90 recht gut bemessen ist. Mit ANSICHT TEILEN erhalten Sie übrigens eine gute Vergleichsansicht, die links die Bearbeitung und rechts das Foto ohne Filter zeigt. Wenn Sie zufrieden sind, klicken Sie auf OK.

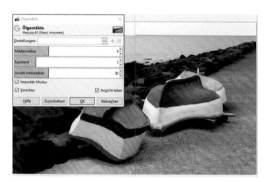

▲ **Abbildung 6.34**
Vergleichen Sie beide Bildhälften miteinander.

▲ **Abbildung 6.35**
Sieht Ihr Ergebnis ähnlich aus?

Farben und Tonwerte korrigieren

GIMPs bunte Mischung

▶ Wie korrigiere ich Farbstiche?

▶ Was sagt ein Histogramm über ein Foto aus?

▶ Wie kann ich die Farben eines Bildes korrigieren?

▶ Wie funktioniert eine Tonwertkorrektur?

▶ Wie wird ein Foto mittels Werte-Dialog eingestellt?

▶ Wie korrigiere ich rote Augen?

▶ Wie lassen sich Ebenen und Masken zur Farbkorrektur verwenden?

7 Farben und Tonwerte korrigieren

In diesem Kapitel dreht sich alles um Farben und die damit verbundenen Korrekturmöglichkeiten. Dabei ist es unerheblich, ob Ihr Foto zu blass ist, ob Sie einen Farbstich beseitigen oder bestimmte Farbkanäle gezielt beeinflussen wollen. GIMP ist Ihnen in jeder Situation ein bestens ausgestatteter Helfer.

7.1 Automatische Farbverbesserungen

GIMP bringt eine Fülle von nützlichen Dialogen mit, die es erlauben, ein Bild nach individuellen Bedürfnissen anzupassen. Hier können Sie ganz nach Ihren Wünschen einstellen, drehen, regulieren und ab und an auch manipulieren. Manchmal reicht es aber auch, wenn Sie die Entscheidung, wie ein Bild korrigiert werden muss, schlicht der Anwendung überlassen.

Weißabgleich

Durch den Weißabgleich wird ein Unterschied zwischen dem menschlichen und dem Kamera-Auge ausgeglichen: Wir Menschen sehen Licht fast immer »weiß«, auch wenn es in Wirklichkeit sehr unterschiedliche Lichtfarben (»Temperaturen«) gibt. Diesen Ausgleich kann eine Kamera nicht immer leisten – auf dem fotografierten Bild manifestieren sich dann unterschiedliche Lichtfarben als Farbstiche.

Farbstich entfernen

Zeitgemäße Fotokameras verfügen mittlerweile auch im Low-Budget-Segment über einen recht ordentlich arbeitenden Weißabgleich. Dieser berücksichtigt beispielsweise, dass Farben nicht zu jeder Tageszeit gleich dargestellt werden. Entsprechendes gilt für Innenaufnahmen mit künstlicher Beleuchtung. Das bedeutet: Weiß ist nicht immer gleich Weiß.

Wie gesagt, so etwas gleicht die Kamera gewöhnlich aus. Es gibt jedoch zahlreiche Situationen, in denen der Weißabgleich nicht mehr korrekt funktioniert bzw. die Kamera die Aufnahmesituation *falsch einschätzt*. Die Folge: Farbstich! Ich weiß, das ist ein schlimmes Wort – zumal der Farbstich während des Fotografierens ja meist gar nicht auffällt.

Farbstich automatisch korrigieren

In Extremsituationen, wie z.B. bei greller Sonne, am Strand oder im Schnee, spielt der Weißabgleich der Kamera gerne mal verrückt. Das bedeutet aber nicht, dass derartige Fotos reif für die Tonne sind. Lassen Sie GIMP ran, und die Farben erstrahlen wieder im alten Glanz.

1 Foto öffnen
Öffnen Sie die Datei »Farbstich.jpg« aus den Beispieldateien. Das sieht doch wirklich schlimm aus, oder? Blauer Schnee, das geht gar nicht – außer vielleicht als Titel für einen Heimatfilm.

»Farbstich.jpg«

2 Weißabgleich anwenden
Versuchen wir zunächst das Naheliegendste: Gehen Sie in das Menü FARBEN, und entscheiden Sie sich für AUTOMATISCH • WEISSABGLEICH. – Oops, das war wohl nichts! Oftmals reicht das schon, um einen Farbstich loszuwerden – in unserem Beispiel leider nicht.

◀ **Abbildung 7.1**
Die Weißabgleich-Korrektur hat hier leider nicht funktioniert. Schade.

3 Farben abgleichen
Nachdem wir uns von dem Rückschlag erholt haben, den unser erfolgloser Korrekturversuch hinterlassen hat, versuchen wir es mit einer anderen Automatik. Gehen Sie dazu erneut in das Menü FARBEN. Zeigen Sie abermals auf AUTOMATISCH, jedoch entscheiden Sie sich diesmal für ABGLEICHEN. – Aha, geht doch!

▲ **Abbildung 7.2**
Benutzen Sie den unteren
Listeneintrag.

4 Gelbstich entfernen

Nun kann man mit Fug und Recht behaupten, dass das Gelb des Sonnenlichts, das sich zwischen den Ästen zeigt, erheblich zu stark ist. Das sieht unnatürlich aus. Im Menü FARBEN finden Sie den Eintrag FARBTON/SÄTTIGUNG. Entscheiden Sie sich jedoch unbedingt für den unteren der beiden angebotenen Listeneinträge. (Der obere bedient ein anderes Farbmodell.)

In der Mitte des Folgedialogs finden Sie sechs im Kreis angeordnete Radio-Buttons, von denen Sie bitte den mit Y betitelten anwählen, ehe Sie fortfahren. Er macht es möglich, die Gelbtöne des Fotos weitgehend separiert von den anderen Farbbereichen zu manipulieren. Ziehen Sie die SÄTTIGUNG weit nach links. Streben Sie einen Wert von −55 bis −60 an, und klicken Sie zuletzt auf OK.

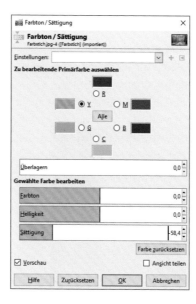

◀ **Abbildung 7.3**
Hier werden vorwiegend
die Gelbtöne entsättigt.

5 Belichtung erhöhen

Was die eigentliche Farbkorrektur angeht, sind wir damit bereits am Ziel. Allerdings sollten Sie die BELICHTUNG noch ein wenig erhöhen. Den Befehl finden Sie ebenfalls im Menü FARBEN. Lassen Sie den Regler SCHWARZWERT unangetastet. Damit würden Sie die sehr dunklen Bildbereiche manipulieren. Ziehen Sie stattdessen die BELICHTUNG auf ca. 0,100, und bestätigen Sie mit OK. Vergleichen Sie Ihre Korrektur mit »Farbstich_bearbeitet.jpg« aus dem Ergebnisse-Ordner.

Die Belichtung wird nur leicht korrigiert. Das sieht wesentlich besser aus.

So leicht kann Bildkorrektur sein. Wie Sie jedoch gesehen haben, führen die Automatikfunktionen nicht immer zum Ziel. GIMP kann ein Foto zwar analysieren, die Werte berechnen und gegebenenfalls justieren, ist aber beim besten Willen nicht imstande, die Schwachstellen der Aufnahme visuell auszumachen – so wie Sie das können. Deshalb kommt es bei den Automatikfunktionen nicht selten zu unerwünschten Resultaten. Sie sollten sich also von Anfang an mit dem Gedanken anfreunden, Ihre Fotos manuell zu korrigieren. Dennoch möchte ich die automatisierten Möglichkeiten, die Sie über FARBEN • AUTOMATISCH erreichen, vorab noch kurz ansprechen.

Abgleichen

Die Farbkanäle werden derart aufeinander abgestimmt, dass die Helligkeitsinformationen in allen Kanälen (Rot, Grün und Blau) möglichst identisch miteinander sind. Die Ergebnisse fallen allerdings höchst unterschiedlich aus. Deshalb ist es auch möglich, dass statt einer erwünschten Verbesserung eine unerwünschte Verschlechterung erzielt wird. In diesem Fall drücken Sie Strg+Z und wählen lieber eine manuelle Korrektur.

Weißabgleich

GIMP versucht, die Farbkanäle so weit zu verschieben, dass in den hellsten Bildbereichen idealerweise reines Weiß entsteht.

Kontrastspreizung

Bei dieser Vorgehensweise werden die einzelnen Kanäle (Rot, Grün und Blau) so weit wie möglich gestreckt (siehe dazu auch Abschnitt »Die Tonwertspreizung« auf Seite 189). Helle Farben werden heller, während dunkle Farben noch mehr abdunkeln. Dadurch werden Farben verschoben, was zu unerwünschten Ergebnissen führen kann.

Farbverbesserung

Hiermit wird prinzipiell die Sättigung (also die Leuchtkraft/Intensität der Farbe) verbessert. Die Farbwerte selbst sowie die Helligkeit werden bei dieser Aktion nicht verändert – auch wenn es im Ergebnis manchmal so aussieht. Für eine schnelle, unkomplizierte Farbkorrektur ist diese Routine durchaus geeignet. Sollte die Korrektur nicht zum gewünschten Ergebnis führen, wenden Sie FARBVERBESSERUNG (VERALTET) an. Hierbei handelt es sich um einen bewährten Algorithmus, der mitunter besser geeignet ist als der in GIMP 2.10 integrierte.

7.2 Farbabgleich

Was Farbstiche betrifft, setzt der Fachmann auch ganz gerne mal den Farbabgleich-Dialog ein. Mit diesem lassen sich nämlich bestimmte Farbbereiche in Richtung einer entsprechenden Komplementärfarbe verschieben. Neben der Bekämpfung eines Farbstichs können Sie so aber auch eine bewusste Farbveränderung innerhalb eines Fotos herbeiführen.

»Farbstich.jpg«

Bleiben wir aber bei den Farbstichen: Wenn Sie das soeben bearbeitete Foto (»Farbstich.jpg«) noch einmal in den Originalzustand versetzen (also den Farbstich wiederherstellen) und danach den Dialog FARBEN • FARBABGLEICH anwählen, finden Sie zunächst einmal drei Radio-Buttons ❶, mit deren Hilfe Sie die zu bearbeitenden Bereiche (SCHATTEN, MITTEN und GLANZLICHTER) anwählen. (Das sind übrigens jeweils die ganz dunklen, die mittleren und die hellen Bereiche eines Fotos; doch dazu im folgenden Kapitel mehr.) Aktivieren Sie den Button GLANZLICHTER, und schieben Sie den untersten der drei Schieberegler ❷ nach links in Richtung

GELB. (Das ist die Komplementärfarbe von Blau – und wir haben es im Bild ja mit einem Blaustich zu tun.) Wenn Sie auf einen Wert von etwa –40 gehen, verschwindet der Blaustich.

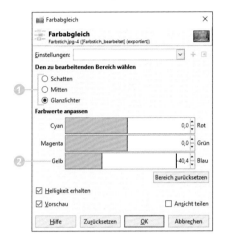

◀ **Abbildung 7.5**
Mit Hilfe des Dialogs FARBAB-GLEICH erzielen Sie schnell und intuitiv gute Resultate.

Komplementärfarben

Als *Komplementärfarben* bezeichnet man Farben, die einer bestimmten Grundfarbe innerhalb des Farbkreises gegenüberliegen. Beim RGB-Farbraum liegt gegenüber von Rot beispielsweise Cyan. Grün liegt Magenta gegenüber, und Blau hat Gelb als Komplementärfarbe. (Siehe hierzu auch die Hinweise im Abschnitt »Der RGB-Farbraum« auf Seite 40.)

Wenn Sie mögen, können Sie anschließend noch auf die MITTEN zurückschalten und den Gelb-Blau-Regler auch dort etwas nach links verschieben. So werden nicht nur die hellen, sondern auch die etwas dunkleren Blautöne zurückgefahren.

7.3 Histogramm und Werte

Wenn Automatik-Korrekturfunktionen nicht zum gewünschten Resultat führen, müssen Sie die Fotos manuell anpassen. Dabei helfen einige Statistiken, die Ihnen eine Menge über Farben und Helligkeitswerte im Foto verraten.

Das Histogramm

Das Histogramm (FENSTER • ANDOCKBARE DIALOGE • HISTOGRAMM) verrät zunächst einmal, wie die Farb- und Helligkeitswerte im aktuellen Bild verteilt sind. Bei der Grafik in der Mitte ❸ gilt grundsätzlich Folgendes: Das Histogramm dehnt sich horizontal und vertikal aus. Horizontal werden die unterschiedlichen Helligkeitswerte ausgewiesen. Ganz links befinden sich die schwarzen Bildbereiche, ganz rechts die weißen. In der Mitte befindet sich neutrales

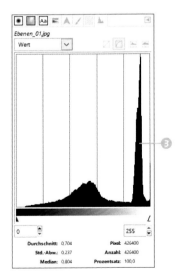

▲ **Abbildung 7.6**
Die Grafik in der Mitte verrät eine Menge über Farb- und Helligkeitswerte (hier: die Beispieldatei »Ebenen_01.jpg«).

183

Grau. Je weiter Sie nun horizontal nach links gehen, desto dunkler werden die Bildpixel; je weiter Sie nach rechts gehen, desto heller werden sie. Das allein reicht aber noch nicht. Daher spielt auch die Vertikalerhebung des Histogramms eine Rolle. Je höher nämlich das Histogramm an einer bestimmten Stelle ist, desto öfter ist dieser Ton im Bild vorhanden. (Für die einzelnen Farbkanäle bedeutet dies: Links ist die dunkle, rechts die helle Farbe.)

Wenn Sie sich zuvor noch nie mit dieser Thematik beschäftigt haben, ist das zunächst sehr verwirrend. Allerdings ist es ausgesprochen wichtig, den Hintergrund zu verinnerlichen. Lassen Sie uns deshalb ein Beispiel dazu anschauen.

Schritt für Schritt
Histogramme interpretieren

»Histogramm.jpg«

Wenn Sie Histogramme interpretieren können, wird die Bildkorrektur im wahrsten Sinne des Wortes zum Kinderspiel.

1 Dialog öffnen
Öffnen Sie zunächst die Datei »Histogramm.jpg«. Sollte der Histogramm-Dialog noch nicht geöffnet sein, zeigen Sie ihn jetzt über FENSTER • ANDOCKBARE DIALOGE • HISTOGRAMM an.

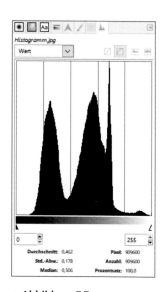

▲ **Abbildung 7.7**
Dieses Histogramm ist eine grafische Statistik …

▲ **Abbildung 7.8**
… dieses ausdrucksstarken Fotos.

2 Helligkeitsinformationen ablesen

Sie sehen es auf den ersten Blick: Im Foto sind zwar viele sehr dunkle Bildbereiche auszumachen, jedoch ist kein reines Schwarz enthalten. Der ganz linke Bereich des Histogramms ❷ weist demzufolge keinerlei vertikale Erhebungen auf. Gehen Sie weiter nach rechts (etwa in das vierte Fünftel ❸), finden sich die meisten Helligkeitswerte (das Histogramm erhebt sich hier beträchtlich). Sehr helle Farbtöne sind zwar vorhanden, jedoch nicht erheblich. Deshalb fällt die Erhebung ganz rechts auch entsprechend gering aus ❹.

3 Farben ermitteln

Wir wissen jetzt, dass das Bild aus sehr vielen hellen Pixeln besteht. Aber mal ehrlich: Das hätten wir auch ohne Histogramm gewusst, oder? Darum öffnen Sie doch jetzt einmal das Pulldown-Menü KANAL ❶. Stellen Sie hier um auf RGB.

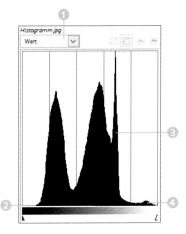

▲ **Abbildung 7.9**
Das Bild ist relativ dunkel – links und im mittleren Bereich sind viele Erhebungen zu sehen.

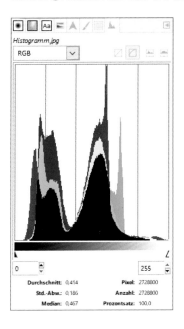

◄ **Abbildung 7.10**
Jetzt kommt Farbe ins Spiel.

Das Histogramm offenbart jetzt alle drei Grundfarben (Rot, Grün und Blau). Sie sehen auf den ersten Blick, dass es sich bei den Erhebungen im ersten und zweiten Fünftel um Blau handelt. Die dunklen Felsformationen reflektieren das Blau des (hier nicht sichtbaren) Himmels.

Sich überschneidende Grundfarben

Grundsätzlich zeigt das RGB-Histogramm Rot, Grün und Blau gemeinsam an. An den Stellen jedoch, an denen sich die Farbkanäle überschneiden, werden zur besseren Kennzeichnung andere Farbwerte eingesetzt. Die Überschneidung von Rot mit Blau im linken Histogrammbereich beispielsweise ist hier hellblau dargestellt. So wird also in der Tat nicht der Anteil an Hellblau des Fotos angezeigt, sondern der Rot-Anteil.

185

**Lineares und logarith-
misches Histogramm**

Sie können die Histo-
gramm-Ansicht verän-
dern. Während das LINE-
ARE HISTOGRAMM ⑥
Standard ist, stellt das
LOGARITHMISCHE HISTO-
GRAMM ⑦ den Verlauf
dichter dar. Diese Einstellung sollten Sie nur dann
verwenden, wenn das li-
neare Histogramm keine
eindeutigen Ergebnisse
liefert, beispielsweise
wenn einzelne Farben
das Bild dominieren.

4 Einzelnen Kanal anzeigen

Lassen Sie uns das kontrollieren! Gehen Sie noch einmal in das
Menü KANAL, und stellen Sie um auf BLAU. Jetzt sehen Sie nur den
Blau-Kanal, sonst nichts. Was schlussfolgern Sie nun aus diesem
Histogramm? – Richtig: Es existieren dunkle und mittlere Blau-
Anteile, jedoch praktisch keine hellen ⑤ (siehe Abbildung 7.12).
Immerhin erhebt sich das Histogramm auch am linken Rand.

5 Bereich einschränken

Nun ist das mit dem Histogramm so eine Sache: Sie können
zwar eine Menge in Erfahrung bringen, einstellen lässt sich daran
jedoch nichts. Das Einzige, was Sie machen können, ist, die kleinen Regler ⑧ und ⑨ nach links oder rechts zu ziehen, um den
Analysebereich zu reduzieren. Dadurch erhalten Sie andere Werte
im unteren Bereich des Dialogs ⑩.

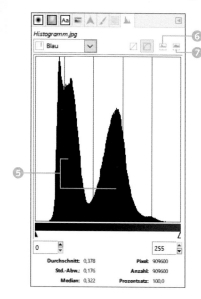

▲ **Abbildung 7.11**
Einige Blautöne scheinen eher in
der Mitte und in den dunklen Bildbereichen vorhanden zu sein.

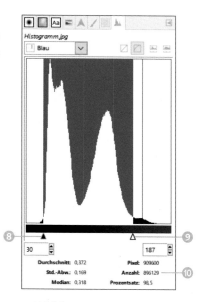

▲ **Abbildung 7.12**
Die statistischen Werte im unteren Bereich des Histogramms
ändern sich.

Zur Analyse des gesamten Fotos ist das allerdings zunächst nicht
erforderlich. Daher sollten Sie die Regler wieder ganz nach außen
ziehen und zuletzt den KANAL WERT aktivieren.

Der Farbwerte-Dialog

Jetzt bleibt natürlich die Frage, warum wir ein Histogramm benötigen, wenn wir daran doch ohnehin nichts ändern können. Genau hier kommt der Werte-Dialog ins Spiel. Sie erreichen ihn über FARBEN • WERTE. In diesem Dialog ändern Sie die Tonwerte Ihres Bildes – man spricht hier auch von einer *Tonwertkorrektur*.

Werfen Sie zunächst einen Blick auf das Pulldown-Menü KANAL ➊. Sie kennen es ja bereits vom Histogramm-Dialog. Es ist also auch hier möglich, einzelne Kanäle anzeigen zu lassen. Die grafische Statistik taucht dann im Bereich QUELLWERTE ➋ auf. So weit, so gut. Aber wie läuft das nun mit den Einstellungen? Lassen Sie uns das in einem Workshop klären.

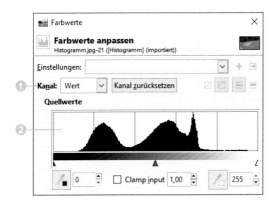

▲ **Abbildung 7.13**
Der Farbwerte-Dialog erlaubt im Gegensatz zum Histogramm Änderungen am Bild.

Schritt für Schritt
Tonwerte korrigieren

Finden Sie nicht auch, dass das Beispielbild »Histogramm.jpg« (siehe Abb. 7.8) etwas zu dunkel geraten ist? Zudem könnten die Farben mehr leuchten, oder?

»Histogramm.jpg«

1 Farbanpassung vorbereiten
Sollten Sie das Beispielfoto noch nicht bereitgestellt haben, öffnen Sie bitte »Histogramm.jpg«. Stellen Sie außerdem den Dialog FARBWERTE ANPASSEN (FARBEN • WERTE) zur Verfügung.

2 Quellwerte interpretieren

Sie sehen, dass die Quellwertkurve nicht über die gesamte Breite des Histogramms reicht. Das ist schade, denn dadurch wirkt das Foto ausgewaschen und flau. Nach kernigem Schwarz und strahlendem Weiß sucht man hier somit vergebens.

3 Schwarzpunkt verschieben

Gleich unterhalb des Quellwert-Histogramms finden Sie drei kleine Dreiecke (siehe Abb. 7.14). Das linke wird (ebenso wie das rechte) nur zum Teil dargestellt – das macht aber nichts. Wir können es trotzdem benutzen. Klicken Sie auf das linke (schwarze) Dreieck, und ziehen Sie es bis an die Kurve heran. Beobachten Sie dabei den Wert im darunter befindlichen Eingabefeld. Stoppen Sie, wenn Sie etwa 29 erreicht haben.

4 Weißpunkt und Mitteltöne verschieben

Jetzt ist das rechte (weiße) Dreieck an der Reihe. Ziehen Sie es nach links bis auf ca. 241 (siehe Abb. 7.15). Da kommt langsam Leben in die Bude, nicht wahr? Ziehen Sie zuletzt das mittlere Dreieck etwas nach links. Stoppen Sie, wenn unterhalb der Wert 1,10 angezeigt wird. Verlassen Sie den Dialog mit einem beherzten Klick auf OK.

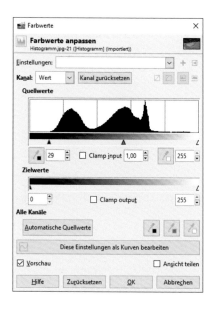

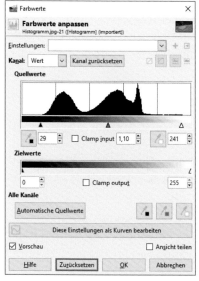

Abbildung 7.14 ▶
Sie führen eine Tonwertspreizung durch.

Abbildung 7.15 ▶▶
Diese Einstellungen sollten Sie auf das Beispielfoto übertragen.

7.4 Die Tonwertspreizung

Im Prinzip sind wir schon beim Thema Tonwertkorrektur angekommen, denn das, was Sie soeben gemacht haben, war eine
sogenannte *Tonwertspreizung*. Sie haben das Histogramm gewissermaßen in die Länge gezogen. Das wird ersichtlich, wenn Sie
auf die Histogramm-Palette schauen, oder den Farbwerte-Dialog
erneut öffnen. (Sollten Sie den letzten Workshop nicht gemacht
haben, benutzen Sie »Histogramm_bearbeitet.xcf« aus dem Ergebnisse-Ordner.)

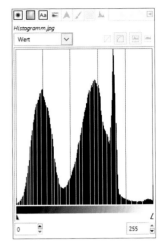

▲ **Abbildung 7.16**
Das Histogramm offenbart,
dass rein rechnerisch einiges
im Bild verloren gegangen ist.

Folgen der Tonwertspreizung

Sie sehen, dass sich das Histogramm ❷ jetzt über die gesamte
Breite erstreckt. Allerdings kommt es darin zu Unterbrechungen.
Noch deutlicher wird dies, wenn Sie von Lineares Histogramm
auf Logarithmisches Histogramm ❶ umschalten. Diese weißen
Ausreißer sind Verluste, die bei der Tonwertspreizung entstanden
sind. Vereinfacht gesagt: Durch die Spreizung hat das Histogramm
in der Mitte Risse bekommen. Trotzdem ist das Foto jetzt optisch
verbessert worden. Diese Tatsache sollte Ihnen jedoch vor Augen
führen, bei einer Tonwertspreizung stets sehr vorsichtig vorzuge-
hen und sie immer nur ein einziges Mal anzuwenden. Das erneute
»Nachkorrigieren« ist nicht zu empfehlen, da Sie dann nicht mehr
auf Grundlage des Originals, sondern des vorangegangenen Ergeb-
nisses weiterarbeiten (das ja seinerseits bereits verlustbehaftet ist).

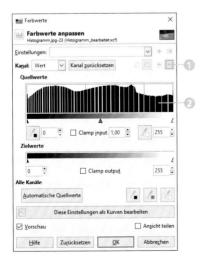

◄ **Abbildung 7.17**
Schrecklich! Risse im Histogramm! Einmal ist das zu ver-
kraften, jedoch sollten Sie die
Tonwertkorrektur nicht wiederholen. Versuchen Sie
immer, das Foto durch eine
einmalige Korrektur zu optimieren.

Schritt für Schritt

Farben kräftigen (Tonwertspreizung)

»Tonwertspreizung.jpg«

Lassen Sie uns ein weiteres Beispiel der Tonwertspreizung angehen und dabei ein weiteres Phänomen besprechen, das hier auftreten kann – der Farbstich. Wir wissen: Wenn sich das Histogramm eines Fotos über den gesamten Tonwertbereich erstreckt, haben wir es in der Regel mit kräftigen und gesättigten Farben zu tun. Ist das nicht der Fall, wirkt das Foto meist flau und trüb, so wie im vorangegangenen Beispiel.

1 Werte-Dialog öffnen

Öffnen Sie jetzt die Datei »Tonwertspreizung.jpg«, und stellen Sie anschließend FARBWERTE ANPASSEN zur Verfügung, indem Sie über FARBEN • WERTE gehen.

© Renate Klaßen

▲ **Abbildung 7.18**
Der Aufnahme fehlt es an kräftigen, gesättigten Farben.

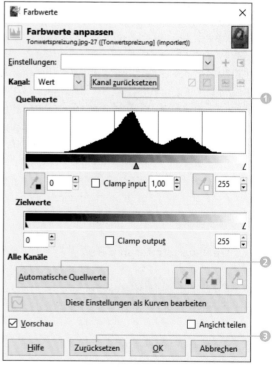

▲ **Abbildung 7.19**
So sieht das Histogramm des Beispielfotos aus.

2   Farbwerte automatisch korrigieren

Lassen Sie uns zunächst ausprobieren, wie die Automatik mit diesem Foto zurechtkommt. Klicken Sie auf die Schaltfläche Automatische Quellwerte ❷.

◄ **Abbildung 7.20**
Das sieht schon recht
ansprechend aus, oder?

Das sieht schon sehr viel besser aus. Aber das Foto ist leicht gelblich geworden (besonders auf der Haut des Models zu sehen). Hier kommen wir also mit der Automatik nur bedingt zurecht. Aber einen Versuch war es ja wert. Klicken Sie auf den Button Zurücksetzen ❸.

3   Quellwerte interpretieren

Werfen Sie einen Blick auf den Bereich Quellwerte ❺. Hier fällt vor allem auf, dass sich das Histogramm nicht über die gesamte zur Verfügung stehende Breite erstreckt.

4   Tonwerte spreizen

Wie Sie bereits wissen, lassen sich Tonwerte manuell mit Hilfe der Dreieck-Schieber spreizen. Nehmen Sie sich zunächst den linken Regler ❻ vor, und ziehen Sie ihn nach rechts – und zwar so weit, bis erste Erhebungen im Histogramm sichtbar werden. Beobach-

Kanal zurücksetzen

Wenn Sie in den Kanälen (Rot, Grün, Blau) arbeiten, ist die Taste Kanal zurücksetzen ❶ interessant, weil Sie damit die einzelnen Kanäle zurücksetzen können, ohne dabei eventuell vorab getätigte Einstellungen in anderen Kanälen in Mitleidenschaft zu ziehen.

Alle Werte

Das Steuerelement Kanal ❹ sollte auf Wert stehen (nur für den Fall, dass Sie sich vorab einmal die einzelnen Kanäle angeschaut haben). Ganz links und ganz rechts sind keine Erhebungen mehr auszumachen. Das sollte aber eigentlich der Fall sein.

ten Sie gleichzeitig das unterhalb befindliche Eingabefeld ❼. Stoppen Sie, wenn Sie bei ca. 43 angekommen sind.

Nehmen Sie sich jetzt den rechten Schieberegler vor ⓫, und ziehen Sie ihn nach links. Stoppen Sie, wenn etwa 230 im Eingabefeld ⓬ erreicht ist.

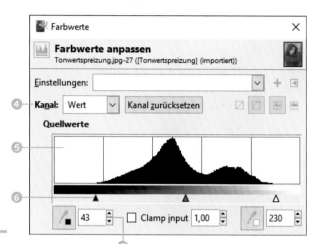

▲ **Abbildung 7.21**

Im ersten Schritt justieren Sie den Schwarzpunkt.

Schwarzpunkt und Weißpunkt

Der dunkelste Punkt eines Fotos ist idealerweise schwarz. Wenn das nicht der Fall ist, reicht das Histogramm nicht bis ganz nach links. Durch Verstellung des Schwarzpunktes nach rechts wird der dunkelste Punkt des aktuellen Fotos kurzerhand zu schwarz deklariert. Ebenso verhält es sich mit dem hellsten Punkt des Fotos, der idealerweise weiß ist. Schieben Sie den Weißpunkt-Regler nach links (bis an das Histogramm heran), wird der hellste Punkt des Fotos weiß.

5 Graupunkt einstellen

Was ist geschehen? Sie haben den dunkelsten Punkt des Bildes zu Schwarz und den hellsten zu Weiß deklariert, indem Sie die beiden äußeren Schieberegler an das Histogramm herangezogen haben. Damit sind die Tonwerte über die zur Verfügung stehende Breite gespreizt worden. Nun können wir von einer deutlichen Verbesserung sprechen.

6 Graupunkt anpassen

Aber damit nicht genug: Ändern wir noch den Graupunkt, damit auch die Bereiche optimiert werden, die weder sehr dunkel noch sehr hell sind. Dafür ist der Schieber in der Mitte zuständig ❽. Mit ihm verändern Sie die bereits erwähnten Mitteltöne. Sie müssen jetzt nur noch auf die Richtung achten. Nach links bedeutet heller, nach rechts wird das Foto dunkler. Beobachten Sie auch hier das entsprechende Eingabefeld unterhalb des Reglers ❾. Streben Sie einen Wert von etwa 0,85–0,90 an.

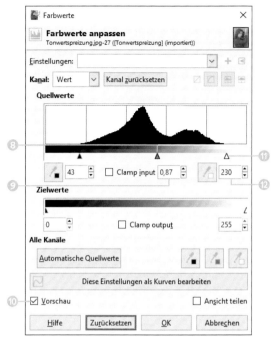

◄ **Abbildung 7.22**
Wenn Sie diese Werte
erreicht haben, dürfen
Sie auf OK klicken.

Dialog erneut öffnen
Das Anwählen des Dia-
logs FARBWERTE ANPASSEN
bewirkt (übrigens genau-
so wie beim weiter unten
vorgestellten Dialog
FARBKURVEN KORRIGIE-
REN), dass das zuletzt eingestellte Werkzeug abge-
wählt wird. Klicken Sie
anschließend (nach Ver-
lassen des Dialogs) noch
einmal auf das Foto, wird
der zuletzt gewählte Dia-
log automatisch erneut
geöffnet. Das erspart den
Gang über das Menü.

7 **Vorher-nachher-Vergleich**

Bevor Sie den Dialog mit OK verlassen, sollten Sie sich einen Vorher-nachher-Vergleich gönnen, indem Sie die VORSCHAU ⑩ mehrfach deaktivieren und wieder aktivieren. Jetzt ist das Bild kräftiger, und die Farben wirken frisch.

◄ **Abbildung 7.23**
Der Grauschleier ist
verschwunden.

Einstellungen speichern

Innerhalb des Dialogs FARBWERTE ANPASSEN existieren noch weitere interessante Steuerelemente, die hier kurz angesprochen werden sollen: Wenn Sie diese Liste ❶ öffnen, finden Sie möglicherweise schon einige vordefinierte Einträge. Das ist zumindest dann der Fall, wenn Sie zuvor schon Tonwert-Einstellungen unternommen haben. GIMP speichert diese Werte nämlich in chronologischer Reihenfolge ab.

Nun sind derart kryptische Bezeichnungen zwar chronologisch wertvoll, jedoch inhaltlich wenig aussagekräftig. Deshalb sollten Sie nach einer getroffenen Einstellung auf das kleine Plus-Symbol ❷ klicken und über den Folgedialog einen logischeren Namen vergeben. Betätigen Sie einmal die Schaltfläche ❸, können Sie die EINSTELLUNGEN VERWALTEN, indem Sie den untersten Eintrag des Folgemenüs auswählen. Zudem lassen sich EINSTELLUNGEN IN DATEI EXPORTIEREN bzw. zuvor gespeicherte EINSTELLUNGEN AUS DATEI IMPORTIEREN.

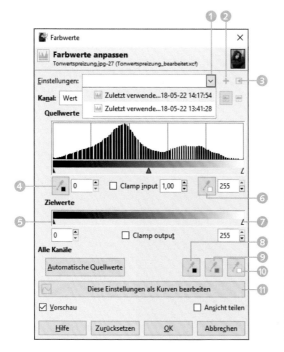

▲ **Abbildung 7.24**
Die zuletzt vorgenommenen Einstellungen bleiben erhalten.

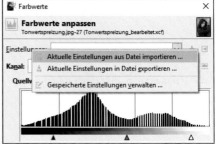

▲ **Abbildung 7.25**
Einstellungen können nicht nur gespeichert, sondern auch exportiert und importiert werden.

Schwarz-, Weiß- und Graupunkt bestimmen

Die Schaltflächen SCHWARZPUNKT WÄHLEN ④ bzw. ⑧ und WEISS-
PUNKT WÄHLEN ⑥ bzw. ⑩ unterstützen Sie dabei, den hellsten
bzw. dunkelsten Punkt direkt auf dem Bild ausfindig zu machen.

Gehen Sie dazu folgendermaßen vor: Aktivieren Sie einen der
beiden Taster, und klicken Sie damit auf Ihr Bild (beim Schwarzpunkt sollten Sie einen möglichst dunklen Punkt anvisieren, beim
Weißpunkt einen möglichst hellen). Halten Sie die Maustaste jetzt
gedrückt, und bewegen Sie die Maus über das Bild. Wenn Sie den
dunkelsten bzw. hellsten Punkt gefunden haben, lassen Sie los.
Dabei sollten Sie auch den Schwarz- bzw. Weißpunkt-Regler im
Bereich der Quellwerte im Auge behalten. Wenn diese nämlich
am weitesten zum jeweiligen Rand hin angeordnet sind, ist der
gewünschte Punkt zumeist gefunden.

Der mittlere Button, GRAUPUNKT WÄHLEN ⑨, gestattet die
Bestimmung des neutralen Grauwerts. Gehen Sie hier allerdings
vorsichtig zu Werke, da sich mit dieser Pipette auch Farbstiche
einschleichen können.

Zielwerte bestimmen

Mit ⑤ und ⑦ bestimmen Sie, über welchen Bereich sich die Änderungen auswirken sollen. Sie können hier dafür sorgen, dass der
dunkelste Punkt eines Bildes eben nicht schwarz bzw. der hellste
nicht weiß ist. Bitte beachten Sie, dass Sie damit der Tonwertspreizung in der Regel entgegenwirken.

◄ **Abbildung 7.26**
Grenzen Sie den Wirkungs-
bereich der Tonwertkorrektur ein.

Farbkurven korrigieren

Über DIESE EINSTELLUNGEN ALS KURVEN BEARBEITEN ⑪ wechseln
Sie vom Dialog FARBWERTE ANPASSEN (FARBEN • WERTE) in den
Dialog FARBKURVEN KORRIGIEREN (FARBEN • KURVEN). Dort wird
anstelle des Histogramms ein Kurvendiagramm verwendet, wobei
die zuvor getroffenen Einstellungen automatisch übernommen

werden. (Mehr zu den Kurven erfahren Sie in Kapitel 8, »Belichtung korrigieren«, auf Seite 219.)

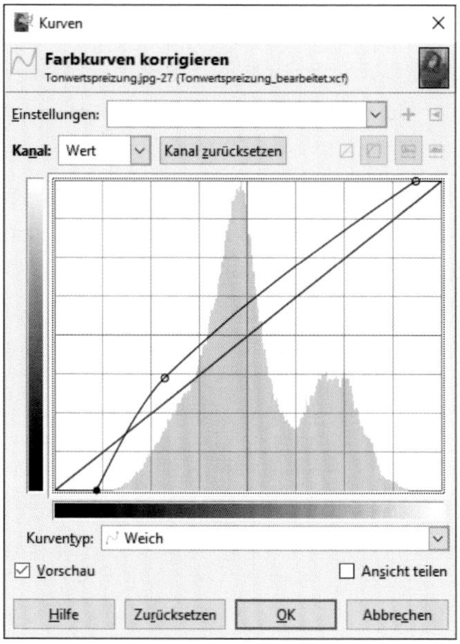

▲ **Abbildung 7.27**
Die Ergebnisse der Tonwertspreizung wurden
an den Kurven-Dialog übergeben.

7.5 Fotos färben

Mit der Funktion FARBTON/SÄTTIGUNG aus dem Menü FARBEN nehmen Sie direkten Einfluss auf die Farbgebung eines Fotos. Eingangs hatten Sie damit ja bereits die Auswirkungen einer Farbstich-Korrektur eingedämmt. Diesmal wollen wir damit Farben bewusst verfremden.

Farben verfremden

Mit den bereits bekannten Mitteln sind Sie nicht nur in der Lage, Fotos zu korrigieren, sondern können auch gezielte Farbverfremdungen vornehmen. Im folgenden Workshop, der auch die Themen der vorangegangenen Kapitel noch einmal festigt, wollen wir uns in neue Welten der Bildmanipulation vorwagen.

Ein Auto umfärben

Was sagen Sie zu der Aufnahme »Farbe.jpg« aus den Beispieldateien? Schickes Teil, oder? Aber ein gelber Ferrari? Greifen Sie zum Farbeimer, und färben Sie das schicke Gefährt rot, wie es sich gehört.

»Farbe.jpg«

1   Ebene duplizieren
Zunächst einmal benötigen wir ein Duplikat der Bildebene, da wir das Foto später noch maskieren müssen. Klicken Sie deshalb im Fuß der Ebenen-Palette auf EIN DUPLIKAT DIESER EBENE ERSTELLEN, oder wählen Sie EBENE • EBENE DUPLIZIEREN. Wer so viel Zeit nicht hat, drückt hingegen lässig $\boxed{\text{Strg}}$+$\boxed{\text{⇧}}$+$\boxed{\text{D}}$.

◄ **Abbildung 7.28**
Die Originalebene ist dupliziert worden.

2   Farbton/Sättigung-Dialog öffnen
Entscheiden Sie sich im Menü FARBEN für den Eintrag FARBTON/ SÄTTIGUNG. Benutzen Sie den unteren der beiden zur Verfügung stehenden Menüeinträge. Im Bereich ZU BEARBEITENDE PRIMÄRFARBE AUSWÄHLEN ist die mittlere Schaltfläche, ALLE, automatisch aktiviert. Das soll auch so bleiben.

© Gho Rhy Yan on Unsplash

◄ **Abbildung 7.29**
Was für ein Anblick! Die Farbe muss trotzdem verändert werden.

3 Farbton verschieben

Stellen Sie die Maus auf den Balken FARBTON, und verschieben Sie die vertikale Trennlinie in der Mitte des Balkens nach links. Stoppen Sie, wenn ein Wert von etwa –40 angezeigt wird. Bestätigen Sie mit OK.

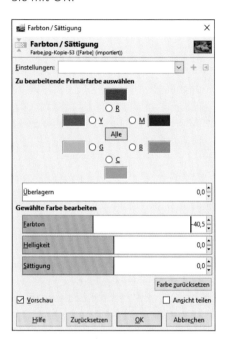

Abbildung 7.30 ▶
Der Dialog ist von Haus aus so vorbereitet, dass sich die Einstellungen auf alle Farben auswirken.

4 Ebenenmaske erzeugen

Was die Umfärbung des Fahrzeugs betrifft, war es das bereits. Unser italienischer Sportwagen erstrahlt in dem Rot, das wir bei ihm gewohnt sind. Aber es gibt natürlich auch Anlass zur Kritik. Denn jetzt sind auch Teile des Hintergrunds sowie die Fahrbahn in Mitleidenschaft gezogen worden. Das sollten wir korrigieren. Erzeugen Sie zunächst eine Ebenenmaske. Sie wissen ja: Rechtsklick auf der obersten Ebene platzieren und EBENENMASKE HINZUFÜGEN selektieren. Im Folgedialog entscheiden Sie sich für WEISS (VOLLE DECKKRAFT) und schließen die Aktion mit Klick auf HINZUFÜGEN ab.

Abbildung 7.31 ▶
Die oberste Ebene hat eine Maske bekommen.

5 Pinsel einstellen

Jetzt drücken Sie P auf der Tastatur, um den Pinsel zu aktivieren, und wählen eine Größe von etwa 75,00 mit einer Härte von rund 80,0 bis 85,0%. Stellen Sie zudem den Standard für Vorder- und Hintergrundfarbe ein, indem Sie D betätigen.

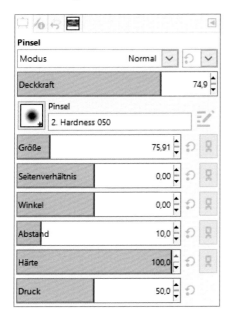

◂ **Abbildung 7.32**
Vor der Maskierung gilt es, den Pinsel einzustellen.

6 Ebene maskieren

Malen Sie jetzt mit schwarzer Vordergrundfarbe und aktivierter Ebenenmaske über sämtliche Bereiche jenseits des Sportflitzers. Seien Sie an den Übergängen vorsichtig. Sollten Sie zu viel überpinselt haben und dadurch Teile der Wagenfarbe entfernt haben, drücken Sie X und übermalen die Stelle erneut.

7 Feinauswahl herstellen

Sollten Sie nicht ganz sicher sein, ob die Maskierung vollständig ist (mitunter sieht man nicht genau, wo die Ebene maskiert ist und wo noch nicht), schalten Sie den Modus der obersten Ebene temporär von Normal auf Bildschirm um. Dann lässt sich im Bild prima abschätzen, wo Sie noch nacharbeiten müssen. Maskieren Sie in diesem Modus weiter. Eventuell zoomen Sie etwas ein und arbeiten mit einer kleineren Pinselspitze weiter. Zuletzt schalten Sie den Modus wieder auf Normal.

▲ **Abbildung 7.33**
Der Modus BILDSCHIRM
offenbart …

▲ **Abbildung 7.34**
… an welchen Stellen noch eine Nacharbeit erforderlich ist.

8 Ergebnis begutachten

Nun soll keinesfalls verschwiegen werden, dass die Übergänge
nicht hundertprozentig stimmen müssen. Sollte noch etwas von
der umgefärbten Ebene sichtbar bleiben, was nicht zum Auto
gehört, wird das im Ergebnis kaum auffallen. Schalten Sie zum
Vergleich doch einmal das Augen-Symbol der obersten Ebene
aus und wieder ein. Oder vergleichen Sie Ihr Resultat mit »Farbe_
bearbeitet.xcf« aus dem Ergebnisse-Ordner. Passt schon, oder?

▲ **Abbildung 7.35**
Deaktivieren Sie die oberste
Ebene ❶.

Abbildung 7.36 ▶
Rot passt!

9   **Ebenen vereinen**

Der letzte Schritt könne nun darin bestehen, die beiden Ebenen wieder zu einer zusammenzufügen. Das spart Speicherplatz, wenngleich dann die Editierbarkeit der obersten Ebene verloren geht. Sofern das keine Rolle spielt, entscheiden Sie sich für EBENE • NACH UNTEN VEREINEN.

Rote Augen entfernen

Soeben haben wir aus smartem Gelb ein schickes Rot gemacht, jetzt wollen wir aus Rot ein schönes Blau kreieren. Allerdings wäre die bloße Wiederholung der Technik zu simpel. Deswegen greifen wir eine andere Problematik auf, die beim Fotografieren bisweilen auftreten kann.

Schritt für Schritt
Rote Augen korrigieren

Der Rote-Augen-Effekt tritt auf, wenn ein Direktblitz der Kamera von der Netzhaut einer Person oder eines Tieres reflektiert wird. So auch bei Stuben-Löwin Cindy in der Beispieldatei (»Rote_Augen.jpg«).

»Rote_Augen.jpg«

© Renate Klaßen

◀ **Abbildung 7.37**
Die »Bestie« sieht rot.

1 Filter anwenden

Zunächst sollten Sie wissen, dass es in GIMP einen Filter gibt, mit dessen Hilfe rote Augen eliminiert werden können – soweit zumindest die Theorie. Schauen wir uns an, wie er wirkt. Der Weg dorthin: FILTER • VERBESSERN • ROTE AUGEN ENTFERNEN.

Abbildung 7.38 ▶
Wie Sie sehen, geht eine erhebliche Menge an Farbinformationen verloren.

Leider verliert das Foto dadurch auch rote Farbanteile jenseits der Augen. Nehmen Sie das zum Anlass, die Aktion abzubrechen.

2 Auswahl erzeugen

Damit nicht alle roten Bildbereiche in die Korrektur einbezogen werden, sollten Sie zunächst einmal eine Auswahl der rot gefärbten Pupillen erstellen. Dazu aktivieren Sie das Werkzeug ELLIPTISCHE AUSWAHL E und ziehen eine Ellipse auf, die eine der Pupillen großzügig umrahmt.

Unterschiedliche Reflexionen

Das menschliche Auge reflektiert den Blitz grundsätzlich rot, während es mitunter bei Tierfotos auch zu anderen Färbungen (z. B. Grün) kommen kann.

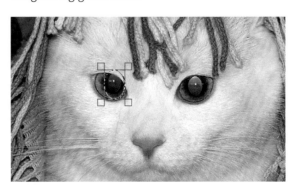

▲ **Abbildung 7.39**
Das erste Auge ist eingekreist.

Würden Sie nun das zweite Auge auf die gleiche Weise markieren, würde die zuerst erzeugte Auswahl wieder abgewählt. Das verhindern Sie, indem Sie zunächst ⌂ gedrückt halten und erst danach den zweiten Rahmen erzeugen. Lassen Sie am Schluss erst die Maustaste und danach die ⌂-Taste wieder los.

3   Augen entfärben

Jetzt geht es wieder über die Menüleiste. Entscheiden Sie sich hier abermals für FILTER • VERBESSERN • ROTE AUGEN ENTFERNEN. Standardmäßig wird Ihnen ein SCHWELLWERT von 50 angeboten. Dieser sorgt allerdings nicht für eine ausreichende Entfärbung des linken Auges ❶.

◄ **Abbildung 7.41**
Teile der Pupille bleiben rot.

Um die Entfärbung kräftiger ausfallen zu lassen, müssen Sie nun den Regler SCHWELLWERT weiter nach rechts ziehen. Bei einem Wert ab 0,500 sollten auch die letzten roten Nuancen verschwunden sein. Es ist an der Zeit, auf OK zu klicken. Zuletzt heben Sie die Auswahl noch auf (über AUSWAHL • NICHTS oder per `Strg`+`⌂`+`A`).

▲ **Abbildung 7.42**
Die roten Augen sind verschwunden. Jetzt soll Cindy blaue Augen bekommen.

Augen einfärben

Wie Sie sehen, lassen sich rote Pupillen mit dem zuvor verwendeten Filter lediglich entfärben, nicht aber umfärben. Das müssen Sie in einem zweiten Schritt erledigen. Genau das bringt uns zum in Kapitel 5, »Ebenen«, erwähnten Verfahren mit Deckkraft und Ebenenmodi.

Schritt für Schritt
Augen färben

»Rote_Augen_bearbeitet.jpg«
im Ordner ERGEBNISSE

Wir wollen dafür sorgen, dass unsere Hauslöwin ihre natürliche Augenfarbe zurückbekommt, nämlich ein schönes, strahlendes Blau. Sollten Sie den vorangegangenen Workshop nicht nachvollzogen haben, greifen Sie jetzt bitte auf »Rote_Augen_bearbeitet. jpg« aus dem Ergebnisse-Ordner zurück.

1 Neue Ebene erzeugen
Für den nächsten Schritt benötigen wir eine separate Ebene. Anderenfalls lassen sich weder die Deckkraft noch die Ebenenmodi ändern. Betätigen Sie also das weiße Blatt-Symbol in der Fußleiste der Ebenen-Palette. Im folgenden Dialog sorgen Sie dafür, dass die FÜLLUNG auf TRANSPARENZ gestellt ist. Benennen Sie die Ebene aussagekräftig, ehe Sie den OK-Button benutzen.

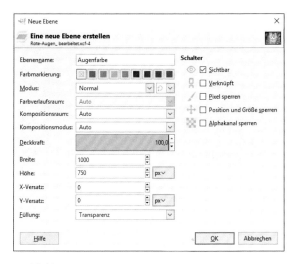

▲ Abbildung 7.44
Die inhaltlose Ebene liegt
oben und ist ausgewählt.

▲ Abbildung 7.43
Wir benötigen eine neue, transparente Ebene.

2 Farbe einstellen

Nun aktivieren Sie den PINSEL $\boxed{P}$ (nehmen Sie einen harten Pinsel
wie z. B. HARDNESS 75) mit einer Größe von etwa 50,00, und stellen Sie die Vordergrundfarbe auf Blau. Betätigen Sie dazu die Vor-
dergrund-Schaltfläche unterhalb der Werkzeuge. Stellen Sie ein
kräftiges Blau ein. Dazu betätigen Sie zunächst den Button 0..255
❶. Die Skalen der einzelnen Regler reichen nun nicht mehr von 0
bis 100, sondern von 0 bis 255, wie es im RGB-Farbraum üblich
ist. Danach geben Sie für Rot 0,0 ein ❷, für Grün 150,0 ❸ und
für Blau 200,0 ❹. Schließen Sie den Vorgang mit Klick auf OK ab.

▲ Abbildung 7.45
Hier stellen Sie auf Blau um.

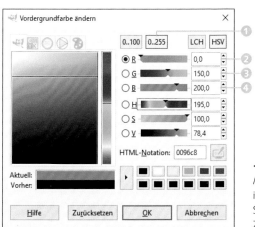

◄ Abbildung 7.46
Mit Hilfe der Regler
im Farbdialog legen
Sie die gewünschte
Zielfarbe fest.

3 Ebene färben

Malen Sie jetzt einmal kräftig über die Augen. Ich weiß, das sieht seltsam aus, aber genauso soll es sein.

▲ **Abbildung 7.47**
Ganz schön cool, die Kleine.

▲ **Abbildung 7.48**
Die Modusänderung sorgt für eine drastische Veränderung im Foto.

Radierer

Zwar ließe sich auf eine Ebene grundsätzlich verzichten; dann müssten Sie jedoch mit dem RA-DIERER arbeiten. Der Nachteil: Sollten Sie einmal etwas zu viel wegradieren und dies nicht sofort bemerken, ließen sich die fehlenden Bereiche nicht wieder hinzufügen. Das ist bei der Maskierung anders.

4 Ebenenmodus einstellen

Sie haben jetzt verschiedene Möglichkeiten: Sie könnten den Regler DECKKRAFT in der Ebenen-Palette auf ca. 50,0 % einstellen, indem Sie ihn bis etwa zur Mitte zurückschieben. Dadurch würde der Untergrund (sprich: die Augen) wieder sichtbar. Besser wäre es jedoch, die DECKKRAFT bei 100,0 % zu belassen und stattdessen den MODUS der Ebene auf ÜBERLAGERN zu stellen.

5 Ebenenmaske hinzufügen

Erzeugen Sie eine Ebenenmaske. Diesmal möchte ich Ihnen einen Weg vorstellen, der direkt auf dem Bild funktioniert. Klicken Sie das Foto mit rechts an, und zeigen Sie auf EBENE. Danach zeigen Sie auf MASKE, und zuletzt klicken Sie auf EBENENMASKE HINZUFÜ-GEN. Eine coole Alternative, oder?

Im folgenden Dialog entscheiden Sie sich für den Radio-Button WEISS (VOLLE DECKKRAFT) und betätigen HINZUFÜGEN. Lassen Sie den PINSEL aktiviert, und schalten Sie auf die Standardfarben (Schwarz und Weiß) um, indem Sie ⒹⒹ drücken.

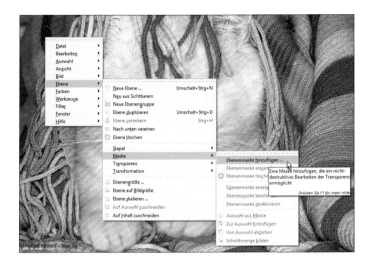

◄ **Abbildung 7.49**
Nutzen Sie das prall gefüllte
Kontextmenü.

6   Ebene maskieren

Ich empfehle, die Pinselspitze vor ihrer Anwendung noch etwas
zu verkleinern und stark auf die Augen einzuzoomen. Dann lassen
sich die überflüssigen Bereiche (jenseits des Auges) sehr schön
wegmalen (siehe Abbildung 7.50).

7   Deckkraft reduzieren

Noch sind die Augen etwas unnatürlich gefärbt. Deshalb sollten
Sie am Schluss die DECKKRAFT der oberen Ebene über den gleich-
namigen Schieberegler auf ca. 40,0 % reduzieren. Die fertige Datei
(»Augenfarbe.xcf«) finden Sie wie gewohnt im Ergebnisse-Ordner.

▲ **Abbildung 7.50**
Pinseln Sie überflüssige Farbe
ganz einfach weg.

◄ **Abbildung 7.51**
Blue Eyes …

7.6 Fotos kreativ verfärben

Zuletzt sollen Sie noch einige interessante Möglichkeiten kennenlernen, mit denen Sie die Farben eines Fotos schnell und effektvoll manipulieren können. Hier rangiert Originalität klar vor Original.

Vorhandene Farben verändern

Im folgenden Workshop geht es darum, ein Foto auf alt zu trimmen und den bekannten Sepia-Look zu simulieren, der die Papierabzüge im Laufe der Jahre gelb werden ließ.

Schritt für Schritt
Ein Foto in Sepia einfärben

»Einfärben.jpg«

Auf diesem Bild ist nicht allzu viel Modernes auszumachen, weshalb es sich für unsere Zwecke ausgesprochen gut eignet.

© Renate Klaßen

Abbildung 7.52 ►
Ein ideales Motiv für die
Einfärbung in Sepia

1 Farbprofil umwandeln
Öffnen Sie das Foto »Einfärben.jpg«. Da es ein Farbprofil in sich trägt, fragt GIMP nach, was damit geschehen soll. Grundsätzlich können Sie eingebettete Profile beibehalten. Dafür klicken Sie auf Behalten. Da wir das Foto jedoch fortan nur noch in GIMP und nicht mehr in einer anderen Anwendung bearbeiten wollen und überdies die Farbverbindlichkeit des Originals für uns keine große Rolle spielt, werden wir es in den GIMP-internen sRGB-Farbraum konvertieren. Das erreichen Sie durch Klick auf Umwandeln.

2 Grundfarben verwenden

Gehen Sie zunächst in das Menü FARBEN, und entscheiden Sie sich
dort für EINFÄRBEN. Ziehen Sie den Regler FARBTON nach links auf
etwa 0,1200.

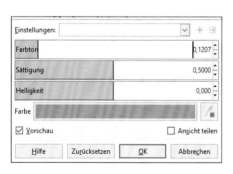

▲ **Abbildung 7.54**
Wenn Sie den obersten Regler bewegen, verändert sich der gesamte Farbbereich des Fotos. Der Look kommt unserem Ziel bereits sehr nahe.

3 Helligkeit/Kontrast anpassen

Nun könnte man noch bemängeln, dass die dunklen Bildbereiche
für ein tatsächlich in die Jahre gekommenes Foto noch zu kräftig
sind. Das lässt sich jedoch durch eine vorsichtige Verstellung des
Reglers HELLIGKEIT nach rechts (auf ca. 0,100) eliminieren. Nehmen Sie auch die Intensität der Farbe ein wenig heraus, indem Sie
SÄTTIGUNG auf etwa 0,4600 stellen, und verlassen Sie den Dialog
mit OK.

Helligkeit/Kontrast

Obwohl sich ältere Fotos
durch den Mangel an
Kontrast auszeichnen,
wollen wir hier durch
Reduktion der Helligkeit
für eine bessere Optik
sorgen. Mehr über Hel-
ligkeit/Kontrast-Korrek-
tur, erfahren Sie in Ab-
schnitt 8.4.

4 Filter hinzufügen

Lassen Sie das Foto weiter künstlich altern, indem Sie einen FILTER anwenden. Klicken Sie auf das gleichnamige Menü, und zeigen Sie auf DEKORATION. Wählen Sie im Anschluss NEBEL (bzw. FOG) aus. Danach betätigen Sie den Farbbalken in der Zeile NEBELFARBE (bzw. FOG COLOR), was zur Folge hat, dass der bereits hinlänglich bekannte Farbdialog geöffnet wird. Wählen Sie auch hier den Bereich 0..255 an, und legen Sie folgende Werte fest: Rot = 240,0, Grün = 180,0 und Blau = 70,0. Bestätigen Sie mit OK. – Vorsicht! Sie geraten jetzt in Turbulenzen. Bleiben Sie der Situation jedoch gewachsen, indem Sie die TURBULENZ von 1,0 nicht überschreiten. Wenn auch die DECKKRAFT bei 100 % steht, klicken Sie auf OK.

Abbildung 7.55 ▶
Streben Sie hier einen sepiatauglichen Farbton an.

Abbildung 7.56 ▶▶
Ganz schön turbulent, der Filter!

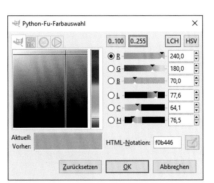
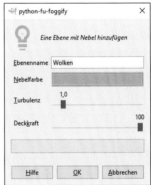

5 Deckkraft reduzieren

Nehmen Sie die DECKKRAFT der obersten Ebene (soeben ist nämlich ganz nebenbei die Ebene WOLKEN eingefügt worden) noch auf etwa 40,0 % zurück.

6 Foto weichzeichnen

Finden Sie nicht auch, dass die Bildschärfe noch viel zu modern ist? Recht haben Sie. Also lassen Sie uns das korrigieren. Markieren Sie die unterste Ebene (EINFÄRBEN.JPG), und duplizieren Sie sie. Anschließend begeben Sie sich erneut in das Menü FILTER und zeigen auf WEICHZEICHNEN. Suchen Sie sich auf der folgenden Tafel den Eintrag GAUSSSCHER WEICHZEICHNER aus. Die vorgegebene X- und Y-GRÖSSE (damit gemeint ist die Intensität der Weichzeichnung) ist bei den vorgegebenen 1,50 Pixel eigentlich schon zu groß (das Foto ist sehr klein, weshalb auch geringe Werte bereits drastische Resultate liefern). Dennoch wollen wir es dabei belassen und mit OK bestätigen. Den Rest regeln wir nämlich erneut über die DECKKRAFT der Ebene, die Sie bitte auf 40,0 % zurückziehen.

Speichern Sie das Ergebnis. Zur Kontrolle finden Sie das Pendant im Ergebnisse-Ordner. Es heißt »Einfärben_bearbeitet.xcf«.

▲ **Abbildung 7.58**
Der vorgegebene Wert ist bereits zu hoch für das relativ kleine Foto.

▲ **Abbildung 7.57**
Das Ergebnis kann sich sehen lassen.

Filter: Altes Foto

Bei der Bildmanipulation kommen immer wieder Filter zum Einsatz – und davon gibt es einige in GIMP. Sogar ein Filter zur künstlichen Alterung von Bildern ist enthalten. Was heißt das? Hätten wir uns den vorangegangenen Workshop dann nicht sparen können? Nein, natürlich nicht, denn es soll nicht verschwiegen werden, was aus dem Foto wird, wenn Sie diesen Filter benutzen.

Stellen Sie noch einmal die Originaldatei »Einfärben.jpg« bereit, und führen Sie FILTER • DEKORATION • ALTES FOTO aus. Wählen Sie alle Checkboxen mit Ausnahme von MARMORIEREN an, und betrachten Sie das Resultat. Das sieht zwar ganz nett aus, hat aber nicht viel mit unserem vorangegangenen Ergebnis zu tun. Leider lassen manche Filter nur wenige Bearbeitungsmöglichkeiten zu. Wenn Sie eigene kreative Wege gehen wollen, können Filter daher allenfalls unterstützend wirken.

▲ **Abbildung 7.59**
Die Einstelloptionen sind insgesamt doch recht übersichtlich.

Abbildung 7.60 ▶
Das Ergebnis ist ganz nett –
mehr aber auch nicht.

Fotos kanalweise bearbeiten

»RGB.jpg«

Im Zuge der Bildbearbeitung ist es ab und an sinnvoll, ein Foto temporär in seine einzelnen Farb- oder Luminanzkanäle zu zerlegen (beispielsweise um einen Kanal vollkommen unabhängig von den anderen zu manipulieren). In diesem Fall gehen Sie zunächst in das Menü FARBEN und wählen dort KOMPONENTEN • ZERLEGEN. Wenn Sie im Bereich FARBMODUS nun RGB angeben, wird eine neue Datei erzeugt, deren einzelne Farbkanäle als separate Ebenen vorliegen.

Abbildung 7.61 ▶
Dieses RGB-Foto wurde in seine drei Kanäle zerlegt. Die kopierte Datei besteht aus drei Kanalebenen.

Die einzelnen Farben werden in Graustufen dargestellt. Denn jeder Kanal zeigt lediglich, wie intensiv die Kanalfarbe an der jeweiligen Stelle ist. Dabei gilt: je heller die Fläche, desto stärker ist der Anteil der Grundfarbe. Hier kommt also das gleiche Prinzip zum Tragen wie bei den Maskierungen. Ist die Fläche komplett weiß, liegt die Grundfarbe in voller Intensität vor. Ist sie schwarz, bedeutet das, die Grundfarbe kommt an dieser Position überhaupt nicht vor.

Nun werden Sie vielleicht anmerken wollen, dass diese Erklärungen ja ganz nett sein mögen, jedoch der praktische Bezug nicht gänzlich hergestellt werden könne. Stimmt! Ich dachte mir schon, dass Sie nach einem praktischen Beispiel verlangen und habe daher einen Workshop angehängt. Und hier ist er auch schon:

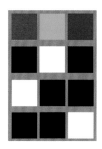

▲ **Abbildung 7.62**
Oben die Beispieldatei – darunter der Rot-Kanal, dann der Grün-Kanal und unten dann der Blau-Kanal

»Mühle.jpg«

Schritt für Schritt
Ein Foto kanalweise maskieren und färben

Schauen Sie sich einmal »Mühle.jpg« an. Finden Sie nicht auch, dass das Blau des Himmels wesentlich kräftiger sein könnte? Nun können Sie es auf herkömmliche Art und Weise versuchen, indem Sie beispielsweise den Blau- oder Cyan-Kanal entsprechend manipulieren. Das Ergebnis wird allerdings nicht gänzlich zufriedenstellend sein. Probieren Sie es aus.

1 Farbton/Sättigung bearbeiten
Nachdem Sie FARBTON/SÄTTIGUNG (den unteren der beiden gleichnamigen Einträge im Menü FARBEN) aktiviert haben, versuchen Sie einmal, den Hintergrund derart zu kräftigen, dass Gebäude und Baum außen vor bleiben. Das Resultat wird einige Wünsche offen lassen, selbst dann, wenn Sie die Kanäle Blau und Cyan separat bearbeiten. Brechen Sie den Vorgang daher ab.

◄ **Abbildung 7.63**
Eine einheitliche Färbung des Himmels gelingt nicht.

▲ **Abbildung 7.64**
Das Foto wird zerlegt.

Abbildung 7.65 ▶
Eine neue Datei entsteht.

2 Foto zerlegen

Duplizieren Sie die Bildebene zunächst (EBENE • DUPLIZIEREN). Danach entscheiden Sie sich für FARBEN • KOMPONENTEN • ZERLEGEN. Der FARBMODUS soll RGB sein. Aktivieren Sie IN EBENEN ZERLEGEN, ehe der Klick auf OK folgt. Beachten Sie die Miniaturleiste der Anwendung. Sie sehen, dass jetzt zwei Bilddateien geöffnet sind. Die neue (rechte) ist auch schon aktiv.

3 Kanal auswählen

Widmen Sie sich nun der Ebenen-Palette innerhalb der neuen Bilddatei. Halten Sie Ausschau nach der Ebene, auf der die Bildbereiche, die bearbeitet werden sollen (hier also der Himmel), am auffälligsten mit den Bereichen kontrastieren, die unangetastet bleiben sollen, sprich: auf der der Kontrast zwischen beiden Bildbereichen am größten ist. Am ehesten gelingt das, indem Sie die einzelnen Augen-Symbole der Ebenen temporär deaktivieren. Stimmen Sie mir zu, dass der Blau-Kanal dafür am besten geeignet ist? Wenn ja, klicken Sie ihn in der Ebenen-Palette an.

▲ **Abbildung 7.66**
Markieren Sie den Kanal.

Abbildung 7.67 ▶
Der Blau-Kanal kontrastiert stärker als ROT und GRÜN.

4 Schwellwert ermitteln

Damit Himmel und Objekte noch weiter voneinander abgehoben werden können, verstärken wir jetzt noch den Kontrast. Dazu wählen Sie erneut das Menü FARBEN und selektieren SCHWELLWERT. Greifen Sie das kleine schwarze Dreieck, das sich unterhalb des Histogramms befindet, und ziehen Sie es so weit nach rechts, bis Gebäude und Baum schwarz sind, der Himmel aber noch rein weiß ist. Wenn das erledigt ist, dürfen Sie auf OK klicken.

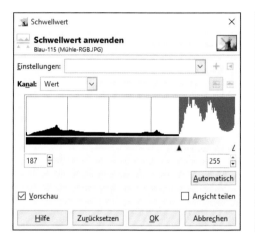

▲ **Abbildung 7.68**
Unmittelbar vor den Erhebungen sollten Sie stoppen.

▲ **Abbildung 7.69**
Eine solche Maske ließe sich niemals von Hand erstellen.

5 Ebene kopieren

Nun benötigen Sie volle Konzentration: Klicken Sie die Blau-Ebene in der Ebenen-Palette erneut an. Danach kopieren Sie diese komplett in die Zwischenablage. Am einfachsten geht das über Strg+C, wobei aber auch der Gang über das Menü erlaubt ist (BEARBEITEN • KOPIEREN).

6 Ebene einfügen

Jetzt wählen Sie wieder das Originalfoto an. Klicken Sie auf die oberste Ebene, und fügen Sie eine Ebenenmaske hinzu (Rechtsklick auf die oberste Ebene und EBENENMASKE HINZUFÜGEN wählen). Im Folgedialog entscheiden Sie sich für eine weiße Maske und gehen auf HINZUFÜGEN. Jetzt müssen die Inhalte der Zwischenablage eingefügt werden. Das gelingt, indem Sie Strg+V

▲ **Abbildung 7.70**
Eine schwebende Auswahl überlagert die maskierte Ebenenkopie.

betätigen oder BEARBEITEN • EINFÜGEN wählen. Kontrollieren Sie die Ebenen-Palette. Sie sollte jetzt genau so aussehen, wie in Abbildung 7.70.

7 Maske aus schwebender Auswahl erzeugen

Sie sehen, dass jetzt eine schwebende Auswahl (der Inhalt des kopierten Kanals) über den beiden anderen Ebenen angeordnet ist. Aus dieser Auswahl erzeugen Sie nun eine Ebenenmaske. Dazu klicken Sie die schwebende Auswahl mit rechts an und selektieren EBENE VERANKERN. Alternativ dazu können Sie auch gerne den grünen Knopf in der Fußleiste der Ebenen-Palette anklicken. Das hat die gleiche Auswirkung. Puh, Sie dürfen durchatmen. Das Schlimmste ist geschafft!

8 Maske ansehen

Welche Auswirkungen die Maskierung hat, sehen Sie am besten, wenn Sie das Auge der untersten Ebene kurzzeitig ausschalten. Jetzt sehen Sie nämlich im Bild nur noch jene Bereiche, die nicht der Maske zum Opfer gefallen sind. Genau diese Bereiche wollten wir von allen anderen Bildbereichen separieren.

▲ **Abbildung 7.71**
Aus der schwebenden Auswahl ist eine Maske geworden.

Maske invertieren

Sollten Sie jetzt alle Bereiche benötigen, die nicht maskiert sind, und im Gegenzug alle maskierten Bereiche abwählen wollen, markieren Sie die Maskenminiatur und wählen anschließend FARBEN • INVERTIEREN. Denken Sie jedoch bitte unbedingt daran, vor dem nächsten Schritt wieder die Bildminiatur anzuwählen, also die Maskenminiatur abzuwählen.

▲ **Abbildung 7.72**
Mit Ausnahme des Hintergrunds ist fast nichts übrig geblieben.

Nun muss die Maske glücklicherweise nicht mehr invertiert werden (siehe Kasten links), und wir können uns gleich daran machen, den Himmel farblich aufzuwerten. Dazu klicken Sie auf die Bildminiatur der obersten Ebene. (Aktuell ist ja noch die Maske ausgewählt. Würden Sie das so lassen, könnten Sie nur die Maske, nicht aber die Bildebene bearbeiten.)

▲ **Abbildung 7.73**
Sorgen Sie zwingend für die Anwahl der Bildminiatur (gekennzeichnet durch den weißen Rahmen).

9 Himmel färben

Nun folgt der letzte Schritt: Wählen Sie den unteren der beiden Einträge FARBTON/SÄTTIGUNG aus dem Menü FARBEN. Verschieben Sie den FARBTON nach rechts bis auf ca. 3,0, während Sie die HELLIGKEIT auf etwa –16,0 absenken. Die SÄTTIGUNG erhöhen Sie bis auf etwa 30,0. Genießen Sie nun den strahlend blauen Himmel – natürlich erst, nachdem Sie auf OK geklickt haben.

▲ **Abbildung 7.74**
Der Himmel strahlt in einem satten Blau.

Noch ein Hinweis zum Schluss: Die zerlegte Bilddatei (also die Kopie mit den drei Kanälen) wird nicht länger benötigt. Sie können sie schließen, ohne sie zu speichern. Nichtsdestotrotz habe ich die Datei beigelegt. Sie ist im Ergebnisse-Ordner unter »Zerlegen.xcf« zu finden.

Belichtung korrigieren
Die Lichtverhältnisse selbst bestimmen

8

- ▸ Wie werden zu dunkle Fotos aufgehellt und zu helle
  Fotos abgedunkelt?

- ▸ Wie lassen sich Fotos punktuell aufhellen und abdunkeln?

- ▸ Wie werden Fotos nachbelichtet bzw. abgewedelt?

- ▸ Wie korrigiere ich Helligkeit und Kontrast?

- ▸ Wie stelle ich die Belichtung mittels Kurven ein?

8 Belichtung korrigieren

Es gibt zahlreiche Umstände, die aus einem an sich schönen Motiv ein zu helles oder zu dunkles Foto machen. Denken Sie nur an die klassischen Gegenlichtaufnahmen, bei denen das Hauptmotiv kaum noch zu erkennen ist. Es versinkt im Dunkel – Fotografen sprechen vom »Absaufen«. Und so etwas hat in Ihren Bildern bestimmt nichts zu suchen. Deswegen muss in solchen Situationen korrigiert werden. Aber wie? Und was bedeutet »Abwedeln«? Was versteht man unter »Nachbelichten«? Antworten auf diese und ähnliche Fragen finden Sie in diesem Kapitel.

8.1 Aufhellen und Abdunkeln mit Ebenenmodi

Wenn Fotos zu hell oder zu dunkel geraten (bei der Digitalfotografie passiert das häufig durch falsche Vorwahl der Belichtungszeit, Blendenöffnung oder des ISO-Wertes), lässt sich das meist sehr einfach mit der Ebenenmodus-Methode korrigieren. In Abschnitt 7.5, »Fotos färben«, auf Seite 196 sind Sie ja mit diesem Thema bereits konfrontiert worden. Lassen Sie uns diese Methode also zunächst vertiefen.

Eines vorweg: Die hier ausgeführte Methode sollten Sie nur dann anwenden, wenn das Foto insgesamt zu hell oder zu dunkel ist. Bei Fotos, die nur punktuell korrigiert werden müssen, eignet sich eine andere Vorgehensweise besser, die ich in diesem Kapitel noch ansprechen werde (siehe Abschnitt 8.2, »Fotos punktuell korrigieren« auf Seite 225).

Ein zu dunkles Bild aufhellen

Wenn ein schönes Motiv zu dunkel geraten ist, ist das ärgerlich. Oft genug fristen diese Bilder ein Schattendasein in irgendeinem halb vergessenen Bildordner. Zu Unrecht – mit der Ebenenmodus-Methode lässt sich ein Bild schnell und einfach aufhellen.

Schritt für Schritt
Dunkle Fotos aufhellen

Werfen Sie einmal einen Blick auf das Beispielfoto. Die Beispieldatei »Aufhellen.jpg« ist leider viel zu dunkel. Da die Distanz zwischen Kamera und bildrelevanten Elementen (z. B. dem Gebäude)
zu groß war, konnte hier auch der Aufhellblitz nichts verbessern.

»Aufhellen.jpg«

◀ **Abbildung 8.1**
Hier mag sich kaum Urlaubs-
feeling einstellen.

▲ **Abbildung 8.2**
Sie benötigen eine Kopie
der Bildebene.

1 Ebene duplizieren

Sie wissen ja bereits, dass die Ebenenmodi nur dann angewendet werden können, wenn Sie es mit mindestens zwei Ebenen zu
tun haben. Deshalb sollten Sie zunächst den Hintergrund duplizieren. Dafür gibt es bekanntlich zahlreiche Möglichkeiten: Über
das Menü oder im Anschluss an einen Rechtsklick auf das Foto
wählen Sie EBENE • EBENE DUPLIZIEREN. Alternativ drücken Sie
Strg + ⇧ + D oder klicken auf den entsprechenden Button in
der Fußleiste der Ebenen-Palette).

2 Modus ändern

Im Anschluss daran betätigen Sie entweder die kleine Dreieck-
Schaltfläche in der Zeile MODUS ❸, oder Sie setzen einen Maus-
klick auf NORMAL ❷. Danach wählen Sie BILDSCHIRM ❶. Auf diese
Weise ändern Sie den Modus der Ebenenkopie.

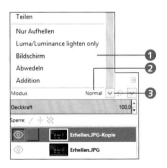

▲ **Abbildung 8.3**
Die Modusänderung wird für
eine Aufhellung des Fotos
sorgen.

3 Ebene erneut duplizieren

Das Bild ist schon ganz schön aufgehellt worden, aber zufriedenstellend ist es noch nicht. Deswegen sollten Sie die obere Ebene

221

noch einmal duplizieren (siehe Schritt 1). Wiederholen Sie den Vorgang so oft, bis Sie mit dem Ergebnis zufrieden sind oder bis Sie erstmals feststellen, dass das Foto nun einen Tick zu hell ist.

4 Deckkraft reduzieren

In diesem Beispiel habe ich mich für drei Duplikate (sprich: vier Ebenen) entschieden. Wenn Sie jetzt auch der Meinung sind, dass die oberste Ebene etwas zu viel des Guten ist, bieten sich ja zunächst nur zwei Möglichkeiten an: Entweder nehmen Sie die etwas zu starke Aufhellung hin, oder Sie entfernen die oberste Ebene wieder. Dann wäre es aber vielleicht wieder zu dunkel. Also muss eine halbe oder eine viertel Ebene her. Da es so etwas in GIMP nicht gibt, müssen Sie mit der DECKKRAFT arbeiten. Ziehen Sie den gleichnamigen Regler bei aktivierter oberster Ebene so weit nach links, bis Sie mit dem Gesamtergebnis zufrieden sind.

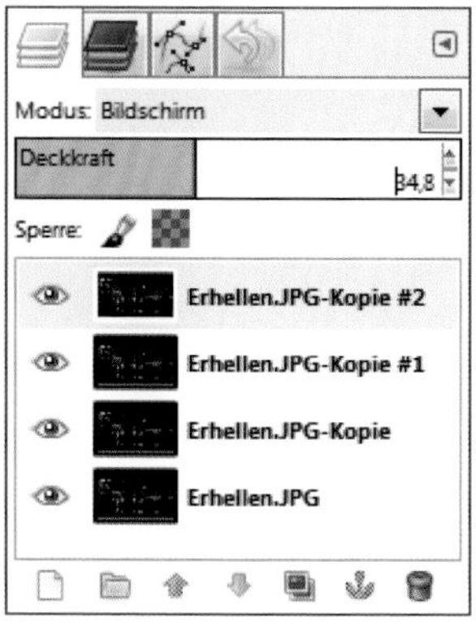

▲ **Abbildung 8.4**
So lässt sich eine Ebene stufenlos regulieren.

▲ **Abbildung 8.5**
Die Details sind viel besser zu erkennen, ohne dass die Aufnahme jetzt überstrahlen würde.

5 Ebenen vereinen

Zuletzt sollten Sie alle Ebenen zu einer einzigen verschmelzen. Dadurch wird die Dateigröße wesentlich geringer. Außerdem ist die Korrektur ja abgeschlossen. Klicken Sie in der Ebenen-Palette mit rechts auf eine der Ebenen, und entscheiden Sie sich für SICHTBARE EBENEN VEREINEN. Bestätigen Sie den Folgedialog mit Klick auf VEREINEN, nachdem Sie sich für den Radio-Button AUF UNTERSTE EBENE BESCHNITTEN entschieden haben.

Ein zu helles Bild abdunkeln

Ist ein Foto erst einmal zu hell geraten, schenkt man ihm meist genauso wenig Bedeutung wie einem zu dunklen Foto. Schade, denn auch hier kann GIMP nachhelfen.

Schritt für Schritt
Helle Fotos abdunkeln

Auf Grundlage des vorangegangenen Workshops soll es nun in die umgekehrte Richtung gehen. Wir werden ein zu helles Foto dunkler machen. Verwenden Sie dazu »Abdunkeln.jpg«. Es ist eine klassische High-Key-Aufnahme, bei der die Dynamik der Lichter aber etwas zu viel des Guten war.

»Abdunkeln.jpg«

© Renate Klaßen

▲ **Abbildung 8.6**
Das Beispielfoto ist als High-Key-Aufnahme durchaus geeignet, für die klassische Fotografie aber leider zu hell.

1 Ebenenduplikat erstellen
Man muss kein Meister aller Klassen sein, um herauszufinden, dass es an dunklen Bildelementen fehlt. Das können Sie ebenfalls mit Hilfe eines Ebenenduplikats korrigieren. Duplizieren Sie also abermals die Basisebene. Gehen Sie erneut so vor, wie im ersten Schritt des vorangegangenen Workshops beschrieben.

2 Modus ändern
Auf die Kopie der Hintergrundebene müssen Sie auch in diesem Fall eine Modusänderung anwenden. Stellen Sie daher den MODUS von NORMAL auf MULTIPLIKATION.

High Key und Low Key

Von *High Key* spricht man, wenn Fotos insgesamt sehr hell gehalten werden. Idealerweise ist das Motiv selbst gut ausgeleuchtet und befindet sich zudem vor einem hellen Hintergrund. High-Key-Fotos werden oft als überbelichtet bezeichnet. Das ist falsch, denn sie sind (zumindest wenn die Aufnahme funktioniert hat) richtig belichtet. – *Low-Key-Aufnahmen* sind das genaue Gegenteil. Dabei handelt es sich um korrekt belichtete, jedoch sehr dunkel wirkende Aufnahmen, die oft vor sehr dunklen Hintergründen sowie mit Gegenlicht aufgenommen werden.

▲ **Abbildung 8.7**
Bei dieser Ebenen-Deckkraft-Konstellation erhalten Sie ein zufriedenstellendes Resultat.

▲ **Abbildung 8.8**
Gelb und Cyan werden weniger – Rot und Blau dafür mehr.

3 Deckkraft reduzieren

Ah, viel besser, oder? Ja, aber das Foto ist jetzt bereits etwas zu dunkel. Reduzieren Sie die DECKKRAFT der oberen Ebene auf 65,0 bis 70,0 %. Jetzt sollte es optimal sein – zumindest, was die Hell-dunkel-Kontraste betrifft.

4 Ebenen vereinen

Lösen Sie die übergeordnete Ebene auf, indem Sie sie mit der Hintergrundebene vereinen. Klicken Sie dazu die obere Ebene mit rechts an, und selektieren Sie NACH UNTEN VEREINEN. Das reicht, wenn nur eine überlagernde Ebene vorhanden ist. Der Schritt ist übrigens erforderlich, weil jetzt noch eine weitere Korrektur erfolgen soll. Hätten wir die Ebenen nicht vereint, würde die Korrektur nur auf Grundlage der in ihrer Deckkraft reduzierten Ebene erfolgen.

5 Farben abgleichen

Durch das Multiplikationsverfahren sind leider auch die Farben ein wenig verschoben. Das korrigieren Sie, indem Sie FARBEN • FARBABGLEICH wählen. Hier lassen sich die Grundfarben (Rot, Grün und Blau) im Verhältnis zu ihren jeweiligen Komplementärfarben verschieben (Rot zu Cyan, Grün zu Magenta und Blau zu Gelb) – und zwar sowohl in den ganz hellen Farbbereichen (GLANZLICHTER) als auch in den dunklen (SCHATTEN). Selbst jene Farben, die weder besonders hell noch besonders dunkel ausfallen (also alle dazwischen), können separat editiert werden.

Entscheiden Sie sich zunächst für den Radio-Button MITTEN, ehe Sie den Gelb-Blau-Regler etwas nach rechts verschieben. Sorgen Sie dafür, dass er etwa bei 10,0 steht. Das Gleiche machen Sie mit dem Cyan-Rot-Regler. Lassen Sie den Dialog noch geöffnet.

6 Helle Farben abgleichen

Schalten Sie jetzt oben im Dialog auf GLANZLICHTER um, damit die besonders hellen Farbbereiche separiert von den dunkleren korrigiert werden können. Ziehen Sie sowohl MAGENTA-GRÜN als auch GELB-BLAU etwas nach rechts. Beide Werte sollten etwa 2,5 betragen. Verlassen Sie den Dialog mit Klick auf OK.

»Abdunkeln_bearbeitet.jpg«

◄ **Abbildung 8.9**
So kommt unser Model sehr
viel besser zur Geltung –
keine Tristesse mehr.

8.2 Fotos punktuell korrigieren

Die zuvor genannten Methoden zur Aufhellung und Abdunklung
sind ja recht vielversprechend – zumindest dann, wenn das komplette Bild eine Nachbearbeitung erfahren muss. Oftmals ist es
aber so, dass ein Foto nur an bestimmten Stellen aufgehellt oder
abgedunkelt werden muss, während andere Bildbereiche so bleiben können, wie sie sind.

Auch hier führen wieder mehrere Wege nach Rom. So existieren beispielsweise Werkzeuge, die eine punktuelle Nachbearbeitung des Fotos unterstützen. Bevor wir uns jedoch damit beschäftigen, zunächst eine einfachere Methode, die zu verblüffenden
Ergebnissen führt.

Mit Masken korrigieren

Die Arbeit mit Masken haben Sie ja bereits hinlänglich trainiert. In
diesem Abschnitt wollen wir sie zur gezielten Helligkeitskorrektur
verwenden.

Schritt für Schritt
Foto stellenweise nachbelichten

Öffnen Sie die Datei »Belichtung.jpg«. Eine tolle Aufnahme. Es
wäre einzig und allein zu bemängeln, dass das Bergmassiv im
Hintergrund im Vergleich zum Gras etwas kraftlos wirkt. Aufnah-

»Belichtung.jpg«

225

metechnisch gesehen ist diese Gewichtung durchaus nachzuvollziehen, denn die Grasflächen befinden sich näher an der Kamera als die Berge. Deshalb sind sie auch kräftiger. Wenn Sie jedoch wollen, dass dem Betrachter vor allem die Berge auffallen, sollten Sie diese Gegebenheit ändern und den Bergen jene Dynamik verleihen, die ihnen zusteht. Also: ran an den Speck! Der Berg ruft!

© Photo by Medena Rosa on Unsplash

Abbildung 8.10 ▶
Ein tolles Foto! Aber es geht noch mehr.

1 Ebene zweimal duplizieren

Diesmal müssen Sie mit zwei Ebenenkopien arbeiten – eine ist für die Bereiche gedacht, die aufgehellt werden sollen, die andere repräsentiert die abzudunkelnden Bildstellen. Erzeugen Sie also zwei Duplikate, indem Sie zweimal ⌜Strg⌟+⌜⇧⌟+⌜D⌟ betätigen (alternativ zweimal EBENE • EBENE DUPLIZIEREN).

2 Ebenen benennen

▲ Abbildung 8.11
So sollte Ihre Ebenen-Palette jetzt aussehen.

Vergeben Sie aussagekräftige Namen, indem Sie auf beide duplizierte Ebenenbezeichnungen jeweils einen Doppelklick setzen. Die oberste Ebene nennen Sie »hell«, während die unterste »dunkel« heißen soll. Schließen Sie jede Eingabe mit ⌜↵⌟ ab. Zuletzt sorgen Sie dafür, dass die oberste Ebene aktiv ist.

3 Ebene aufhellen

Zunächst werden wir die oberste Ebene heller machen. Dazu selektieren Sie FARBEN • WERTE und ziehen das mittlere (graue) Dreieck im Bereich QUELLWERTE so weit nach links, dass im mittleren Eingabefeld unterhalb der Schieber ein Wert von etwa 3,00 angezeigt wird. Schließen Sie die Aktion mit OK ab. Das Gras im Vordergrund sollte jetzt genau die Helligkeit haben, die wir uns wünschen.

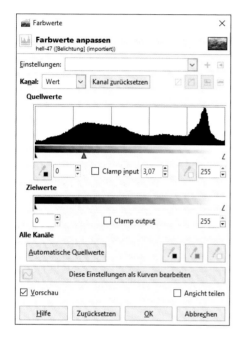

◄ **Abbildung 8.12**
Der Vordergrund wird stark aufgehellt.

4 Sättigung verringern

Nun ist das Grün noch etwas zu kräftig und leuchtend. Deshalb gehen Sie abermals in das Menü FARBEN und wählen SÄTTIGUNG. Ziehen Sie den einzigen im Folgedialog befindlichen Regler (SKALIERUNG) nach links bis auf etwa 0,800, gefolgt von OK.

5 Ebene abdunkeln

Korrigieren Sie die mittlere Ebene. Dazu deaktivieren Sie zunächst das Augen-Symbol der obersten Ebene (anderenfalls bliebe die mittlere Ebene verdeckt), klicken anschließend die mittlere Ebene an und wählen erneut WERTE aus dem Menü FARBEN. Diesmal ziehen Sie den mittleren Regler nach rechts bis auf 0,70 und bestätigen erneut mit OK.

6 Ebenen maskieren

Schalten Sie die Sichtbarkeit der obersten Ebene wieder ein. Danach fügen Sie beiden Ebenen (HELL und DUNKEL) je eine Ebe-

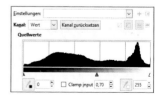

▲ **Abbildung 8.13**
Das Ziehen des Reglers führt zu einer erheblichen Verdunklung des Fotos.

nenmaske hinzu, deren Initialisierung Sie auf SCHWARZ (VOLLE TRANSPARENZ) setzen. Dadurch werden zunächst alle Bildbereiche unsichtbar. Gehen Sie dazu auf EBENE • MASKE • EBENENMASKE HINZUFÜGEN.

▲ **Abbildung 8.15**
Benutzen Sie einen individuell angepassten Pinsel.

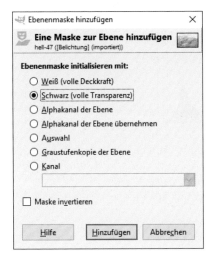

◄ **Abbildung 8.14**
Auf diese Weise sorgen Sie dafür, dass nichts von den beiden oberen Ebenen sichtbar ist.

7 Pinsel einstellen

Aktivieren Sie jetzt die Maskenminiatur der obersten Ebene (HELL). Stellen Sie zudem Weiß als Vordergrundfarbe ein (zunächst D, dann X drücken). Aktivieren Sie den PINSEL (P) mit einer GRÖSSE von ca. 100,00, einer HÄRTE von maximal 20,0 und einer DECKKRAFT, die ebenfalls 20,0 nicht überschreiten sollte.

8 Erste Ebene demaskieren

Bevor Sie weitermachen, kontrollieren Sie noch einmal, dass wirklich die Maskenminiatur (und nicht die Bildminiatur!) der obersten Ebene aktiv ist.

▲ **Abbildung 8.16**
Das Gras wird immer heller.

Danach malen Sie vorsichtig über das Gras im Vordergrund. Sie werden feststellen, dass es dabei wunschgemäß aufgehellt wird. Sollten die Auswirkungen zu stark sein, machen Sie den letzten Schritt rückgängig und malen mit verringerter Pinseldeckkraft weiter. Alternativ aktivieren Sie temporär Schwarz als VORDER-GRUNDFARBE (X) und überpinseln die Stelle erneut. Das bringt dann die Abdunklung wieder zurück.

9 Zweite Ebene demaskieren

Sie ahnen sicher schon, dass Sie auf die gleiche Weise mit der mittleren Ebene (DUNKEL) verfahren müssen, sprich: zunächst die Maskenminiatur anwählen und dann über jene Bereiche wischen, die sichtbar werden sollen. Im konkreten Fall sind das die Berge im Hintergrund. Hier dürfen Sie allerdings etwas kräftiger wischen. Es ist nichts dagegen einzuwenden, dass Sie die DECKKRAFT des Pinsels zuvor auf 40,0 bis 50,0 hochziehen.

10 Hintergrund ausblenden

Wollen Sie einen Blick auf die beiden maskierten Ebenen werfen, ohne dass der Hintergrund das Bild komplettiert? Auf diese Weise lässt sich gut beurteilen, ob Sie alle Bereiche erwischt haben, die verändert werden sollten. Halten Sie dazu [Strg] gedrückt, und klicken Sie anschließend auf das Augen-Symbol der untersten Ebene (BELICHTUNG.JPG). Wiederholen Sie diesen Schritt, um die unterste Ebene am Ende wieder sichtbar zu machen.

▲ **Abbildung 8.17**
Gut zu erkennen: die demaskierten Bereiche beider Korrekturebenen

11 Vorher-nachher-Vergleich

Jetzt fehlt nur noch der Vorher-nachher-Vergleich. Den realisieren Sie nahezu auf die gleiche Weise. Sie klicken erneut auf das Augen-Symbol der untersten Ebene, halten aber diesmal [⇧] gedrückt. Jetzt werden alle anderen Ebenen temporär deaktiviert. Wiederholen Sie auch diesen Vorgang, um das komplette Foto sehen zu können.

▲ **Abbildung 8.18**
So kommen die Berge besser zur Geltung.

8.3 Abwedeln und Nachbelichten

▲ **Abbildung 8.19**
Dieses Symbol steht sowohl
für die Abwedlung als auch
für die Nachbelichtung.

Jetzt beschäftigen wir uns mit zwei neuen Begriffen – *Abwedeln* und *Nachbelichten*. Dabei handelt es sich um Techniken, die der klassischen Fotografie entstammen, genauer gesagt dem Entwicklungsprozess in der Dunkelkammer. Bestimmte Bildbereiche des Fotonegativs wurden seinerzeit einfach einen Moment länger belichtet. Die Folge war, dass diese Bildbereiche etwas dunkler wurden. Umgekehrt konnte man die Belichtungszeit durch Abdecken punktuell verkürzen, was eine Aufhellung dieser Bereiche zur Folge hatte. Heutzutage funktioniert so etwas virtuell am Computer; lediglich die Fachbegriffe sind geblieben. Sie finden ABWEDELN/NACHBELICHTEN ganz unten im Werkzeugkasten.

Das Abwedeln/Nachbelichten-Werkzeug anpassen

Nachdem Sie ABWEDELN/NACHBELICHTEN als Werkzeug ausgewählt haben, können Sie es im unteren Bereich des Werkzeugkastens einstellen. Hier möchte ich Ihnen empfehlen, zunächst einmal eine weiche Pinselspitze (HARDNESS 025) zu verwenden. Das sorgt für nahtlose Übergänge zwischen nachbearbeiteten und nicht nachbearbeiteten Bereichen.

Danach stellen Sie die Größe ein. Dazu bewegen Sie den Mauszeiger auf das zu korrigierende Foto und prüfen, ob der Durchmesser des Kreises in Ordnung ist. Falls nicht, verstellen Sie den Regler GRÖSSE entsprechend.

▲ **Abbildung 8.20**
Den Durchmesser des Werkzeugs können Sie auch nachträglich noch ändern.

Abbildung 8.21 ▶
Diese Spitze ist zu groß, um allein die Fassade zu bearbeiten. Hier wäre eine kleinere Spitze besser geeignet.

Typ bestimmen: Abwedler oder Nachbelichter?

Wichtig ist, festzulegen, ob Sie Bereiche im Bild nun aufhellen (ABWEDELN) oder abdunkeln (NACHBELICHTEN) wollen. In letzterem Fall stellen Sie den TYP weiter unten in den Werkzeugeinstellungen auf NACHBELICHTEN.

Noch schneller geht das per Tastenkürzel: Sie dürfen nämlich bei eingestelltem TYP ABWEDELN jederzeit Strg gedrückt halten, um temporär auf NACHBELICHTEN umzuschalten. Wenn Sie die Taste loslassen, wird automatisch der Abwedler wieder aktiv. Das funktioniert übrigens auch umgekehrt. Bei aktiviertem Radio-Button NACHBELICHTEN können Sie mit Hilfe der erwähnten Taste auf ABWEDELN umschalten.

Umfang und Belichtung einstellen

Zuletzt ist lediglich noch zu entscheiden, ob Sie die SCHATTEN (das sind die besonders dunklen Bildpixel), die GLANZLICHTER (die hellen Bildinformationen) oder die MITTEN (= Mitteltöne = neutrale Bildbereiche) bearbeiten wollen. Prinzipiell sind Sie mit den MITTEN gut beraten. Lediglich bei der Nachbearbeitung extrem dunkler oder heller Bildbereiche sollten Sie entsprechend umschalten.

Noch ein Wort zum Schieberegler BELICHTUNG: Dieser bestimmt, wie intensiv das Werkzeug ansprechen soll. Standardmäßig werden 50,0% angeboten. Wählen Sie einen höheren Bereich, fällt die Korrektur üppiger aus. Dazu ein Tipp: Gehen Sie mit der Belichtung zunächst einmal deutlich herunter, zumindest so lange, bis Sie ein Gefühl für dieses Tool entwickelt haben. Die Nachbelichtung sollte 10,0% nicht übersteigen, und die Abwedlung gelingt am besten mit Werten bis zu maximal 20,0%.

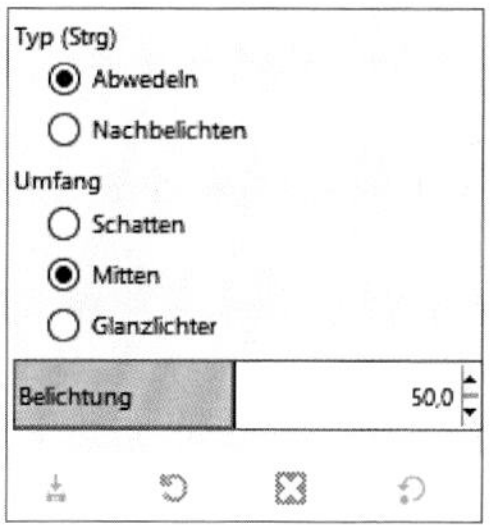

Destruktiv oder non-destruktiv?

Sie werden geneigt sein, Abwedler und Nachbelichter direkt auf der Bildebene anzuwenden. Dagegen ist prinzipiell auch nichts einzuwenden – es sei denn, der Korrekturbedarf ist hoch und Sie wollen die Option erhalten, später noch einmal nachzuarbeiten. Das Problem ist nämlich, dass bei der Korrektur auf der Ebene die Bildpixel direkt beeinflusst (zerstört) werden. Deswegen wird diese Art der Bildmanipulation auch als *destruktiv* bezeich-

Werkzeug anpassen

Nur ein korrekt eingestelltes Werkzeug sorgt auch für ein gutes Ergebnis. Am besten nehmen Sie sich immer etwas Zeit, die Werkzeuge Ihren Bedürfnissen und Arbeitsschritten anzupassen (z. B. beim Einstellen der Werkzeugspitze).

▲ **Abbildung 8.22**
Bei verringerter Belichtung reagiert das Werkzeug zögerlicher.

Schwarz und Weiß

Reines Schwarz und reines Weiß bleiben sowohl von der Abwedlung als auch von der Nachbelichtung komplett ausgenommen.

231

net (lateinisch »destruere« = zerstören). Arbeiten Sie jedoch mit einer übergeordneten Ebene, auf der sich in Wahrheit gar keine Bildpixel befinden, und führen die Korrektur dort aus, ist sie *non-destruktiv* (bzw. nicht-destruktiv), und die Original-Bildebene bleibt unangetastet. So lassen sich Korrekturen jederzeit wieder rückgängig machen – und zwar verlustfrei. Wie das funktioniert, erfahren Sie im folgenden Workshop.

Abwedler und Nachbelichter im Einsatz

Nach so viel Theorie wollen wir uns jetzt mit einem konkreten Beispiel befassen. Hier kommen sogar mehrere Bearbeitungsfunktionen zusammen.

Schritt für Schritt
Ein Foto manuell abwedeln und nachbelichten

»Nachbelichten.jpg«

Schauen Sie sich einmal die Datei »Nachbelichten.jpg« an. Inhaltlich ist das Foto ja ganz interessant, aber es verfügt über keinerlei Dynamik. Das ändern wir durch Abwedlung und Nachbelichtung.

© Robert Klaßen

Abbildung 8.23 ▶
Das Bild ist flau und verfügt daher über wenig Attraktivität.

1 Sättigung und Helligkeit verändern
Fertigen Sie zunächst ein Duplikat der Ebene an. Danach wählen Sie den unteren der beiden Einträge FARBTON/SÄTTIGUNG im Menü FARBEN. Aktivieren Sie die Gelbtöne (Klick auf den Radio-Button Y), und ziehen Sie die SÄTTIGUNG nach rechts bis auf knapp 50,0.

Senken Sie zusätzlich noch die HELLIGKEIT in den gelben Bereichen ab, indem Sie den gleichnamigen Regler nach links ziehen.
Ein Wert um –20,0 sollte passen. Bestätigen Sie die Einstellungen
mit OK.

2 Farbe einstellen

Sie könnten nun direkt auf der Ebene abwedeln und nachbelichten. Doch wir beabsichtigen ja, eine non-destruktive Korrektur zu
realisieren. Klicken Sie daher in der Werkzeugleiste zunächst auf
das Symbol für die Vordergrundfarbe, und stellen Sie ein vollkommen neutrales Grau ein. Dazu betätigen Sie vorab den Schalter
0..255 und geben anschließend für jede RGB-Farbe (R, G und B
❶) 128,0 ein.

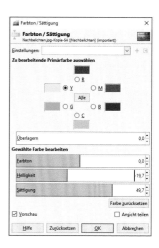

▲ **Abbildung 8.24**
Diese Einstellung hat dem
Foto schon mal gutgetan.

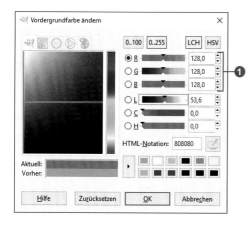

◀ **Abbildung 8.25**
Für die Einstellungsebene
benötigen wir ein neutra-
les Grau.

3 Einstellungsebene erzeugen

Nachdem Sie auf OK geklickt haben, erzeugen Sie eine neue
Ebene, die Sie »Korrektur« nennen. Der MODUS soll ÜBERLAGERN
sein, während die FÜLLUNG auf VORDERGRUNDFARBE gesetzt wer-
den muss. Zur besseren Unterscheidung können Sie in der Zeile
FARBMARKIERUNG noch auf eine Farbfläche klicken (hier: Rot,
dritte Farbe von rechts), damit sich die Ebene auch in der Ebenen-
Palette deutlich von allen anderen unterscheidet. Der Klick auf
OK versteht sich mittlerweile von selbst, oder?

Ist es nicht erstaunlich, dass sich am Foto selbst gar nichts geändert hat? Das liegt daran, dass Sie den MODUS auf ÜBERLAGERN
gestellt haben. Dabei sorgen dunkle Bildpixel für eine Abdunklung
und helle für eine Aufhellung. Wenn die Farben aber exakt in der

Mitte liegen (neutrales Grau), gibt es keine Unterschiede. Und genau das kommt hier zum Tragen. (Hätten Sie übrigens den Modus im Dialog auf Normal stehen lassen, könnten Sie ihn jetzt noch über das Modus-Steuerelement der Ebenen-Palette umschalten.)

Abbildung 8.26 ▶
Füllen Sie die neue Ebene mit Grau.

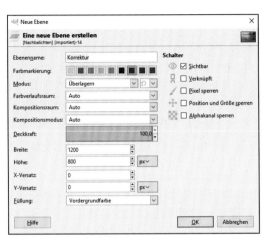

▲ **Abbildung 8.27**
Bevor es losgeht, muss das Werkzeug eingestellt werden.

4 Abwedler einstellen

Nachdem Sie das Abwedeln/Nachbelichten-Werkzeug aktiviert haben (⇧ + D), sollten Sie eine weiche Pinselspitze (Härte = 0,0) wählen und ihre Grösse auf 180,00 bis 200,00 einstellen. Die Deckkraft sollte 50,0 nicht übersteigen, während die Belichtung auf ca. 15,0 eingestellt werden muss. Stellen Sie zudem sicher, dass der Typ des Werkzeugs auf Abwedeln und der Umfang auf Mitten eingestellt ist.

5 Abwedeln

Fahren Sie mehrfach mit gedrückter Maustaste über die Bereiche, die aufgehellt werden sollen, also den Schnee und das Gewässer. Wollen Sie nur die besonders hellen Bildbereiche des Schnees aufhellen (das sorgt für etwas mehr Kontrast), müssen Sie vorab den Umfang auf Glanzlichter stellen. Den Nebel sowie die Bäume im Hintergrund lassen Sie außen vor.

6 Nachbelichten

Wenn Sie mit dem Ergebnis zufrieden sind, schalten Sie das Werkzeug auf Nachbelichten um und wischen über den Himmel und die Bäume. Bei den Bäumen macht es Sinn, den Umfang auf

SCHATTEN zu stellen, da diese schon sehr dunkel sind und so eine Abdunklung der angrenzenden helleren Bildbereiche weitgehend vermieden wird. Im Gegenzug werden aber die dunklen Äste noch etwas mehr abgedunkelt, was der Dynamik des Bildes insgesamt gut zu Gesicht steht.

▲ **Abbildung 8.28**
Zur Begutachtung sollte die oberste Ebene kurz deaktiviert werden.

7 Vorher-nachher-Vergleich

Einen Vorher-nachher-Vergleich erhalten Sie, wenn Sie temporär die oberste (graue) Ebene über das Augen-Symbol deaktivieren. Sind Sie zufrieden? Wenn ja, können Sie sich den folgenden Schritt sparen. Lesen sollten Sie ihn allerdings dennoch, da Ihnen diese wichtige Info nicht entgehen sollte.

8 Rückkehr zum Original

Sie dürfen jederzeit eine versehentlich abgewedelte Stelle durch eine anschließende Nachbelichtung korrigieren (und umgekehrt). Da Sie auf einer eigenen Ebene (Grau) arbeiten, geschieht dies sogar ohne Bildverluste. Aber es gibt einen weiteren unschlagbaren Vorteil: Sie können nämlich eine misslungene Korrekturstelle bei aktiviertem PINSEL mit neutralgrauer Farbe übermalen (auf der Grau-Ebene), um die Korrektur komplett rückgängig zu machen.

Und noch besser: Im Falle einer total misslungenen Korrektur lässt sich die gesamte Ebene erneut mit neutralgrauer Farbe füllen (BEARBEITEN • MIT VORDERGRUNDFARBE FÜLLEN). Das gibt Ihnen dann die Möglichkeit, noch einmal ganz von vorn anzufangen. Ist das ein Argument?

Korrekturebene interpretieren

Schauen Sie einmal kurz auf die Miniatur der neutralgrauen Ebene. Hier sehen Sie sehr schön: Alles, was abgewedelt worden ist, wird jetzt heller als Neutralgrau dargestellt, alles Nachbelichtete ist dunkler.

▲ **Abbildung 8.29**
Geänderte Lichtverhältnisse

8.4 Helligkeit/Kontrast korrigieren

Eine sehr schnelle (aber leider nicht die beste) Korrekturmöglichkeit stellt GIMP mit der Funktion HELLIGKEIT/KONTRAST zur Verfügung. Damit lassen sich die Lichtverhältnisse im Foto korrigieren, wobei auch hier stets das gesamte Foto beeinflusst wird (es sei denn, Sie erzeugen vorab eine Auswahl). Zu den Begriffen:

▶ Helligkeit ist die Belichtungsintensität, während

▶ Kontrast die Spanne zwischen dem hellsten und dem dunkelsten Punkt eines Fotos ist. Im Idealfall ist der hellste Punkt weiß, während der dunkelste Punkt reinem Schwarz entspricht.

Schritt für Schritt
Helligkeit und Kontrast

»Kontrast.jpg«

Das Beispielfoto »Kontrast.jpg« ist zu hell geraten. Außerdem ist der Kontrastumfang nicht überzeugend, da es an dunklen bis schwarzen Bildelementen mangelt. Das fördert auch das Histogramm zutage (FARBEN • INFORMATION • HISTOGRAMM). Lassen Sie dieses Fenster bitte während des gesamten Workshops geöffnet.

© Robert Klaßen

▲ **Abbildung 8.30**
Das Foto ist zu hell und wirkt trüb.

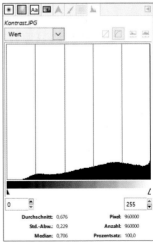

▲ **Abbildung 8.31**
Das Histogramm ist flach – extrem dunkle bis schwarze Bildelemente fehlen gänzlich.

1 Helligkeit und Kontrast einstellen

Um das zu korrigieren, klicken Sie in der Menüleiste auf FARBEN, gefolgt von HELLIGKEIT/KONTRAST. Ziehen Sie den Regler HELLIGKEIT ❶ so weit nach links, bis im nebenstehenden Eingabefeld ein Wert von etwa −15 angeboten wird. Damit ist das Bild insgesamt dunkler geworden, wobei aber schwarze Punkte noch immer durch Abwesenheit glänzen. Um dem entgegenzuwirken, müssen Sie nun mit dem KONTRAST ❷ nach rechts gehen. Streben Sie hier einen Wert von 15 an. (Verlassen Sie den Dialog noch nicht!)

◄ **Abbildung 8.32**
Absenkung der Helligkeit und Anhebung des Kontrasts bringen erste Verbesserungen ins Foto.

2 Einstellungen korrigieren

Haben Sie bemerkt, was während der Einstellung im Histogramm passiert ist? Mit Absenkung der Helligkeit haben wir das gesamte Histogramm vertikal erhöht. Das ist prinzipiell löblich. Durch die Anhebung des Kontrasts jedoch wurde es wieder abgesenkt, obwohl es jetzt bis an den linken Rand heranreicht (sprich: schwarze Bildpixel vorhanden sind).

Außerdem erscheint das Bild jetzt schon wieder zu hell, weshalb Sie mit der Helligkeit noch einmal heruntergehen sollten (auf ca. −35). Bestätigen Sie mit OK.

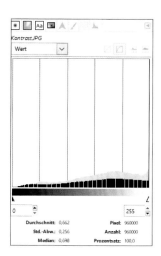

▲ **Abbildung 8.33**
Das Histogramm wird immer flacher.

◄ **Abbildung 8.34**
Es herrscht großer Korrekturbedarf.

▲ **Abbildung 8.35**
Das Resultat ist ganz okay.

Abschließend bleibt die Frage, ob es sinnvoll ist, eine Bildkorrektur nur anhand zweier Schieberegler vorzunehmen. Sie konnten nämlich, wie Sie im Histogramm gesehen haben, lediglich zwei Richtungen bearbeiten, nämlich die vertikale sowie die horizontale Erhebung. Das ist prinzipiell ungünstig, da sich auf diesem Wege ja die Mitten (und das sind ja in der Regel die größten Anteile eines Fotos) nicht separat bearbeiten lassen. Genau aus diesem Grund möchte ich Ihnen gerne eine Alternative zur Helligkeit/Kontrast-Korrektur vorstellen.

Belichtung über Kurven einstellen

Viel leistungsfähiger als die Helligkeit/Kontrast-Korrektur ist eine Korrektur mit Hilfe der sogenannten *Gradationskurve*. Sie haben sie bereits kurz in Abschnitt 7.4, »Die Tonwertspreizung«, auf Seite 189 kennengelernt. Dort hatten Sie die Möglichkeit, die Werte aus dem FARBAUSWAHLDIALOG direkt an die Gradationskurve zu übergeben.

Schritt für Schritt
Belichtung über Kurven einstellen

»Kontrast.jpg«

Machen Sie den letzten Schritt am Foto rückgängig. – Was? Sie haben den letzten Workshop gar nicht gemacht? Na, so was! Dann nehmen Sie doch einfach die Ursprungsdatei »Kontrast.jpg«.

1   Korrektes Histogramm einstellen

Nachdem Sie die Datei geöffnet haben, gehen Sie auf FARBEN •
KURVEN. Sorgen Sie dafür, dass ein LINEARES HISTOGRAMM ❶ (und
nicht etwa ein LOGARITHMISCHES HISTOGRAMM ❷) eingestellt ist.

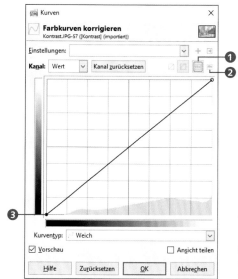

◄ **Abbildung 8.36**
Das bereits bekannte Histogramm ist hier schwach grau
im unteren Bereich des Fens-
ters zu erkennen.

Foto aufhellen

Hätten Sie den unteren
linken Punkt senkrecht
nach oben geschoben,
wäre das Bild heller ge-
worden. Das Gleiche
würde passieren, wenn
Sie den oberen rechten
Punkt horizontal nach
links verschöben.

2   Foto abdunkeln

Nun wollen wir zunächst erreichen, dass sich dunkle Bildbereiche nicht dunkelgrau, sondern schwarz darstellen (vergleichbar
mit der zuvor erwähnten Kontrastkorrektur). Klicken Sie deshalb
unten links auf den kleinen Kreis ❸, und ziehen Sie ihn horizontal
nach rechts bis an das Histogramm heran.

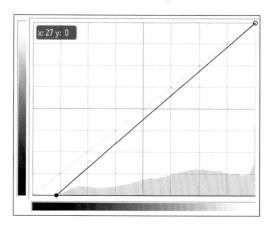

◄ **Abbildung 8.37**
Die Tiefen des Bildes ver-
schieben sich in Richtung
Schwarz.

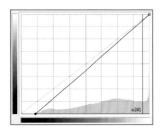

▲ **Abbildung 8.38**
Die Kurvendarstellung
wurde um eine vertikale
Linie erweitert.

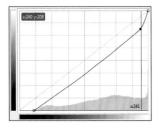

▲ **Abbildung 8.39**
Die Diagonale lässt sich
wunschgemäß formen.

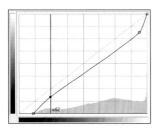

▲ **Abbildung 8.40**
Die Schatten werden
aufgehellt.

»Kurven_bearbeitet.jpg«

3 Foto punktuell aufhellen

Während es bei der Helligkeit/Kontrast-Korrektur nur zwei Einstelloptionen gibt, lassen sich mit der Kurvenmethode prinzipiell
sämtliche Helligkeitsbereiche eines Fotos korrigieren. Klicken Sie
im Foto auf einen besonders hellen Bereich der Baumstämme.
Sehen Sie, dass sich einiges innerhalb des Kurven-Dialogs ändert?
Sie erhalten jetzt eine vertikale Linie, die symbolisiert, welchen
Helligkeitswert Sie mit der Maus soeben angeklickt haben. Üblicherweise bleibt die Linie auch dann erhalten, wenn Sie mit der
Maus aus dem Bild herausfahren.

Für den versierten Bildbearbeiter ist jetzt genau der Schnitt-
punkt zwischen der Vertikalen und der Diagonalen entscheidend.
Klicken Sie genau dort in das Diagramm, halten Sie die Maustaste gedrückt, und ziehen Sie etwas nach unten (dadurch wird
der Bereich dunkler). Sobald Sie die Maustaste loslassen, wird sich
ein schwarzer Punkt zeigen. Im Bild ist zu erkennen, dass genau
die zuvor gewählten hellen Grünbereiche ordentlich abgedunkelt
worden sind.

4 Foto punktuell abdunkeln

Wenn sich helle Bildbereiche dunkler machen lassen, was soll
dann dagegensprechen, dunkle Bereiche heller zu machen? Eben.
Deswegen sollten Sie auf besonders dunkle Bereiche der Baumstämme klicken und so eine weitere Senkrechte in den Kurven-
bereich bringen. Nehmen Sie ruhig die Schattenseiten eines Bau-
mes. Solange Sie die Maustaste gedrückt halten, können Sie die
Position noch ändern und somit auch die Senkrechte innerhalb
des Kurvenbereichs verschieben. Danach klicken Sie wieder auf
die Stelle, an der sich beide Linien überschneiden. Diesmal jedoch
bewegen Sie den Mauszeiger nach oben (der Bereich soll ja heller
werden).

5 Aktion abschließen

Im Anschluss beenden Sie das Ganze mit einem zufriedenen Klick
auf OK. Das Resultat können Sie im Ergebnisse-Ordner begutachten. Es ist mit »Kurven_bearbeitet.jpg« betitelt.

▲ **Abbildung 8.41**
Mit dieser Methode haben
Sie die Auswirkungen der
Korrektur viel besser im Griff.

Helligkeit/Kontrast- oder Werte-Korrektur?

Nun stellt sich noch die Frage, ob die Werte-Korrektur denn
generell der Helligkeit/Kontrast-Korrektur vorzuziehen ist. Nun,
besser wäre es, aber nicht unter allen Umständen. Wenn nämlich
der Korrekturbedarf eher gering ist, dann ist gegen die Justierung
per HELLIGKEIT/KONTRAST prinzipiell nichts einzuwenden. Schneller geht es damit ja allemal.

Scharfzeichnen und weichzeichnen

Schärfeverhältnisse korrigieren

▸ Wie schärfe ich Fotos?

▸ Wie werden Fotos punktuell geschärft oder weichgezeichnet?

▸ Wie setze ich Schärfe und Weichzeichnung in Porträts ein?

▸ Wie werden Körnungen aus einem Foto entfernt bzw. hinzugefügt?

9 Scharfzeichnen und weichzeichnen

Sind Sie bereit für richtig scharfe Fotos? – Nein, nicht dass wir uns jetzt falsch verstehen. Ich meine Fotos, die durch Detailreichtum und Schärfe glänzen. Das gelingt auch mit einem leicht unscharfen Foto noch. Umgekehrt können Sie aber auch bestimmte Bildbereiche weicher gestalten, beispielsweise um ein Gesicht mit einem glatteren Teint zu versehen.

9.1 Fotos schärfen

Wer sich gerne auf die Automatikfunktionen seiner Digitalkamera verlässt, geht nicht selten davon aus, dass die Schärfesensoren es schon richten werden. Das ist jedoch leider nicht immer der Fall. Sollte die Schärfe mal nicht so sein, wie Sie es sich wünschen, versuchen Sie, mit GIMP an die Sache heranzugehen.

Fotos schnell schärfen

Ihre Bildbearbeitungssoftware hält einen wirklich simplen Dialog parat, der die Schärfe ins Foto zurückbringen kann. In den allermeisten Fällen werden Sie mit dieser Methode sehr gut zurechtkommen.

Schritt für Schritt
Fotos schnell schärfen

»Scharfzeichnen_01.jpg«

Öffnen Sie die Beispieldatei »Scharfzeichnen_01.jpg«. Bei diesem Bild werden Sie sehr schnell feststellen, dass der bildrelevante Inhalt (also die sandige Baumwurzel) leider Unschärfen aufweist. Dass der Hintergrund unscharf ist, soll uns nicht weiter stören – im Gegenteil. Das ist gut so, denn auf diese Weise wird der Blick des Betrachters ohne Umwege auf die Wurzel gelenkt. Zoomen Sie gegebenenfalls etwas in das Bild hinein. Danach sollten Sie allerdings wieder auf 100% umstellen, um die Schärfe im Gesamtbild beurteilen zu können.

© Robert Klaßen

◄ **Abbildung 9.1**
Der Sand, der sich auf dem Stumpf befindet, spiegelt die Unschärfen am deutlichsten wider.

1 Dialog öffnen

Öffnen Sie den Dialog Unscharf maskieren, den Sie im Menü Filter • Verbessern finden. Schieben Sie das Dialogfeld etwas zur Seite, damit es die Sicht aufs Foto nicht einschränkt.

2 Intensität einstellen

Standardmäßig bietet GIMP eine Skalierung von 4,000 an. Welche Auswirkungen das auf Ihr Foto hat, können Sie leicht abschätzen, wenn Sie mehrfach die Vorschau deaktivieren und wieder aktivieren. Sollte Ihnen die Schärfung zu gering sein, erhöhen Sie die Skalierung. Ich denke, 4,800 ist im Beispiel die richtige Wahl.

◄ **Abbildung 9.2**
Der untere Balken bestimmt, wie intensiv die Schärfung ausfällt.

3 Standardabweichung einstellen

Nun sucht die Anwendung im Prinzip nach kontrastierenden Kanten und vermutet diese dort, wo hohe Farbabweichungen zwischen angrenzenden Bildbereichen auftreten. Wenn das der Fall ist, geht die Anwendung vereinfacht gesagt davon aus, dass es sich um eine Kante handeln muss, und versucht, genau diesen Bereich schärfer darzustellen. GIMP muss dem Problem ja im Gegensatz zum menschlichen Auge rechnerisch entgegentreten. Das geschieht derart, dass die Unterschiede stärker kontrastiert werden. Wie weit beide Bildbereiche voneinander abweichen dürfen, regeln Sie mit dem Schieber STANDARDABWEICHUNG.

Was dieses Steuerelement in der Praxis bewirkt, sehen Sie, wenn Sie extreme Parameter einstellen. Ziehen Sie den Regler ganz nach links, findet keinerlei Schärfung statt – egal, wie hoch Sie die SKALIERUNG einstellen. Umgekehrt erreichen Sie eine zunehmende Kantenkontrastierung (mit weißen Schleiern), wenn Sie nach rechts gehen. Beim Maximalwert von 300,000 sind die Schleier zwar verschwunden, die Farben jedoch komplett verschoben.

Abbildung 9.3 ▶
Extreme Einstellungen verschlimmbessern jedes Problem.

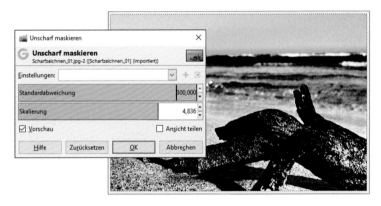

Abbildung 9.4 ▼
Im Detail ist die Schärfung noch besser zu erkennen.

Klicken Sie am besten auf ZURÜCKSETZEN, und ziehen Sie die Skalierung erneut auf 4,800. Dabei belassen wir es.

Das im vorangegangenen Workshop benutzte Foto war geradezu prädestiniert für die einfache Schärfung. Sollte diese nicht
zum gewünschten Ergebnis führen, können Sie mit einem älteren
GIMP-Algorithmus vorliebnehmen, der Ihnen drei statt zwei regu-
lierbare Optionen lässt.

    Nehmen Sie sich einmal die Datei »Scharfzeichnen_02.jpg«
vor. Weisen Sie den soeben benutzten Filter erneut zu. Sie werden feststellen, dass es sehr schwierig ist, die Kanten zu schärfen
und gleichzeitig die Schärfung auf den glatten Flächen des Blattes
außen vor zu lassen. Brechen Sie den Dialog daher ab.

»Scharfzeichnen_02.jpg«

▲ **Abbildung 9.5**
Das Ergebnis ist ein wenig üppig ausgefallen.

Schritt für Schritt
Der Filter »Unscharf maskieren«

Die ebenmäßigen Flächen des Blattes sollten eigentlich nicht so
stark geschärft werden wie die Konturen. Schärfe wünscht man
sich ja meist an den Übergängen und nicht innerhalb einer gleich-
mäßigen Farbfläche, denn dort werden geschärfte Konturen dann
eher als Störungen wahrgenommen.

1 Dialog öffnen
Wenden Sie deshalb die veraltete Methode der Unscharf-Maskie-
rung an. Entscheiden Sie sich für FILTER • VERBESSERN • UNSCHARF

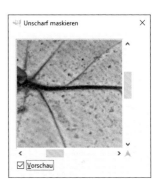

▲ **Abbildung 9.6**
Die Vorschau sollte so eingestellt werden, dass Sie Ihnen
einen Blick auf die Konturen
ermöglicht.

MASKIEREN (VERALTET). Diese Aktion sollten Sie im Übrigen immer dann nutzen, wenn die zuvor genannte Methode keinen oder nur mäßigen Erfolg gezeigt hat.

2 Ansicht vorbereiten

Stellen Sie in der Miniaturansicht des Dialogs eine Vorschau ein, in der sowohl Konturen als auch gelbliche Flächen gut zu sehen sind. Orientieren Sie sich dabei an Abbildung 9.7.

3 Schärfung einstellen

Lassen Sie uns jetzt zunächst die Schärfung einstellen. Was es mit den Schiebereglern im Einzelnen auf sich hat, schauen wir uns im Anschluss an diesen Workshop genauer an. Ziehen Sie zunächst alle drei Regler so weit wie möglich nach links. Danach bewegen Sie den mittleren (MENGE) nach rechts bis auf etwa 1,50. Der RADIUS sollte bei etwa 0,8 liegen. (Falls Sie Schwierigkeiten haben, den Wert genau einzustellen, benutzen Sie einfach die Schaltflächen neben dem Eingabefeld ❶.) Zuletzt erhöhen Sie den SCHWELLWERT auf ca. 12.

4 Vorher-nachher-Vergleich

Bevor Sie nun OK betätigen, sollten Sie noch ein paar Mal die Checkbox VORSCHAU deaktivieren und wieder aktivieren. So können Sie im Dialogfenster nachvollziehen, wie sich die Korrektur ausgewirkt hat.

▲ **Abbildung 9.7**
Drei Regler stehen zur optimalen Korrektur zur Verfügung.

▲ **Abbildung 9.8**
Die Konturen sind scharf, ohne dass die hellen Flächen zu sehr beeinflusst wurden.

Unscharf maskieren im Detail

Das bloße Verschieben der Regler allein ist natürlich wenig sinnvoll, wenn es darum geht, die Wirkungsweise dieser Schärfungsart kennenzulernen. Deswegen wollen wir uns die Schieber noch einmal etwas genauer anschauen:

▶ MENGE: Hiermit legen Sie fest, wie stark die Schärfung ausfallen soll. Je weiter Sie mit dem Schieber nach rechts gehen, desto intensiver ist die Schärfung insgesamt.

▶ RADIUS: Um zu verstehen, was mit Radius gemeint ist, müssen Sie sich die Wirkungsweise einer Schärfung vergegenwärtigen. Die Anwendung sucht dabei gewissermaßen nach kontrastierenden Kanten. Dort, wo sich auf einem längeren Stück unterschiedliche Farbtöne ausmachen lassen, wird eine Kante vermutet. Subjektiv nehmen wir dort Unschärfen auch wesentlich intensiver wahr als auf einer Fläche mit geringen Farbunterschieden.

Und genau hier kommt der RADIUS zum Tragen, mit dem Sie GIMP mitteilen, wie viele Pixel zu jeder Seite der kontrastierenden Kante in die Schärfung einbezogen werden sollen. Je mehr Sie den Regler nach rechts stellen, desto mehr Pixel werden geschärft. (Das wird noch deutlicher, wenn Sie den Regler einmal extrem nach rechts ziehen.)

▶ SCHWELLWERT: Mit dem Schwellwert teilen Sie der Anwendung mit, was überhaupt als Kante betrachtet werden darf. Je weiter Sie den Regler nach rechts schieben, desto größer müssen die Farbunterschiede zwischen den Pixeln sein. Genau mit diesem Regler erreichen Sie also, dass mehr oder weniger ebenmäßige Flächen weitgehend von der Schärfung ausgenommen werden, also weich bleiben.

»Unscharf maskieren« oder »Schärfen«?

Sollten sich viele Konturen im Foto befinden, geben Sie dem Filter UNSCHARF MASKIEREN den Vorzug vor SCHÄRFEN.

9.2 Fotos punktuell schärfen und weichzeichnen

Die ersten Workshops dieses Kapitels waren noch relativ leicht zu realisieren. Immerhin war die gesamte Bildfläche unscharf. Was aber, wenn es darum geht, nur bestimmte Bildbereiche zu schärfen? Hier gibt es zwei verschiedene Methoden: zum einen die Maskierungs- und zum anderen die Werkzeug-Methode. Lassen Sie uns mit der ersten beginnen.

Schärfe mit Masken verändern

In diesem Abschnitt geht es darum, zwei deckungsgleich übereinanderliegende Fotos zu erzeugen, das obere zu schärfen und zuletzt zu bestimmen, welcher Bereich der oberen Ebene sichtbar sein soll und welcher nicht. »Hört sich kompliziert an«, sagen Sie? Nein, das ist es nicht wirklich.

Schritt für Schritt
Ein Porträt punktgenau schärfen

»Kira_01.jpg«

Bei Aufnahmen von Menschen geht es meist darum, das Gesicht zu schärfen (hier besonders Augen, Nase, Mund und eventuell die Haare), während die anderen Bildbereiche unbehandelt bleiben. Erreichen können Sie das über mehrere Wege; hier im Workshop verwenden wir eine spezielle Schärfe-Ebene sowie eine Maske.

1 Foto analysieren

Öffnen Sie die Datei »Kira_01.jpg«. Versuchen Sie, die Schwachstellen des Fotos ausfindig zu machen. Dazu dürfen Sie auch gerne etwas in das Foto einzoomen. Haare, Augen und Lippen sind nicht so scharf, wie sie es bei einem Porträt sein sollten. Zoomen Sie einmal auf ca. 300 % ein.

Abbildung 9.9 ▶
Die Unschärfen im Gesicht des Models sind bei 100 % noch nicht so dramatisch. Wenn Sie allerdings temporär stark einzoomen, sehen Sie es wesentlich deutlicher: Hier darf gerne etwas mehr Zeichnung in die Konturen.

© Robert Klaßen

2 Ebene duplizieren

Lassen Sie das Foto wieder bei einer Größe von 100 % anzeigen. Da wir nur in bestimmten Bereichen schärfen wollen, benötigen wir zunächst eine Ebenenkopie. Diese maskieren wir dann später teilweise. Betätigen Sie deswegen die Ebenenduplikat-Schaltfläche in der Fußleiste der Ebenen-Palette, oder entscheiden Sie sich für EBENE • EBENE DUPLIZIEREN aus dem Menü.

3 Filter anwenden

Der nächste Schritt besteht darin, einen Filter anzuwenden. Begeben Sie sich noch einmal in die Rubrik FILTER • VERBESSERN, und selektieren Sie HOCHPASS. Da hier im Kern Schwarz, Weiß und Grau abgebildet werden, können Sie den Filter hervorragend zur Kantenfindung heranziehen. Sofern Sie jetzt im Foto noch deutliche Farbbereiche ausfindig machen können (wie z. B. das Rot der Lippen), nehmen Sie grundsätzlich den Regler KONTRAST etwas zurück. Im Beispiel gehen Sie nach links auf etwa 0,460. Sollten Sie Fotos haben, auf denen nun keine Kanten zu sehen sind, schieben Sie den Regler nach rechts, bis diese deutlich hervortreten. Die STANDARDABWEICHUNG bleibt bei 4,0. Verlassen Sie den Dialog mit OK.

▲ Abbildung 9.10
Stellen Sie den Hochpass-Filter ein.

▲ Abbildung 9.11
Sorgen Sie dafür, dass deutliche Kanten sichtbar werden.

4 Modus ändern

Nun ist ein solches grau in grau getauchtes Foto ja nicht wirklich ansprechend. Deshalb ändern Sie den MODUS der oberen Ebene in der Ebenen-Palette. Schalten Sie von NORMAL auf ÜBERLAGERN um. Ah, da ist das Bild ja wieder!

Abbildung 9.12 ▶
Ändern Sie den Modus
der oberen Ebene.

5 Schärfung beurteilen

Damit Sie nun beurteilen können, wie sich die Schärfe im Bild auswirkt, zoomen Sie vorübergehend etwas in das Foto ein und deaktivieren dann die oberste Ebene. Danach schalten Sie sie wieder ein. Das ist ein Unterschied, oder?

6 Optional: Schärfung korrigieren

▲ **Abbildung 9.13**
Im konkreten Beispiel haben wir die geschärfte Ebene dupliziert, diese dann nach unten vereint und zuletzt die Deckkraft auf etwa 66,0 % reduziert.

▲ **Abbildung 9.14**
So wird die oberste Ebene zunächst komplett unsichtbar.

Nun gibt es drei Möglichkeiten: Entweder die Schärfung ist so, wie Sie sie haben wollten, dann fahren Sie mit dem nächsten Schritt fort. Es könnte allerdings auch sein, dass die Schärfung zu stark ist. In diesem Fall reduzieren Sie die Deckkraft der obersten Ebene; denn weniger Sichtbarkeit bedeutet auch weniger Schärfung. Die dritte Option: Die Schärfung ist zu schwach. In diesem Fall sollten Sie die oberste Ebene so oft duplizieren, bis Sie zufrieden sind. Allerdings müssen Sie dann die jeweils oberste Ebene in der Ebenen-Palette so oft mit rechts anklicken und Nach unten vereinen, bis Sie nur noch zwei Ebenen vorfinden (nämlich die Originalebene und die geschärfte graue Ebene). Zuletzt müssen Sie noch einmal den Modus der obersten Ebene auf Überlagern stellen, denn diese Einstellung geht bei der Vereinigung verloren. Sollte die Schärfung jetzt doch zu stark sein, denken Sie daran, dass Sie abermals mit der Ebenendeckkraft arbeiten können.

7 Ebene maskieren

Unsere oberste Ebene benötigt jetzt noch eine Maske. Wie das funktioniert, wissen Sie ja bereits aus vorangegangenen Workshops. Daher folgt hier nur noch eine Kurzanleitung. Klicken Sie im Fuß der Ebenen-Palette auf Eine Maske hinzufügen, und weisen Sie im folgenden Dialog Schwarz (volle Transparenz) zu. So verschwindet die Schärfung im Bild wieder komplett (die Ebene

ist vollständig maskiert). Schließen Sie die Aktion mit Klick auf
HINZUFÜGEN ab.

8 Schärfebereiche einzeichnen

Aktivieren Sie einen weichen Pinsel, und stellen Sie Weiß als Vordergrundfarbe ein. Mit einer Pinselgröße von 30,00 bis 40,00
übermalen Sie nun die Stellen, die scharf werden sollen, also die
Augen, den Mund sowie die Kontur der Nase. Wenn Sie mögen,
dürfen Sie auch Halskette und Kamera noch etwas bearbeiten.

◄ **Abbildung 9.15**
Die Gesichtskonturen sind
richtig gut herausgearbeitet
worden.

Eine Schärfung lässt sich immer am besten bei einer Größenan-
sicht von 100 % begutachten. Drücken Sie daher ⊡. Sehen Sie
sich das Foto jetzt in Ruhe an.

◄ **Abbildung 9.16**
Zoomen Sie stark ein, um das
Resultat noch deutlicher wer-
den zu lassen.

253

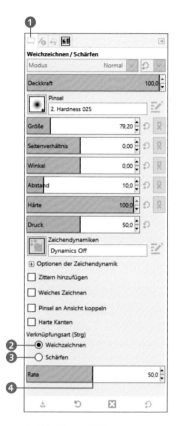

▲ **Abbildung 9.17**
GIMP hat zum Scharf- und Weichzeichnen extra ein Werkzeug mit an Bord.

Schärfe mit Werkzeugen verändern

Im vorangegangenen Kapitel haben Sie bereits den NACHBELICH-TER/ABWEDLER kennengelernt (siehe Seite 231). Dabei handelt es sich um ein Kombi-Werkzeug, das sowohl die eine als auch die andere Funktion übernehmen kann. Genauso verhält es sich auch mit WEICHZEICHNEN/SCHÄRFEN ❶.

Nachdem Sie dieses Tool im Werkzeugkasten aktiviert haben, bedienen Sie es genauso wie den NACHBELICHTER/ABWEDLER. Da ich die Technik dort bereits beschrieben habe, möchte ich an dieser Stelle darauf verzichten. Einzig sei noch der Hinweis gestattet, dass sich bei aktivierter Verknüpfungsart WEICHZEICHNEN ❷ temporär auf SCHÄRFEN ❸ umstellen lässt, indem Sie [Strg] gedrückt halten.

Wie stark das Werkzeug ansprechen soll, regeln Sie hingegen mit dem Schieber RATE ❹. Auch hier ist entscheidend, wie oft Sie über eine Stelle wischen, um diese weich- oder scharfzuzeichnen.

9.3 Weichzeichnen

Gegensätzliche Routinen lassen sich in GIMP oft mit ähnlichen Methoden in die Realität umsetzen. Wenn Sie also anstelle einer Scharfzeichnung einmal eine Weichzeichnung erzeugen wollen, dann gehen Sie in das Menü FILTER • WEICHZEICHNEN. Der vielversprechendste Filter dieser Kategorie ist der GAUSSSCHE WEICHZEICHNER. Mit diesem ließe sich, um das vorangegangene Beispiel noch einmal aufzugreifen, die Haut des Models nachträglich weichzeichnen. Aber lassen Sie uns dazu ein neues Foto nehmen.

Schritt für Schritt
Haut weichzeichnen

»Haut.jpg«

Nachdem Sie die Datei »Haut.jpg« geöffnet haben, sollten Sie sich die Schärfeverteilung genau ansehen. Gegen die Schärfe ist an sich nichts einzuwenden, zumal sich das Gesicht durch die hohe Tiefenunschärfe schön vom Hintergrund abhebt. Fragt sich nur, ob die Haut nicht ein wenig zu detailreich ausfällt. Die modernen

Kameras mit ihren hohen Auflösungen sind besonders bei Frauenporträts nicht immer schmeichelhaft.

© Robert Klaßen

◄ **Abbildung 9.18**
Das Foto lebt von seiner hohen Schärfe. Dennoch könnte die Haut ein wenig »abgesoftet« werden.

1 Ebene duplizieren

Absoften heißt das Zauberwort! Damit gemeint ist das Weichzeichnen bestimmter Hautpartien. Der erste Schritt besteht deshalb wieder darin, die Ebene zu duplizieren. Wie das geht, wissen Sie ja längst.

2 Ebene weichzeichnen

Entscheiden Sie sich danach für FILTER • WEICHZEICHNEN • GAUSSSCHER WEICHZEICHNER. Nehmen Sie die folgenden Einstellungen vor, während Sie eine Stelle im Bild beobachten, die eine auffällige Hautpartie zeigt (z. B. die bildlinke Wange).

◄ **Abbildung 9.19**
Der Radius der Weichzeichnung wird über die X- und Y-GRÖSSE definiert.

Verkettung aufheben

Für den Fall, dass die Weichzeichnung horizontal einmal mehr oder weniger intensiv ausfallen soll als vertikal, klicken Sie auf das kleine Ketten-Symbol – und zwar noch *bevor* Sie die Werte ändern. Dadurch lassen sich beide Werte nämlich unabhängig voneinander definieren.

Setzen Sie die X-Grösse zunächst auf 0,00, und erhöhen Sie diese dann Schritt für Schritt so lange, bis Sie zufrieden sind. Ab etwa 0,80 sieht es schon recht gut aus. Geben Sie aber sicherheitshalber noch eins drauf, und stellen Sie 1,20 ein. Da beide Werte miteinander verkettet sind, wird die Y-Grösse gleich entsprechend mit angehoben. Diese Einstellungen bestätigen Sie jetzt mit OK.

3 Ebene maskieren

Jetzt muss – Sie wissen es längst – wieder eine Maske her. Immerhin sind ja jetzt auch Stellen abgesoftet worden, die ihre Schärfe nicht verlieren sollten. Deswegen geht der Weg jetzt wieder über Ebene • Maske • Ebenenmaske hinzufügen. Entscheiden Sie sich für die Initialisierungsmethode Schwarz (volle Transparenz), und bestätigen Sie mit Hinzufügen.

4 Hautpartien absoften

Sorgen Sie nun per Druck auf D dafür, dass Schwarz als Vordergrund- und Weiß als Hintergrundfarbe aktiviert wird. Diese Farbgebung müssen Sie noch umkehren, indem Sie einmal X betätigen.

Malen Sie jetzt mit einem weichen Pinsel (P) über alle Hautpartien, die Ihrer Meinung nach weichgezeichnet werden sollen. Vermeiden Sie jedoch den Kontakt mit den Haaren, Wimpern, Augenbrauen, Augen, Lippen und Zähnen. Lassen Sie starke Konturen, wie die Übergänge zwischen Wangen und Nase, ebenfalls außen vor, oder übermalen Sie diese nach dem Weichzeichnen mit schwarzer Vordergrundfarbe.

5 Deckkraft reduzieren

Wenn Sie mit der Maskierung fertig sind, sollten Sie die Deckkraft ❶ der obersten Ebene wieder ein wenig reduzieren. Wie wäre es mit rund 75,0 %? Einen Vorher-nachher-Vergleich erhalten Sie, indem Sie das Augen-Symbol ❷ der obersten Ebene temporär deaktivieren.

Ein Tipp noch zum Schluss: Wenn Sie mit Porträts arbeiten, gehen Sie bitte gemäßigt vor. Fältchen, Muttermale u. Ä. sind immer Bestandteil eines Gesichts und sollten niemals abgesoftet werden. Damit würden Sie das Aussehen eines Menschen unter Umständen nicht verschönern, sondern ein Computergesicht erschaffen.

Erforderlichkeit abwägen

Natürlich muss nicht jede Pore mittels Nachbearbeitung geschlossen werden. Meist ist ein Foto sogar interessanter (und vor allem authentischer), wenn die normale Hautstruktur erhalten bleibt. Wer allerdings ein eher makelloses Ergebnis wünscht, der ist mit dieser Technik gut beraten.

▲ **Abbildung 9.20**
Mit rund 75,0 % Deckkraft fällt die Weichzeichnung etwas geringer aus. Für einen direkten Vergleich deaktivieren Sie temporär das obere Augen-Symbol.

Halten Sie sich daher besonders beim Porträt an das Motto: Weniger ist mehr!

▲ **Abbildung 9.21**
Gestochen scharfe Details und dennoch weiche Haut. So soll es sein.

Weichzeichnungsmethoden

Im Dialog GAUSSSCHER WEICHZEICHNER befinden sich Steuerelemente, die zum einen mit FILTER, zum anderen mit ABYSS-REGELN betitelt sind. Beginnen wir mit Letzterem:

Jede Weichzeichnung verschiebt Pixel auf der entsprechenden Ebene. Demzufolge müssen am Rand der Ebene neue Pixel (sprich: neue Farbwerte) zugeordnet werden. Dadurch entsteht am Rand ein Interpretationsspielraum. Wie die Pixel dort aussehen sollen, regeln diese Steuerelemente:

▶ KEINE – Benutzen Sie diese Einstellung, werden am Rand keine Pixelfarben interpretiert. Sie bleiben transparent.

▶ CLAMP (Klemme) – Hier werden die Pixel benutzt, die der aktuellen Position am Rand der Ebene gegenüberliegen, dabei allerdings dieselbe Y-Koordinate haben.

▶ SCHWARZ und WEISS – Diese Optionen interpretieren den Rand wie die Option KEINE, setzen jedoch Schwarz und Weiß anstelle von Transparenzen ein.

Im Bereich FILTER müssen Sie lediglich eine Entscheidung dahingehend treffen, welcher Art Ihre Bilder sind. Wenn Sie hier AUTO stehen lassen, sind Sie generell auf der sicheren Seite.

▸ FIR steht für *Finite Impulse Response*. Diese Einstellung eignet sich für Fotos oder Scans.

▸ IIR steht für *Infinite Impulse Response*. Diese Methode eignet sich für rein computergenerierte Bilder, also weder Fotos noch Scans. Der Algorithmus sorgt bei großen, einheitlichen Flächen für eine bessere Weichzeichnung.

AUF EINGABEGRÖSSE BESCHNEIDEN – Aktivieren Sie diese Checkbox, werden jenseits der aktuell gültigen Arbeitsfläche keine Pixel mehr generiert. (Sie wissen ja: Durch die Weichzeichnung werden am Rand Pixel erzeugt, die es im Bild gar nicht gibt.) Es können keine Pixel jenseits der Arbeitsfläche entstehen.

9.4 Körnung reduzieren oder hinzufügen

Körnung auf einem Foto (auch als *Rauschen* bezeichnet) ist einerseits ein beliebtes Gestaltungsmittel, andererseits ein unerwünschter Effekt. Gerade in der People-Fotografie mag man gut und gerne auf diese kleinen Störelemente verzichten. Möchten Sie hingegen den Charme des Alten wecken oder die Dramaturgie erhöhen, dürfen sich ruhig ein paar Sandkörner auf dem Bild befinden.

Körnung entfernen

ISO-Wert

Mit dem ISO-Wert wird die Lichtempfindlichkeit bemessen (früher: ASA). Je höher der Wert, desto größer ist auch die Lichtempfindlichkeit. In der Praxis bedeutet das: Bei gleicher Blendenöffnung und Verschlusszeit wird das Foto heller, wenn die ISO-Zahl erhöht wird.

Körnungen entstehen häufig beim Fotografieren mit wenig Licht. Die Vollautomatiken der Kameras erhöhen in einem solchen Fall allzu gern den ISO-Wert. Dadurch werden die Aufnahmen heller, was allerdings auch mit der Zunahme von Bildrauschen einhergeht.

Das Entfernen von Körnungen ist eine ziemlich problematische Angelegenheit. Denn im Prinzip müssen Sie Unschärfen zur Überdeckung von Störungen mit einfließen lassen – also einen Makel mit einem anderen Makel beheben. Sie dürfen von GIMP hier keine Wunder erwarten. Was dennoch geht, wollen wir uns im folgenden Beispiel anschauen.

Schritt für Schritt
Fotos entrauschen

Bei der Beispieldatei »Rauschen_01.jpg« haben wir es mit einem Porträt zu tun; da haben Störungen gewöhnlich nichts zu suchen. Während insbesondere die Hautpartien befallen zu sein scheinen, sind die Störungen an der Maske kaum auszumachen. Also müssen wir wieder einmal eine punktuelle Korrektur anwenden.

»Rauschen_01.jpg«

© Robert Klaßen

▲ **Abbildung 9.22**
Eine Haut wie Sandpapier? Dagegen müssen wir etwas tun.

1 Ebene duplizieren
Die Störungen im Bildbeispiel sind sehr stark. Deswegen werden wir später noch maskieren müssen. Sie wissen, was das bedeutet: Sie benötigen zunächst ein Ebenenduplikat (EBENE • EBENE DUPLIZIEREN).

2 Filter hinzufügen
Begeben Sie sich anschließend in das Menü FILTER • VERBESSERN • NL-FILTER. Dieser Filter wird auch als *Schweizer Taschenmesser* bezeichnet, da man mit ihm nicht nur entstören, sondern auch schärfen kann. Stellen Sie eine Vorschau ein, in der sowohl die Haut als auch kontrastierende Kanten, wie z. B. die Augen und Lippen, zu sehen sind.

Vorsicht bei Alphakanälen

Der NL-Filter lässt sich nicht auf Fotos anwenden, die über einen Alphakanal verfügen. Der Befehl erscheint in diesem Fall im Menü ausgegraut. Um ihn anwenden zu können, müssen Sie den Alphakanal vorab löschen.

3 Filter einstellen

Aktivieren Sie den Radio-Button OPTIMALE SCHÄTZUNG. Er ist bei starkem Rauschen auf ebenen Flächen den beiden anderen Werten vorzuziehen. Ziehen Sie den Regler ALPHA auf 0,25 (Intensität der Filterwirkung) und den RADIUS (Umgebungsgröße der einzelnen Pixel, die zur Berechnung herangezogen werden) auf 1,00, ehe Sie mit OK bestätigen.

◀ Abbildung 9.23
Diese Einstellung sorgt für eine sehr viel weichere Haut.

Filteroptionen

ALPHABASIERTER MITTELWERT eignet sich eher bei schwachem Rauschen, während KANTENVERSTÄRKUNG die Übergänge zwischen kontrastierenden Pixeln hervorhebt, das Foto also schärft. Das würde hier jedoch zu einer Verstärkung des Rauschens führen.

4 Scharfzeichner hinzufügen

Die Störungen sind zwar schon sehr gut entfernt worden, doch könnte etwas mehr nicht schaden. Zumindest sollten Sie versuchen, noch einmal nachzulegen. Wenden Sie den Filter also wiederholt an. Das erreichen Sie am schnellsten, indem Sie (Strg)+(F) betätigen (was stets den zuletzt angewendeten Filter mit den zuletzt verwendeten Einstellungen wiederholt).

Dialog erneut öffnen

Wenn Sie bei Benutzung von (Strg)+(F) zusätzlich noch (⇧) gedrückt halten, wird der Filter-Dialog erneut geöffnet – anstelle der Neuanwendung des Filters.

5 Ebene maskieren

Die Haut sieht schon richtig gut aus. Überzeugen Sie sich selbst, indem Sie die oberste Ebene via Augen-Symbol kurz aus- und wieder einschalten. Da Augen, Lippen, Haare und Maske jedoch auffällig unscharf geworden sind, benötigen Sie nun die eingangs erwähnte Maske. Klicken Sie mit rechts auf die oberste Ebene, und wählen Sie EBENENMASKE HINZUFÜGEN. Initialisieren Sie die Maske mit WEISS (VOLLE DECKKRAFT).

▲ **Abbildung 9.24**
Mit Hilfe der Maske können Sie die oberste Ebene noch anpassen.

6 Gesichtsbereiche maskieren

Vergrößern Sie den Bildausschnitt, so dass Augen und Mund groß zu sehen sind. Aktivieren Sie den Pinsel mit der Spitze HARDNESS 025. Stellen Sie ihn auf eine GRÖSSE von etwa 15,00 ein. Reduzieren Sie die DECKKRAFT auf etwa 35,0 %.

◄ **Abbildung 9.25**
Die Haut bleibt weich, während im Bereich von Augen und Lippen die geschärfte Originalebene wieder zum Vorschein kommt.

Danach sorgen Sie dafür, dass Schwarz als Vordergrundfarbe eingestellt ist, und malen ein- bis zweimal über das Auge, die Wimpern sowie den Mund des Models. Dadurch kommt die Schärfe teilweise zurück. Wischen Sie anschließend ein einziges Mal über den Übergang zwischen Wange und Nase. Diese Schattenkante soll ebenfalls ein wenig Schärfe zurückgewinnen.

7 Maske schärfen

Dass Hintergrund und Kleidung jetzt ebenfalls unscharf sind, sollte Sie nicht weiter stören. Wichtiger ist es, die Maske zu schärfen. Denn die soll klar hervortreten.

Zoomen Sie wieder aus dem Bild heraus, setzen Sie die DECK-KRAFT des Pinsels auf 100,0 %, und vergrößern Sie den Durchmesser auf ca. 75,00. Wischen Sie vorsichtig über die Maske sowie den Knoten. Achten Sie darauf, dass Sie nicht über die Hände fahren, wenngleich Sie die Fingernägel durchaus übermalen dürfen.

8 Entrauschen anpassen

Nun sollten Sie entscheiden, ob die Entstörung der Haut zufriedenstellend ist. Danach ergeben sich auch hier wieder verschiedene Möglichkeiten: Wenn die Haut noch nicht entstört genug ist, wenden Sie den Filter einfach ein weiteres Mal an. Ich denke jedoch, dass wir fast schon etwas zu viel des Guten gemacht haben. Die Haut ist jetzt zwar angenehm entstört, doch die Augen und Lippen sind im Vergleich zu scharf. Deshalb würde ich für eine Reduktion der DECKKRAFT der obersten Ebene auf rund 65,0 % eintreten.

▲ **Abbildung 9.26**
Das Foto ist prima entstört worden – und zwar ohne bildrelevante Inhalte in Unschärfe versinken zu lassen.

Körnung hinzufügen

Jetzt gehen wir den umgekehrten Weg. Im folgenden Workshop wollen wir Störungen als gestalterisches Element einsetzen. Sie erfahren außerdem, wie Sie sich der Farbe eines Bildes entledigen können.

Schritt für Schritt
Ein Schwarzweißfoto mit Körnung versehen

Unsere Devise in diesem Workshop lautet: Weg mit der Farbe! Haut schön hell machen! Störungen beimischen!

»Rauschen_02.jpg«

© Robert Klaßen

◄ **Abbildung 9.27**
Unser Ausgangsfoto

1 Farbe entfernen

Nachdem Sie die Beispieldatei »Rauschen_02.jpg« geöffnet haben, duplizieren Sie die Ebene. Danach sollten Sie die Farbe entfernen. Das erreichen Sie über das Menü FARBEN • ENTSÄTTI-GEN • ENTSÄTTIGEN. Vor dem obligatorischen Klick auf OK stellen Sie den MODUS noch von LEUCHTKRAFT auf WERT (HSV). Dadurch erscheint der Teint sehr hell.

◄ **Abbildung 9.28**
Das »schmeichelt dem Teint«, wie es so schön heißt.

Abbildung 9.29 ▶
Das Foto ist jetzt bereits
entsättigt.

2 Ebene erneut duplizieren

Prinzipiell ließe sich der im nachfolgenden Schritt angewendete Filter auf das bereits vorhandene (entfärbte) Ebenenduplikat anwenden. Wir wollen die obere Ebene jedoch ein weiteres Mal duplizieren, damit wir die Intensität der Körnung auch nachträglich noch anpassen können.

3 Filter anwenden

▲ **Abbildung 9.30**
Sämtliche Filter-Checkboxen
sind inaktiv.

Nachdem das erledigt ist, sorgen Sie dafür, dass die Ansichtsgröße der Bilddatei bei 100% liegt. Dann nämlich lassen sich die Auswirkungen der folgenden Schritte besser beurteilen. Selektieren Sie den Filter RGB-RAUSCHEN, den Sie über FILTER • RAUSCHEN finden. Schon befindet sich eine Körnung auf dem Foto – nur leider eine farbige. Das kann so nicht bleiben. Deaktivieren Sie deshalb die Checkbox UNABHÄNGIGE RGB-KANÄLE. Leider ist die Körnung etwas zu stark und fällt insbesondere in den besonders dunklen Bildbereichen zu sehr auf. Schalten Sie deshalb auch LINEARES RGB und GAUSSSCHE VERTEILUNG aus, ehe Sie OK betätigen.

4 Deckkraft reduzieren

Zuletzt senken Sie die DECKKRAFT der obersten Ebene noch ein wenig ab, damit die Körnung insgesamt etwas zurückgefahren wird. Ein Wert um die 60,0 % sollte ganz gut passen.

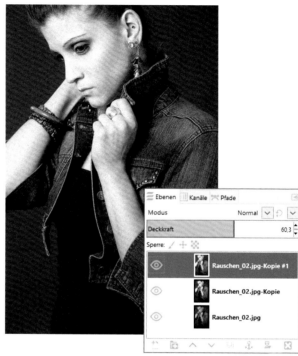

▲ **Abbildung 9.31**
Hier passt das Schwarzweiß ebenso wie die leicht verrauschte Oberfläche. Die fertige Datei besteht aus insgesamt drei Ebenen.

HSV-Rauschen

Abschließend möchte ich Ihnen noch kurz den Filter HSV-RAU-SCHEN ans Herz legen, der sich via FILTER • RAUSCHEN aktivieren lässt. Er ist besonders für Farbfotos geeignet, da sowohl die SÄT-TIGUNG als auch der FARBTON des Rauschens individuell eingestellt werden können. Selbst bei Schwarzweißfotos zaubert er hervorragende Ergebnisse auf den Monitor, da er mit zwei bedeutenden Optionen aufwartet. Probieren Sie es selbst einmal aus, indem Sie Schritt 3 des vorangegangenen Workshops entsprechend ändern und dann mit den beiden Parametern FESTHALTEN (DULLING) und

WERT agieren. Letzterer bestimmt die Intensität des Rauschens, während der oberste Balken regelt, wie stark die Farbe des Rauschens vom ursprünglichen Farbwert des jeweiligen Bildpixels abweichen darf. Je höher der Wert im obersten Balken, desto geringer das Rauschen. Trotz mangelnder Farbe eröffnen sich im Beispielfoto tolle Alternativen. Übernehmen Sie die Werte von Abbildung 9.32, und vergleichen Sie das Resultat mit RGB-RAU-SCHEN aus Schritt 3 des vorangegangenen Workshops. Übrigens sollten Sie Schritt 4 jetzt vernachlässigen.

Abbildung 9.32 ▶
Übernehmen Sie diese Werte.

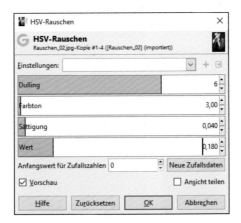

Abbildung 9.33 ▶
Im Foto entsteht ein angenehm gleichmäßiges Rauschen.

Retusche und Montage

Nichts ist, wie es scheint

- ▸ Wie vervielfältige ich Bildbereiche?
- ▸ Wie klone ich Muster?
- ▸ Wie entferne ich Flecken und sonstige Störungen?
- ▸ Wie tausche ich einen Hintergrund aus?
- ▸ Wie gelingen Schönheitskorrekturen?

10 Retusche und Montage

Model-Fotos haben mit der Realität meist nicht viel zu tun. Da werden nämlich Fältchen retuschiert, Augenpartien geliftet und sogar Fettpölsterchen in Luft aufgelöst. Oft sind professionell bearbeitete Fotos aufwendig retuschiert oder sogar aus mehreren Einzelfotos montiert. Wenn Sie sich diese Technik zu eigen machen, können ganz neue Bilder entstehen, denen man gar nicht ansieht, dass sie in Wirklichkeit »nicht echt« sind.

10.1 Klonen – Bildbereiche vervielfältigen

Wenn man vom Klonen spricht, erzeugt das nicht selten einen bitteren Beigeschmack. Wer erinnert sich nicht an das Schaf Dolly, das erste geklonte Säugetier. Nun wollen wir uns in diesem Buch nicht der damit verbundenen Ethik widmen, sondern gefahrlos und ohne jegliche Bedenken klonen, was uns gerade in den Sinn kommt. Immerhin wartet GIMP mit einem interessanten Stempel auf, der so etwas ermöglicht.

Arbeiten mit dem Klonen-Werkzeug

Der im Werkzeugkasten enthaltene Stempel, das Klonen-Werkzeug, erlaubt es dem Anwender, Gegenstände nach Wunsch zu duplizieren. Das funktioniert sogar ebenen- und bildübergreifend. Lassen Sie uns mit etwas Einfachem beginnen.

Abbildung 10.1 ▶
Dieser Kalibrierwürfel, wie er oft in der Studio-Fotografie zum Einsatz kommt, ist Gegenstand unseres ersten Workshops.

© Robert Klaßen

Schritt für Schritt
Ein Objekt klonen

Zunächst wollen wir den Kalibrierwürfel mitsamt Stativ duplizieren. Danach ändern wir die Größe des Objekts. Auf einem ebenmäßigen Hintergrund wie im Beispielfoto geht das wie von selbst.

»Klonen.jpg«

1 Neue Ebene erzeugen

Prinzipiell können Sie auf ein und derselben Ebene klonen. Da wir das geklonte Objekt jedoch später noch individuell bearbeiten wollen, ist eine neue Ebene erforderlich. Erstellen Sie also eine neue Ebene im MODUS: NORMAL, die Sie »Repro« nennen und mit der FÜLLUNG: TRANSPARENZ versehen.

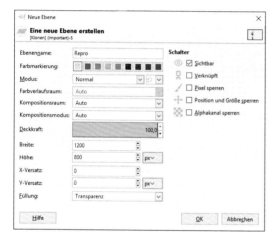

▲ **Abbildung 10.2**
Für dieses spezielle Beispiel benötigen wir eine separate Ebene.

2 Werkzeug einstellen

Stellen Sie das Foto so dar, dass seine gesamte Fläche sichtbar ist (entsprechend Ihrer Bildschirmgröße ein- oder auszoomen). Aktivieren Sie danach das Klonen-Werkzeug ([C]), und wählen Sie den Pinsel HARDNESS 050 ❶ mit einer GRÖSSE ❷ von ca. 250,00. Als QUELLE ❸ soll das BILD benutzt werden. Zuletzt widmen Sie sich dem untersten Pulldown-Menü innerhalb des Werkzeugkastens. Es ist mit AUSRICHTUNG ❹ betitelt. Stellen Sie hier unbedingt von KEIN auf AUSGERICHTET um. (Was es damit auf sich hat, erfahren Sie gleich.)

▲ **Abbildung 10.3**
Beachten Sie die Einstellungen des Klonen-Werkzeugs, ehe Sie fortfahren.

3 Pixel aufnehmen

Denken Sie jetzt einmal bitte kurz an die Funktionsweise eines realen Stempels. Diesen müssen Sie ja zunächst auf das Stempelkissen drücken, ehe Sie die aufgenommene Farbe dann irgendwo anders reproduzieren können. Genauso verhält es sich auch mit dem GIMP-Stempel. Aktivieren Sie zunächst die unterste Ebene (KLONEN.JPG) innerhalb der Ebenen-Palette, und setzen Sie das Klonen-Werkzeug danach so an, wie in Abbildung 10.4 zu sehen.

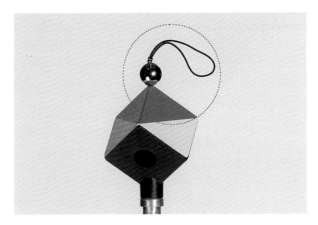

▲ **Abbildung 10.4**
Schlaufe und Chromkugel sollen vollständig vom Rand des
Werkzeugs umschlossen sein.

Von genau dieser Position (der untersten Ebene) wollen wir nun die Pixel aufnehmen, die sich innerhalb des Kreises befinden. Und das geht so: Halten Sie Strg gedrückt, und klicken Sie einmal kurz mit der linken Maustaste. Danach dürfen Sie Strg loslassen.

4 Reproduktionsstelle definieren

Bevor es jetzt weitergeht, müssen Sie die Ebene wechseln. Aktivieren Sie die oberste Ebene (REPRO). Gehen Sie danach mit der Maus weiter nach rechts (siehe Abbildung 10.5). Wenn Sie dabei temporär ⬙ gedrückt halten, wird eine Parallellinie zur Aufnahmestelle erzeugt. Das soll die Positionierung vereinfachen, genauer gesagt die Ausrichtung des Klons zum Original. Wenn die Linie ein wenig schräg nach unten ausgerichtet ist, lassen Sie ⬙ los. Der Würfel soll am Ende nämlich etwas weiter im Hintergrund angeordnet werden als der andere.

▲ **Abbildung 10.5**
Bevor Sie reproduzieren, müssen Sie die ⌂-Taste wieder loslassen.

5 Klon erstellen

Klicken Sie auf das Foto, halten Sie die Maustaste gedrückt, und wischen Sie langsam hin und her. Sie dürfen gern zwischendurch einmal absetzen und danach erneut klicken. Vervollständigen Sie so langsam den Würfel. Wischen Sie über das Foto, bis der gesamte Klon fertig ist. Achten Sie darauf, dass Sie keine Bereiche übersehen.

Absetzen erlaubt

Dass dieses Absetzen zwischendurch erlaubt ist, ist auf die vorherige Aktivierung von AUSGE-RICHTET zurückzuführen. Hätten Sie hier KEIN stehen lassen, wäre die Pixelaufnahme nach erneutem Ansetzen wieder von der oberen Ecke des Würfels erfolgt. Und damit ließe sich keine komplexe Reproduktion erstellen.

▲ **Abbildung 10.6**
Die Aufnahmestelle (linker Kreis) wandert synchron zur Reproduktionsstelle (rechter Kreis) mit. Erst das macht nahtloses Klonen möglich.

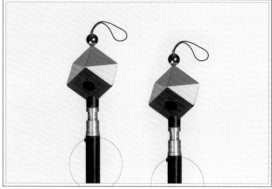

▲ **Abbildung 10.7**
Am Ende sollte Ihr Bild so aussehen.

6 Unterste Ebene deaktivieren

Schauen Sie sich jetzt einmal genau an, was geklont worden ist. Das erreichen Sie am schnellsten, indem Sie das Augen-Symbol der untersten Ebene ❶ vorübergehend deaktivieren. Lassen Sie aber trotzdem die oberste Ebene aktiv.

271

Abbildung 10.8 ▶
In der Tat haben Sie nicht nur die Figur geklont, sondern auch Teile des Hintergrunds – nämlich alle Bereiche, die Sie überwischt haben. Dies wird deutlich, wenn Sie die unterste Ebene vorübergehend deaktivieren.

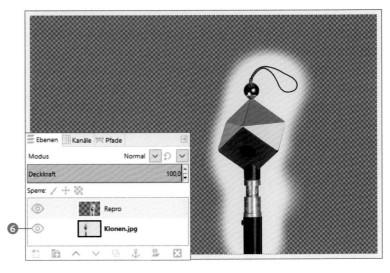

Keine Hilfslinien zu sehen?

Sollten keine Hilfslinien angezeigt werden, überprüfen Sie bitte das Steuerelement HILFSLINIEN in den Werkzeugeinstellungen. Wählen Sie ANZAHL DER LINIEN, und setzen Sie den Wert unterhalb dieses Steuerelements auf 15.

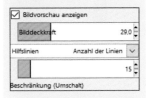

▲ Abbildung 10.9
Sorgen Sie dafür, dass horizontal und vertikal je 15 Hilfslinien angezeigt werden.

7 Werkzeug wählen

Schalten Sie die unterste Ebene wieder ein, wobei aber die obere Ebene (REPRO) angewählt bleiben sollte. Aktivieren Sie das Werkzeug VEREINHEITLICHTE TRANSFORMATION (⇧+T), und klicken Sie auf das Bild. Das bewirkt, dass ein Gitter angezeigt wird.

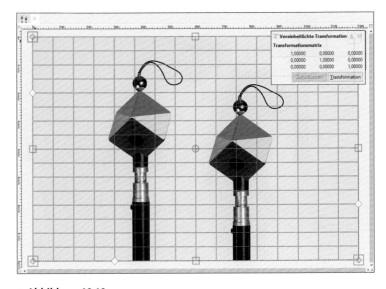

▲ Abbildung 10.10
Nach einem Klick auf das Foto wird das Transformationsgitter angezeigt.

8 Objekt transformieren

Setzen Sie jetzt einen Klick auf das obere linke Quadrat des Gitters
❷. Achten Sie darauf, dass Sie nicht versehentlich die kleine Raute
in der Mitte des Quadrats ❸ erwischen. Klicken Sie das Quadrat
an, und ziehen Sie mit gedrückter Maustaste nach unten rechts,
wobei Sie auch ⌈⇧⌋ gedrückt halten sollten. Das verhindert, dass
sich beim Verkleinern die Proportionen des Bildes ändern. Stoppen Sie, wenn der rechte Kalibrierwürfel deutlich kleiner ist als
der linke (Original-Würfel). Lassen Sie zunächst die Maustaste
und danach ⌈⇧⌋ los. Bestätigen Sie die TRANSFORMATION mit Klick
auf den gleichnamigen Button oben rechts in der Overlay-Palette
❹, oder betätigen Sie die ⌈↵⌋-Taste.

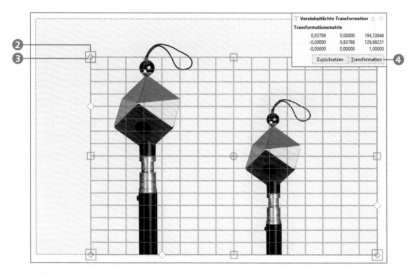

▲ **Abbildung 10.11**
Dieser Größenunterschied ist prima.

9 Ebene weichzeichnen

Im Foto soll es so aussehen, als befände sich das verkleinerte Duplikat im Hintergrund. Deshalb wollen wir es ein wenig unscharf darstellen, was gelingt, wenn Sie FILTER • WEICHZEICHNEN • GAUSSSCHER
WEICHZEICHNER aktivieren. Sorgen Sie dafür, dass das Ketten-Symbol rechts im Dialogfeld aktiv ist, und setzen Sie einen der beiden
Größenparameter (X-GRÖSSE oder Y-GRÖSSE) auf 1,00. Welchen
der beiden Sie benutzen, spielt keine Rolle, da der jeweils andere
bei aktivem Ketten-Symbol automatisch angeglichen wird.

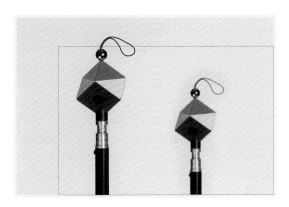

▲ **Abbildung 10.12**
Erzeugen Sie eine Weichzeichnung.

▲ **Abbildung 10.13**
Der rechte Würfel ist weichgezeichnet, was uns glauben
lässt, er sei weiter entfernt.

10 Optional: Würfel erneut reproduzieren

Wer mag, kann jetzt die oberste Ebene erneut duplizieren und
mit Hilfe des Tools VEREINHEITLICHTE TRANSFORMATION das Objekt
abermals verkleinern (diesmal ziehen Sie bitte das obere rechte
Quadrat nach unten links, während Sie erneut ⬚ gedrückt halten). Bestätigen Sie die Transformation mit ⏎, und wenden Sie
den GAUSSSCHEN WEICHZEICHNER erneut an – und zwar zweimal. Am schnellsten geht das, wenn Sie zweimal hintereinander
Strg + F drücken, was die Zuweisung des jeweils letzten Filters
wiederholt, ohne dass Sie den Dialog erneut öffnen müssen.

Abbildung 10.14 ▶
Das Resultat unserer ersten
Klon-Versuche

Grenzen des Klonens

Der vorangegangene Workshop ist gelungen, weil das Foto über
einen einheitlichen Hintergrund verfügt. Wenn das nicht der Fall

ist, funktioniert auch das Klonen nicht wunschgemäß. Sie müssen bedenken, dass GIMP nicht in der Lage ist, nur einen Teil der Bildbereiche aufzunehmen, sondern alles inkludiert, was sich im Kreis des Werkzeugs befindet. Demzufolge wird auch der Hintergrund mit kopiert. Wenn dieser nun nicht einheitlich ist, fällt die Bildmanipulation sofort auf. Sie müssten in einem solchen Fall zunächst Vorder- und Hintergrund (also zu klonende und nicht zu klonende Bereiche) mit Hilfe einer Ebenenkopie und einer Auswahl voneinander trennen.

◄ **Abbildung 10.15**
Der Hintergrund (im Beispiel die Brücke) wird mit geklont. Das kann natürlich niemals Sinn und Zweck der Übung sein.

Quelle festlegen

Schauen Sie sich das Klon-Tool noch einmal etwas genauer an. Wenn die Option BILD ❶ (im Bereich QUELLE) aktiviert ist, werden Pixel aus dem Bild aufgenommen (so wie im vorangegangenen Workshop beschrieben). Sollten Sie mit Fotos arbeiten, die aus mehreren Ebenen bestehen, ist zudem die Checkbox VEREINIGUNG PRÜFEN ❷ interessant. Ist sie inaktiv, werden nur Pixel von der aktuell ausgewählten Ebene aufgenommen. Möchten Sie jedoch erreichen, dass der Stempel mit Inhalten aus mehreren Ebenen gleichzeitig gefüllt wird, aktivieren Sie vorab diese Checkbox.

Schalten Sie um auf MUSTER ❸, werden keine Pixel aus dem Foto reproduziert, sondern es wird eine Struktur erzeugt, die in

▲ **Abbildung 10.16**
Das Klonen-Werkzeug bringt zahlreiche Optionen mit.

❹ ersichtlich ist. Mit einem Klick auf die Miniatur lässt sich diese Struktur im Übrigen vielfältig verändern.

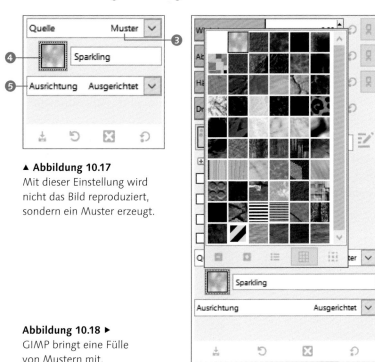

▲ **Abbildung 10.17**
Mit dieser Einstellung wird nicht das Bild reproduziert, sondern ein Muster erzeugt.

Abbildung 10.18 ▶
GIMP bringt eine Fülle von Mustern mit.

Ausrichtung festlegen

Wie bereits im vorangegangenen Workshop erwähnt, gibt es verschiedene Möglichkeiten der AUSRICHTUNG ❺. Diese sind maßgeblich für das Ergebnis eines Klons:

▸ KEIN: Der Aufnahme- bzw. Quellbereich (zu reproduzierende Pixel) wandert nur so lange mit, bis Sie die Maustaste loslassen. Danach wird der Aufnahmekreis erneut auf seine ursprüngliche Position zurückversetzt. Diese Einstellung eignet sich immer dann, wenn Sie ein bestimmtes Objekt mehrfach mit einzelnen Mausklicks an unterschiedlichen Positionen reproduzieren wollen (siehe Abbildung 10.19).

▸ AUSGERICHTET: Wie Sie im vorangegangenen Workshop feststellen konnten, wandert die Aufnahmestelle im Verhältnis zur Reproduktionsstelle mit. Das bedeutet: Große Objekte lassen sich in kleineren Arbeitsgängen Stück für Stück reproduzieren.

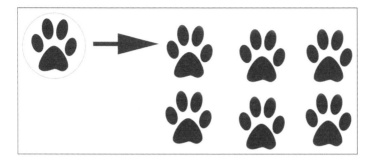

◀ **Abbildung 10.19**
Die Aufnahmestelle (links) lässt sich mit mehreren Mausklicks an unterschiedlichen Positionen reproduzieren, sofern die AUSRICHTUNG auf KEIN steht.

▶ REGISTRIERT: Diese Einstellung eignet sich, um Pixel deckungsgleich von einer auf eine andere Ebene zu übertragen. Dabei markieren Sie zunächst bei gehaltener Taste ⌷Strg⌷ die Quellebene und wischen anschließend mit dem Klonen-Werkzeug über die Zielebene. Die reproduzierten Stellen befinden sich anschließend auf der gewählten Ebene. (Das Ergebnis wird erst dann sichtbar, wenn Sie die unterste Ebene über das Augen-Symbol der Ebenen-Palette temporär ausschalten.)

▶ FEST: Hier wird die Aufnahmestelle zum Zeitpunkt der Reproduktion grundsätzlich beibehalten, selbst dann, wenn Sie die Maustaste zur Reproduktion gedrückt halten und mit dem Zeigegerät wischen.

10.2 Reparieren und retuschieren

Das Heilen-Werkzeug ist dem Klonen-Werkzeug sehr ähnlich. Auch hier müssen Sie zunächst eine Struktur aufnehmen, die zur Reproduktion herangezogen wird. Allerdings werden hier die Pixel nicht 1:1 ersetzt, sondern an die Umgebung der Zielstelle angeglichen. Immerhin wird das Werkzeug ja auch eher zur Reparatur verwendet.

Retusche mit dem Heilen-Werkzeug

Wenn es darum geht, komplexe Bildbereiche zu retuschieren, ist es mitunter sinnvoll, das Klonen-Werkzeug einzusetzen. Kleinere Unebenheiten jedoch lassen sich prima mit dem Heilen-Werkzeug bearbeiten.

Weitere Funktionsweisen

Das Werkzeug HEILEN bewirkt ein anderes Ergebnis als das Werkzeug KLONEN, da es die Umgebung der Zielstelle berücksichtigt. Dennoch sind die weiteren Einstellungen, die sich innerhalb des Werkzeugkastens befinden, mit dem Klonen-Werkzeug identisch.

»Heilen.jpg«

© Robert Klaßen

Schritt für Schritt
Ein Porträt retuschieren

Prinzipiell ist an dem Beispielfoto »Heilen.jpg« nichts auszuset-zen. Dennoch könnten einige Hautpartien überarbeitet werden. Das ist legitim – und in der Welt der Model-Fotografie durchaus üblich.

1 Werkzeug einstellen

Zoomen Sie auf das Gesicht ein (200%), und begutachten Sie das Foto. Danach erzeugen Sie zum Zweck einer späteren Vergleichs-möglichkeit eine Kopie der Ebene. Stellen Sie das richtige Werk-zeug ein; in diesem Fall das Heilen-Tool, das sich auch mit Hilfe von H aktivieren lässt. Entscheiden Sie sich für eine harte Pinsel-spitze (HÄRTE ca. 85) und eine GRÖSSE von rund 10,00 bis 12,00. Belassen Sie die AUSRICHTUNG bei KEIN. (Wir müssen ohnehin fast jede zu retuschierende Stelle neu aufnehmen.)

2 Pixel aufnehmen

Platzieren Sie das Werkzeug auf dem ersten zu retuschierenden Muttermal (hier: eines unter dem bildrechten Auge). Prüfen Sie, ob der Durchmesser des Werkzeugs für diese Stelle ausreicht.

▲ **Abbildung 10.20**
Ein paar Feinheiten lassen sich auch hier noch heraus-arbeiten.

Größe einstellen

Der Kreis sollte etwas größer sein als die zu re-tuschierende Stelle. Ist das nicht der Fall, passen Sie die Größe der Pinsel-spitze entsprechend an.

◄ **Abbildung 10.21**
Der Kreis sollte etwas größer sein als die zu retuschierende Stelle.

3 Erste Stelle entfernen

Nun ist es wichtig, dass Sie das Werkzeug etwas nach links und nach oben verschieben an eine Stelle, an der die Haut einwand-frei ist. Gehen Sie dabei nicht zu weit von der zu retuschierenden

Stelle weg. An dieser Position halten Sie zunächst $\boxed{\text{Strg}}$ gedrückt und klicken kurz mit der Maus darauf. Danach dürfen Sie auch $\boxed{\text{Strg}}$ wieder loslassen. Führen Sie die Maus zurück zum Muttermal, und klicken Sie dort erneut (ohne $\boxed{\text{Strg}}$).

◄ **Abbildung 10.22**
Das Mal löst sich umgehend in Wohlgefallen auf.

4 Korrektur abschließen

Nehmen Sie sich jetzt auch die anderen Stellen vor. Dabei dürfen Sie grundsätzlich all jene Stellen anklicken, die einer Retusche bedürfen – und zwar ohne Neudefinition einer Quelle. Erst wenn Sie feststellen, dass die zu reproduzierende Stelle unsauber geworden ist, weil die Pixel optisch an dieser Position nicht passen, machen Sie den letzten Schritt rückgängig und nehmen eine neue Quelle (per $\boxed{\text{Strg}}$+Klick).

5 Ergebnis ansehen

Gönnen Sie sich einen Vorher-nachher-Vergleich, indem Sie die oberste Ebene aus- und wieder einschalten (über das Augen-Symbol in der Ebenen-Palette). Sind Sie zufrieden?

»Heilen_bearbeitet.xcf«, »Heilen_belichtet.xcf« im Ordner ERGEBNISSE

◄ **Abbildung 10.23**
Der Vorher-nachher-Vergleich (finales Foto: »Heilen_bearbeitet.xcf«)

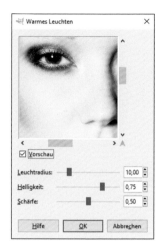

▲ **Abbildung 10.24**
In der Vorschau wirkt der Effekt zu stark. Das macht aber nichts, da wir die Intensität ja später noch über die Ebenendeckkraft herabsetzen können.

6 Optional: Haut aufhellen

Wer ein noch schmeichelhafteres Resultat möchte, der kann die hellen Stellen der Haut noch ein wenig anheben. Gerade bei Frauenporträts macht sich diese Technik gut.

Duplizieren Sie dazu die Ebene. Danach entscheiden Sie sich für FILTER • KÜNSTLERISCH • WARMES LEUCHTEN (VERALTET) und setzen den LEUCHTRADIUS auf 10,00, die HELLIGKEIT auf 0,75 und die SCHÄRFE auf 0,50, ehe Sie mit OK bestätigen. Zuletzt setzen Sie den MODUS der obersten Ebene auf LUMA NUR ERHELLEN (zur Drucklegung dieses Buches mit LUMA/LUMINANCE LIGHTEN ONLY betitelt) und die DECKKRAFT auf ca. 20,0 %. Der Luma-Modus sorgt dafür, dass helle Bildbereiche zusätzlich aufgehellt werden, während dunkle Bildpixel von der Veränderung ausgenommen sind. Dadurch bleibt unser Hintergrund sehr dunkel. Das Ergebnis heißt »Heilen_belichtet.xcf« und ist, wie üblich, im Ordner ERGEBNISSE zu finden.

▲ **Abbildung 10.25**
Nicht nur die Retusche, sondern auch die Aufhellung kommt dem Teint zugute.

Größere Flächen retuschieren

Im vorangegangenen Workshop hatten wir es eher mit wenigen kleinen Stellen zu tun. Nun schauen wir uns an, was zu tun ist, wenn der Aufwand etwas größer wird. Statt einzelner Mausklicks werden wir jetzt zu retuschierende Stellen wie mit einem Pinsel übermalen.

Schritt für Schritt
Verunreinigungen entfernen

Bei der Datei »Retusche.jpg« handelt es sich um eine an sich sehr schöne Aufnahme, wären da nur nicht die zahlreichen Verunreinigungen im Wasser. Die müssen weg.

»Retusche.jpg«

© Renate Klaßen

◄ **Abbildung 10.26**
Lassen Sie uns das Gewässer reinigen.

1 Pinsel einstellen
Beginnen Sie wieder mit einem Ebenenduplikat (EBENE • EBENE DUPLIZIEREN). Danach zoomen Sie auf das Gewässer ein (200 %) und aktivieren das Heilen-Tool ([H]). Stellen Sie eine GRÖSSE von ca. 20,00 bei einer HÄRTE von 75,0 ein.

2 Die ersten Verunreinigungen entfernen
Kratzer und längliche Retuschestellen sind leider etwas schwerer zu entfernen als die Muttermale im vorangegangenen Workshop. Beginnen Sie mit den kleinen Halmen im Wasser. Suchen Sie sich unweit der Retuschestelle eine Position, an der nur das Grün des Meeres auszumachen ist. Dort platzieren Sie einen Mausklick, während Sie [Strg] gedrückt halten. Überfahren Sie die zu retuschierende Stelle anschließend mit einem Wisch bei gehaltener linker Maustaste. An Stellen, an denen sich direkt neben der Retuschestelle ein Lichtreflex befindet (die weißen Stellen), müssen Sie die Aufnahmestelle etwas weiter von der

Retuschestelle entfernt definieren und vorsichtig arbeiten. Die Reflexe sollen ja schließlich erhalten bleiben. Danach fahren Sie die Halme und Grasbüschel ab – wie gesagt, mit gehaltener linker Maustaste.

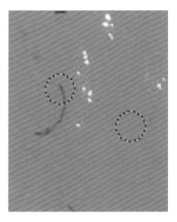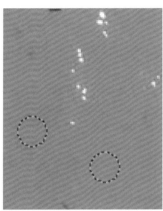

Abbildung 10.27 ▶
Wischen Sie vorsichtig über die Stellen, die entfernt werden sollen.

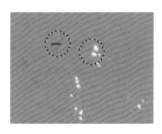

▲ **Abbildung 10.28**
Die Quellposition (rechter Auswahlkreis) beinhaltet einen Reflex. Dieser würde sich bei der Retusche auf die Zielposition (links) übertragen.

3 Quelle beachten

Bitte beachten Sie, dass die Quelle (hier: der rechte Kreis) beim Wischen mit wandert. Der Quellbereich sollte also in der Richtung, in der Sie retuschieren wollen, von keinen weiteren Verunreinigungen durchzogen sein. Anderenfalls würden diese auf die Zielstelle übertragen und so für zusätzliche Verunreinigungen sorgen.

Sollten sich im Quellkreis Verunreinigungen oder Reflexe befinden, positionieren Sie das Werkzeug an einer freien Stelle und klicken dort, während Sie $\boxed{\text{Strg}}$ gedrückt halten. Sie nehmen dann neue Pixel auf. Auf diese Weise dürften sich eigentlich sämtliche zu reparierende Stellen gut bearbeiten lassen – inklusive des kleinen Lochs in der linken Holzplanke des Steges.

4 Farbwerte verbessern

Jetzt wollen wir die Farben noch ein wenig auffrischen. Dazu entscheiden Sie sich für WERTE im Menü FARBEN und ziehen zunächst den Weißpunkt (das rechte Dreieck unterhalb des Quellwert-Histogramms) nach links bis auf 220. Danach ist der Schwarzpunkt (schwarzes Dreieck ganz links) an der Reihe, den Sie nach rechts bis auf 20 ziehen. Zuletzt sollten die Mitteltöne (graues Dreieck) so weit nach links wandern, bis diese bei ca. 1,20 stehen. Bestätigen Sie mit OK.

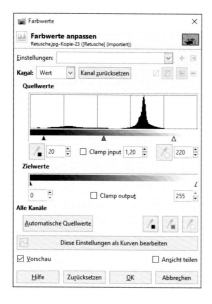

◄ **Abbildung 10.29**
So bekommt das Bild mehr
Dynamik.

5 Sättigung erhöhen

Begeben Sie sich erneut in das Menü FARBEN, selektieren SÄTTIGUNG und ziehen den Regler SKALIERUNG nach rechts, bis ein Wert von ca. 1,300 erreicht ist. Bestätigen Sie auch diese Aktion.

◄ **Abbildung 10.30**
Das Foto ist in der Karibik entstanden. Entsprechend sollten auch die Farben leuchten.

▲ **Abbildung 10.31**
Sauberes Wasser, leuchtende Farben – der krönende Abschluss einer
gelungenen Bildbearbeitung

10.3 Montagen

Flecken zu entfernen oder Bildbereiche zu vervielfältigen ist eine Sache. Eine andere Sache ist es, komplexe Bildbereiche zu verändern oder sogar komplett auszutauschen. Hier helfen die angesprochenen Werkzeuge nicht weiter. Sie müssen das Foto im wahrsten Sinne des Wortes sezieren.

Transparenzen und Alphakanäle

Bevor Sie sich in die Praxis stürzen, sollten Sie Ihre Aufmerksamkeit zunächst auf die Themen *Alphakanal* und *Transparenz* richten. Dazu müssen wir uns kurz vergegenwärtigen, dass wir es bei einem herkömmlichen Foto mit drei Kanälen zu tun haben. Gemeint sind die drei Farbkanäle, die die Rot-, Grün- und Blau-Informationen des Fotos beinhalten. (In Kapitel 7, »Farben und Tonwerte korrigieren«, haben Sie ja bereits erste Erfahrungen damit gemacht – siehe Abschnitt »Fotos kanalweise bearbeiten« auf Seite 212.) Nun kann einem Bild aber noch ein weiterer Kanal hinzugefügt werden, nämlich ein sogenannter *Alphakanal*. Der speichert dann, in welchen Bereichen eines Fotos Bildinformationen vorliegen, also Pixel vorhanden sind, und in welchen nicht. Wo sich keine oder in der Deckkraft reduzierte Pixel befinden, spricht man von sogenannten *Transparenzen*. Die Farbkanäle können jedoch keine Transparenzen speichern. Deswegen bedarf es des zusätzlichen Alphakanals. Nun muss GIMP für jene Bereiche, in denen Transparenzen auftauchen, natürlich eine Visualisierung anbieten. Woher sollte der Bildbearbeiter ansonsten wissen, wo Transparenzen vorhanden sind? Deswegen werden hier Schachbrettmuster angezeigt. In Wirklichkeit befindet sich dort nichts.

Abbildung 10.32 ▶
Transparente Bereiche, also Stellen, an denen sich keine Bildpixel befinden, werden mit Hilfe eines Schachbrettmusters visualisiert.

Bilder zusammenfügen – Hintergründe austauschen

Sehr häufig hält man ein schönes Foto in Händen, bei dem der Hintergrund (im folgenden Beispiel der Himmel) gar nicht so recht passen mag. Vielleicht ist der Himmel an diesem Tag von zu vielen Wolken bedeckt, oder er ist trist, im ungünstigsten Fall sogar grau. So etwas will meist niemand.

Schritt für Schritt
Einen Himmel austauschen

Öffnen Sie das Bild »Himmel_01.jpg«. Die Frage nach dem Farbprofil beantworten Sie mit UMWANDELN. Lassen Sie das Motiv auf sich wirken. Schönes Foto, aber wenn man den Himmel anschaut, ist es kaum zu glauben, dass dieser Schnappschuss aus der Karibik stammt. Nun, es existiert noch ein zweites Foto, bei dem der Himmel in Ordnung ist. Doch dazu später mehr.

»Himmel_01.jpg«

© Renate Klaßen

◄ **Abbildung 10.33**
Der Himmel kommt hier leider gar nicht zur Geltung.

1 Auswahl erzeugen

Aktivieren Sie den ZAUBERSTAB ($\boxed{U}$), wobei Sie einen SCHWELLWERT von rund 20,0 einstellen sollten. Unter AUSWAHL NACH belassen Sie es bei dem Standardparameter ZUSAMMENSETZEN.

Klicken Sie jetzt einmal auf den Hintergrund. Das sollte dazu führen, dass der komplette Himmel in einem Arbeitsgang aufgenommen und mit einer Auswahl versehen wird. (Bei anderen

▲ **Abbildung 10.34**
Das Beispielfoto bearbeiten wir mit dem ZAUBERSTAB.

285

Motiven müssten Sie eventuell den Modus des Zauberstabs auf Zur aktuellen Auswahl hinzufügen umschalten und mehrere Stellen des Himmels per Mausklick markieren.)

Abbildung 10.35 ▶
Es ist nicht auf den ersten Blick zu sehen, aber derzeit ist tatsächlich nur der Hintergrund ausgewählt.

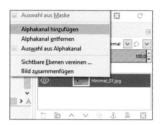

▲ Abbildung 10.36
Da wir im nächsten Schritt Transparenzen erzeugen, ist hier ein Alphakanal vonnöten.

Magnetische Schere

Komplizierte Auswahlbereiche können Sie auch mit der Magnetischen Schere (Ⓘ) einfangen. Dazu fahren Sie die Konturen des Himmels ab und platzieren überall dort einen Mausklick, wo eine Richtungsänderung zu erfolgen hat. Den letzten Mausklick platzieren Sie dann auf dem Anfangspunkt, damit die Auswahl in sich geschlossen werden kann.

Abbildung 10.37 ▶
Der triste Himmel ist Geschichte.

2 Alphakanal hinzufügen

Würden Sie jetzt einfach die ⌈Entf⌉-Taste drücken, würde der Himmel zwar entfernt, der Hintergrund allerdings mit Weiß gefüllt. Das bringt uns in diesem Fall nicht weiter, weshalb Sie mit der rechten Maustaste auf die Hintergrund-Ebene innerhalb der Ebenen-Palette klicken sollten. Selektieren Sie Alphakanal hinzufügen aus dem Kontextmenü.

3 Himmel entfernen

Drücken Sie jetzt ganz einfach auf ⌈Entf⌉, oder entscheiden Sie sich für Bearbeiten • Löschen. An der Stelle, an der sich eben noch der Himmel befunden hat, ist jetzt das bereits bekannte Schachbrettmuster zu sehen, das ja (Sie wissen es längst) stets auf Transparenzen hindeutet. Heben Sie die Auswahl anschließend auf (Auswahl • Nichts).

4 Foto hinzufügen

Gut, der Himmel ist weg; aber woher kriegen wir jetzt einen neuen? Ich verrate es Ihnen: aus Norddeutschland. (Ich hätte es nie für möglich gehalten, dass sich der Himmel über der Nordsee einmal für die Reparatur eines Karibik-Fotos verwenden lässt.) Nun soll das Bild aber nicht einfach so geöffnet werden. Wählen Sie daher ALS EBENEN ÖFFNEN aus dem Menü DATEI. Entscheiden Sie sich für das Foto »Himmel_02.jpg« aus den Beispieldateien. Beim Farbprofil-Import wählen Sie erneut UMWANDELN.

»Himmel_02.jpg«

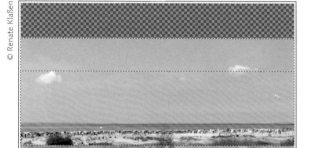

◄ **Abbildung 10.38**
Nordsee-Himmel in der
Karibik? Seltsam …

© Renate Klaßen

5 Himmel anpassen

Aktivieren Sie das Verschieben-Werkzeug (M̄), klicken Sie mitten auf den Himmel der neu hinzugekommenen Ebene, und schieben Sie das Bild so weit nach oben, bis die oberste Ebene an den oberen Bildrand ragt. Um zu verhindern, dass die Ebene seitlich abwandert, halten Sie während des gesamten Ziehvorgangs Strg gedrückt. Zuletzt müssen Sie nichts weiter tun, als die obere Ebene (HIMMEL _ 02.JPG) innerhalb der Ebenen-Palette nach unten zu ziehen (unter die Ebene HIMMEL _ 01.JPG).

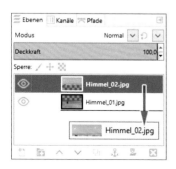

◄ **Abbildung 10.39**
Ändern Sie die Ebenen-
reihenfolge.

6 Ebenen angleichen

Was noch nicht so recht passt, ist die Helligkeit der Strand-Ebene (jetzt die obere). Markieren Sie diese daher innerhalb der Ebenen-Palette, gefolgt von FARBEN • WERTE. Ziehen Sie den Weißpunkt-Regler ❶ unterhalb des Histogramms auf ca. 210. Bestätigen Sie mit OK.

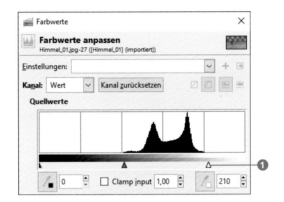

Abbildung 10.40 ▶
Damit wird die Strand-Ebene gewaltig aufgehellt.

7 Ebenen vereinen

»Himmel_bearbeitet.xcf«

Vereinen Sie beide Ebenen zu einer (so Sie es denn wollen), indem Sie mit rechts auf eine der Ebenen klicken (in der Ebenen-Palette) und sich im Kontextmenü für BILD ZUSAMMENFÜGEN entscheiden. Im Ergebnis »Himmel_bearbeitet.xcf« habe ich diesen Schritt jedoch bewusst weggelassen, damit Sie das Zusammenwirken beider Ebenen besser begutachten können.

Abbildung 10.41 ▶
Wer hätte das gedacht – der Himmel über der Nordsee ist imposanter als der über Mexiko!

Eigene Hintergründe erstellen

Nicht immer lässt sich ein Hintergrund so einfach austauschen wie im vorangegangenen Beispiel. In der Regel ragen Objekte aus dem Vordergrund in den Hintergrund hinein und überdecken ihn teilweise. Noch schlimmer wird es, wenn Haare ins Spiel kommen. Dann gelingt die Montage noch nicht einmal unter Zuhilfenahme der Auswahlwerkzeuge.

Schritt für Schritt
Hintergrund austauschen

Der letzte Workshop zum Thema Montagen verlangt Ihnen noch einmal einiges an Konzentration ab. Im Gegenzug werden Sie mit Fertigkeiten entlohnt, die jede Ihrer Montagen künftig locker von der Hand gehen lässt. Das Freistellen von Haaren ist die Königsklasse der digitalen Bildbearbeitung. Außerdem soll in diesem Abschnitt gezeigt werden, wie Sie mit dem Klonen-Werkzeug ganz easy eigene Hintergründe erstellen.

»Haare.jpg«

© Renate Klaßen

◄ **Abbildung 10.42**
Der eintönig graue Hintergrund soll einer geklonten Rückwand weichen.

1 Bild zerlegen

Das Schwierigste gleich zu Beginn: Sie müssen jetzt versuchen, das Model auf dem Foto freizustellen. Doch wie soll das gehen? Einzelne Haare mit einer Auswahl freizustellen ist ein Ding der Unmöglichkeit. Deshalb zerlegen wir das Foto zunächst in seine einzelnen Kanäle. Erinnern Sie sich noch? Das geht so: FARBEN •

▲ **Abbildung 10.43**
Nicht das Model, sondern die Farbkanäle werden zerlegt.

KOMPONENTEN • ZERLEGEN. Diesmal soll die Zerlegung anhand der RGB-Kanäle erfolgen. Stellen Sie daher RGB im Feld FARBMODUS ein, und klicken Sie anschließend auf OK. IN EBENEN ZERLEGEN muss dabei aktiv sein.

2 Kanäle vergleichen

Wie Sie sehen, erzeugt GIMP nun eine komplett neue Bilddatei, bei der innerhalb der Ebenen-Palette die Kanäle ROT, GRÜN und BLAU als Graustufenbilder angelegt werden. Beachten Sie die voneinander abzutrennenden Segmente, also die Haare des Models, sowie den Hintergrund. Versuchen Sie durch Ein- und Ausschalten der einzelnen Ebenen herauszufinden, welcher Kanal in diesen Bereichen den größten Kontrast aufweist. Achten Sie bei der Auswahl nur auf Haare und Hintergrund. Stimmen Sie zu, wenn ich behaupte, dass der Rot-Kanal der beste ist?

▲ Abbildung 10.44
Der Rot-Kanal ist aktiv.

Abbildung 10.45 ▶
Der Rot-Kanal (links) hebt sich deutlicher vom Grau des Hintergrunds ab als GRÜN (Mitte) und BLAU (rechts).

3 Kanal auswählen

Grundsätzlich aktivieren Sie die Ebene, die am ehesten geeignet ist, und schalten die darüber befindlichen Ebenen via Augen-Symbol aus. Letzteres können wir uns im Beispielfoto sparen, da ROT ja zuoberst liegt. Dennoch müssen Sie daran denken, diese Ebene am Ende auch mit einem Mausklick zu markieren.

4 Kontrast verstärken

Sorgen Sie dafür, dass sich die Kontraste zwischen Haaren und grauem Hintergrund noch mehr voneinander abheben. Das erreichen Sie am besten, indem Sie den Dialog WERTE aus dem Menü FARBEN öffnen und den Weißpunkt-Regler nach links ziehen. Zudem muss der Mittelton-Regler (grau) nach rechts bewegt werden. Streben Sie für den rechten Schieber 182 und für den mittleren 0,11 an. Beide Dreiecke liegen damit ganz dicht nebeneinander. Jetzt folgt der mittlerweile obligatorische Klick auf OK.

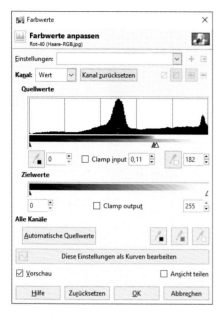

▲ **Abbildung 10.46**
Weißpunkt- und Mittelton-Regler liegen fast schon übereinander.

▲ **Abbildung 10.47**
Die Maske sieht bereits ganz ordentlich aus.

5 Maske verfeinern

Erarbeiten Sie sich nun eine Bilddatei, die derart aufgebaut ist, dass alle Bereiche des Vordergrunds (also unser Model) mit weißer Farbe gekennzeichnet sind, während der Hintergrund schwarz bleibt. Die Randbereiche der Haare lassen Sie außen vor. Die sind bereits gut definiert. Genau genommen müssen Sie jetzt alle Bereiche mit weißer Farbe übermalen, die bereits jetzt von Weiß umgeben sind, also beispielsweise den Haaransatz an der Stirn, die Augen, die Halspartie und die Übergänge zur Kleidung.

Dazu benutzen Sie am besten den STIFT (N). Er ist von Haus aus eher scharfkantig und sollte auch in unserem Beispiel eine Härte von 75,0 nicht unterschreiten. Aktivieren Sie die Grundfarben (D), und definieren Sie anschließend Weiß als Vordergrundfarbe (X). Jetzt malen Sie alle schwarzen Bereiche im Inneren der Maskierung aus. Variieren Sie dabei die Pinselgrößen. An schwer zugänglichen Stellen müssen Sie sicher etwas einzoomen und mit kleineren Spitzen arbeiten. Vergleichen Sie Ihr Ergebnis mit der folgenden Abbildung.

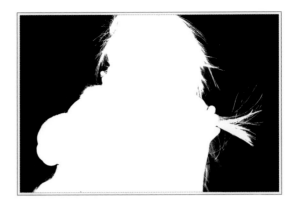

Abbildung 10.48 ▶
So sollte auch Ihr Ergebnis
aussehen.

6 Maske übertragen

Nun handelt es sich bei unserem vorläufigen Ergebnis noch nicht um eine echte Maske, sondern lediglich um ein Schwarzweißbild. Das ändert sich, wenn Sie die gesamte Ebene in die Zwischenablage befördern, was über Strg+C, oder über BEARBEITEN • KOPIEREN gelingt.

Achtung, Konzentration! Aktivieren Sie jetzt das Original-Farbfoto. Duplizieren Sie die dortige Ebene (HAARE.JPG). Fügen Sie zudem eine Ebenenmaske in WEISS (VOLLE DECKKRAFT) hinzu. Jetzt fügen Sie den Inhalt der Zwischenablage ein, indem Sie Strg+V drücken oder BEARBEITEN • EINFÜGEN selektieren. Der Lohn Ihrer Mühen: Sie finden in der Ebenen-Palette ganz unten die Originalebene, darüber die Kopie mitsamt Maske und zuoberst eine schwebende Auswahl.

Abbildung 10.49 ▶
Die erzeugte Maske ist
Bestandteil der Ebenen-
Palette.

Diese gilt es jetzt noch auf die Maske der Ebenenkopie zu übertragen. Das erreichen Sie, indem Sie mit rechts auf die schwebende Auswahl klicken und im Kontextmenü EBENE VERANKERN wählen oder im Fuß der Ebenen-Palette auf die grüne Taste SCHWEBENDE

AUSWAHL VERANKERN gehen. Prüfen Sie noch einmal Ihre Ebenen-Palette, und achten Sie darauf, dass die Ebenenmaske nunmehr sämtliche Bestandteile der zuvor erzeugten Schwarzweißmaske in sich trägt.

◄ **Abbildung 10.50**
Die schwebende Auswahl ist nun zur Ebenenmaske geworden.

7 Zwischenergebnis ansehen

Schauen Sie sich noch einmal die Ebenen-Palette an. Sie finden ganz unten das Original und darüber die Kopie. Diese ist jedoch begrenzt auf das Model. Der graue Hintergrund ist verschwunden. Sie sehen das deutlich im Bild, wenn Sie einmal kurzzeitig die Hintergrundebene deaktivieren (über das Augen-Symbol).

◄ **Abbildung 10.51**
Jetzt sind die Transparenzmuster deutlich zu erkennen. Selbst feine Haarsträhnen sind erhalten geblieben, obwohl der Hintergrund entfernt wurde.

▲ **Abbildung 10.52**
Der Hintergrund liegt zwischen den Bildebenen.

8 Hintergrundebene hinzufügen

Markieren Sie bitte jetzt die unterste Ebene, und erzeugen Sie anschließend eine neue Ebene. Dazu klicken Sie am besten auf das Blatt-Symbol in der Fußleiste der Palette. Nennen Sie die Ebene HINTERGRUND, und legen Sie sie im MODUS: NORMAL mit der FÜL-

293

LUNG: TRANSPARENZ an. Wenn Sie alles richtig gemacht haben, befindet sich die Ebene jetzt zwischen den beiden Bildebenen. Die Ebene HINTERGRUND muss angewählt bleiben.

9 Fülloptionen einstellen

Wir könnten der Fläche über BEARBEITEN • MIT MUSTER FÜLLEN schnell einen Inhalt hinzufügen, jedoch wollen wir zunächst ein Muster definieren. Und da wir die ganze Zeit mit Pinseln gearbeitet haben, wollen wir das einfach beibehalten. Das gibt mir zudem die Gelegenheit, Ihnen die Musterfülleigenschaften des Klonen-Tools vorzustellen. Aktivieren Sie es mittels [C], und schalten Sie die QUELLE auf MUSTER um. Setzen Sie die AUSRICHTUNG auf AUSGERICHTET. Danach klicken Sie auf das eingestellte Muster (hier: SPARKLING). Alle übrigen Parameter dürfen Sie gern Abbildung 10.53 entnehmen, wobei keine exakte Einhaltung vonnöten ist. Wählen Sie im Aufklappmenü DRIED MUD ❶.

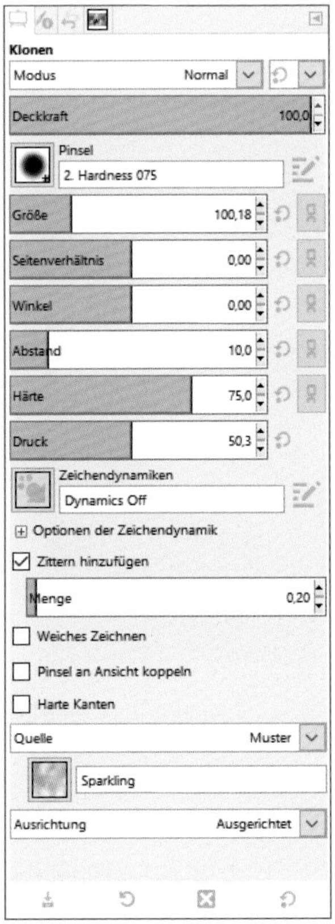

Abbildung 10.53 ▸
Wichtig ist, dass Sie als QUELLE MUSTER wählen.

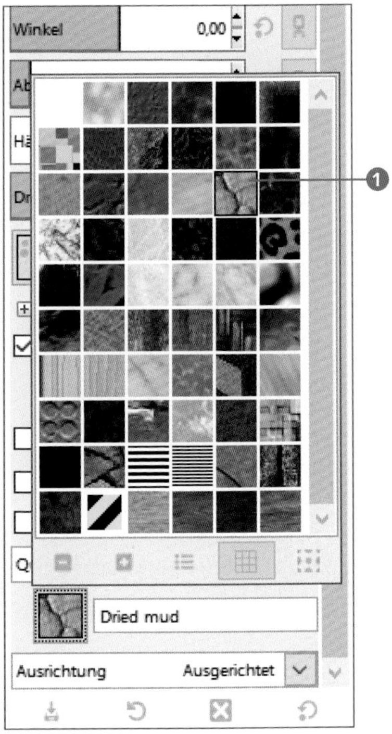

Abbildung 10.54 ▸▸
Wow, getrockneter Morast als Hintergrund!

10 Ebene füllen

Beginnen Sie, auf dem Bild zu malen. Sie werden sehen, dass sich der Hintergrund immer mehr füllt. Und das Beste: Sie müssen nicht befürchten, dass das Model überpinselt wird, da es ja *über* der aktiven Ebene liegt.

11 Ebene einfärben

Wenn Sie fertig sind, dürfen Sie den Hintergrund auch gerne noch anders einfärben. Dafür gehen Sie am besten über FARBE und den unteren der beiden Einträge FARBTON/SÄTTIGUNG. Sie müssen vorab lediglich darauf achten, dass die Ebene HINTERGRUND weiterhin aktiv ist. Ziehen Sie vor der Bestätigung mit OK den Regler FARBTON nach links. Hier habe ich einen Wert von ca. –160,0 genommen.

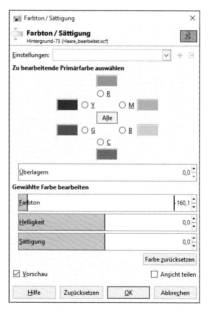

▲ **Abbildung 10.55**
Jetzt lässt sich problemlos jeder x-beliebige Hintergrund einbauen.

▲ **Abbildung 10.56**
Mit der Farbtonveränderung wird der Hintergrund noch einmal verändert.

12 Optional: Maske bearbeiten

Man kann nie ganz ausschließen, dass am Ende doch noch ein Fehler in der Maskierung sichtbar wird. So könnten beispielsweise Teile der Pelzweste nicht in die Auswahl gelangt sein. Umgekehrt ist es möglich, dass sich in dem einen oder anderen Randbereich doch noch Reste des grauen Hintergrunds befinden. Macht aber alles nichts, denn das Bild ist ja noch immer komplett vorhanden – es ist lediglich teilmaskiert. Sie müssen in diesem Fall die Maske der obersten Ebene mittels Mausklick aktivieren und diese nacharbeiten. Müssen Sie Bereiche hinzufügen, malen Sie mit Weiß, müssen Sie Hintergrundteile entfernen, malen Sie mit Schwarz. Benutzen Sie jedoch immer eine sehr kleine Pinselspitze, und zoomen Sie stark in das Foto ein.

Noch ein Tipp zum Schluss: Sollten Teile der Haarsträhnen einmal etwas fransig wirken, aktivieren Sie die oberste Bildebene (nicht die Maske!) und wischen kurz mit dem WEICHZEICHNER ([⇧]+[U]) darüber. Das wirkt Wunder!

Die fertige Datei finden Sie wie gewohnt im Ergebnisse-Ordner. Hatten Sie Probleme bei der Erzeugung der Maske? Sicher nicht, oder etwa doch? Falls ja, greifen Sie auf »Haare_Maske.xcf« zu. Diese Datei finden Sie in demselben Ordner.

10.4 Pixel verschieben

Wie Sie sehen, können Sie mit Fotos in Sachen Nachbearbeitung fast alles machen, was Sie möchten. Allerdings sind wir bei der Bildmanipulation noch nicht am Ende. Jetzt packen wir noch eine Kleinigkeit drauf und werden die Pixel ein bisschen hin- und herschubsen.

Die Warp Transformation

Zwar kann man mit dem Verschmieren-Werkzeug Pixel im wahrsten Sinne des Wortes »durcheinanderwirbeln«, indem man mit gedrückter Maustaste über das Foto wischt, jedoch sind die Möglichkeiten hier mangels individueller Einstelloptionen stark begrenzt. Deswegen ist das Tool auch nur bedingt zu empfehlen.

Wenn Sie einmal mit Komfort verzerren, verbiegen und verschieben wollen, sollten Sie auf das Warp Transformation-Werkzeug zurückgreifen.

Schritt für Schritt
Mit der Warp Transformation verfremden

Zunächst wollen wir das Werkzeug zur Entfremdung einsetzen. Dabei erheben wir keinen künstlerisch wertvollen Anspruch, sondern wollen uns lediglich die Funktionsweise ansehen.

»Papagei.jpg«

1 Werkzeug einstellen

Nach Aktivierung des Tools WARP TRANSFORMATION (W) öffnen Sie das oberste Pulldown-Menü in den Werkzeugeinstellungen und wählen BEREICH VERGRÖSSERN. Stellen Sie zudem eine GRÖSSE von mindestens 700,00 ein.

▲ **Abbildung 10.57**
Na, du?

◄ **Abbildung 10.58**
Das Werkzeug muss auch hier zunächst eingestellt werden.

2 Werkzeug anwenden

Klicken Sie einmal auf den Kopf des sprechenden Freundes, und beobachten Sie, was passiert. Es erfolgt eine kurze, minimale Transformation, die unmittelbar nach Ausführung des Mausklicks wieder stoppt. Um das Objekt stärker zu verformen, müssten Sie mehrfach auf das Foto klicken. Das Festhalten der Maustaste hat in diesem Monent keine Wirkung. Das ändert sich, wenn Sie Peri-odisch anwählen. Klicken Sie jetzt noch einmal auf das Bild, und halten Sie die Maustaste gedrückt, findet eine permanente Verformung statt – bis Sie die Maustaste wieder loslassen.

Abbildung 10.59 ▶
Nach der erneuten Einstellung des Werkzeugs erfolgt eine permanente Verformung.

Schritt für Schritt
Mit der Warp Transformation korrigieren

»Heilen_belichtet.xcf«

Zugegeben – derartige Bildmanipulationen sind nur mäßig spannend. Interessanter wird es, wenn man die Effekte zur Korrektur verwendet. Also lassen Sie uns versuchen, das Warp Transformation-Tool mit ein wenig mehr Praxisnähe einzusetzen. Wir werden die Gesichtskonturen unseres Models Anna etwas nacharbeiten. Gerade bei Porträts müssen Sie jedoch ausgesprochen vorsichtig vorgehen!

1 Foto öffnen

Öffnen Sie die Beispieldatei »Heilen_belichtet.xcf«, die Sie ausnahmsweise einmal im Ordner Ergebnisse finden. Der Grund: Das Foto ist das Resultat einer vorangegangenen Bildbearbeitung.

© Robert Klaßen

◄ **Abbildung 10.60**
Gleich gibt es plastische
Chirurgie à la GIMP.

2   Ebenen vereinen

Da das Foto aus mehreren Ebenen besteht, sollten Sie zunächst
einmal einen Rechtsklick auf eine Ebene setzen und Bild zusammenfügen aus dem Kontextmenü aussuchen. Damit werden alle
Ebenen zu einer verschmolzen. Duplizieren Sie die Ebene anschließend, damit Sie am Ende die Gelegenheit haben, das Ergebnis mit
dem Original zu vergleichen.

3   Werkzeug einstellen

Danach zoomen Sie auf 200 % ein und schauen auf die Größen-
verhältnisse der Augen. Das bildlinke Auge ist geringfügig kleiner.
Nun ist das eigentlich kein Grund, sofort mit der Software daran
zu werkeln, jedoch möchte ich Ihnen gerne zeigen, was möglich
ist und was in der Model-Fotografie auch täglich gemacht wird.
Stellen Sie das Tool (W) zunächst auf Pixel bewegen. Zwar würde
sich hier der zuvor genannte Modus ebenfalls eignen, jedoch
würde das Auge dann geradezu surrealistisch verformt. Deaktivieren Sie unbedingt Periodisch. Die Größe des Werkzeugs sollte
bei ca. 120,00 liegen.

4 Werkzeug anwenden

Danach klicken Sie zunächst an Position ❶, halten die Maustaste gedrückt und ziehen minimal nach oben. Führen Sie anschließend einen Mausklick an ❷ aus, halten Sie die Maustaste erneut gedrückt, und fahren Sie minimal nach unten. Seien Sie vorsichtig! Der Korrekturbedarf ist minimal.

Abbildung 10.61 ▶
Die WARP TRANSFORMATION
als Retusche-Tool

Raw-Fotos bearbeiten

Für Fotos von allererster Güte

11 Raw-Fotos bearbeiten

Probleme mit Raw-Plugins

Bitte beachten Sie, dass mehrere potenzielle Raw-Konverter für GIMP zur Verfügung stehen. Leider liefen diese zur Drucklegung des Buches allesamt nicht störungsfrei. Die Software *RawTherapee* machte unter Windows weit größere Probleme als *Darktable*. Das seinerzeit fast ausschließlich für GIMP verwendete *UF-Raw*-Plugin läuft unter Windows hingegen gar nicht mehr. Ich habe mich aufgrund dessen entschieden, für die Ausführungen in diesem Kapitel Darktable heranzuziehen.

Bei Raw-Fotos handelt es sich um Bilddaten von allerhöchster Güte. Profi-Fotografen arbeiten schon seit Langem mit diesem leistungsfähigen Rohdaten-Format (englisch »raw« = roh). Eines der herausragenden Merkmale von Raw-Fotos (gegenüber anderen Speicherformaten) ist, dass die Daten, die die Kamera speichert, weitgehend unkomprimiert bleiben. Das ist bei anderen Formaten (z. B. *JPEG*) anders. Außerdem werden beim Abspeichern des Raw-Fotos in der Kamera keinerlei Einstellungen wie etwa ein Weißabgleich direkt angewendet, sondern separat gespeichert. Auf diese Weise sind entsprechende Einstellungen auch im Nachhinein noch möglich – und zwar stets auf Grundlage des Originals.

11.1 Raw-Grundlagen

Die meisten Kameras verwenden standardmäßig das *JPEG*-Format, damit die Dateigrößen möglichst gering bleiben und somit möglichst viele Fotos auf einer Speicherkarte untergebracht werden können. Das hat allerdings auch Folgen in Bezug auf die Qualität. *JPEG* ist nämlich ein verlustbehaftetes Kompressionsverfahren. Wenn es also darum geht, die Qualität eines Fotos in den Vordergrund zu stellen, ist das Fotografieren im Raw-Modus allemal die beste Wahl.

Vor- und Nachteile

Auf Raw achten

Auch preiswertere Digitalkameras können heutzutage meist schon Raw-Fotos anfertigen. Ein Tipp: Achten Sie beim Kauf einer Kamera darauf, dass sie Raw-fähig ist.

Im Vergleich zu *JPEG*-Aufnahmen platzen Raw-Fotos von der Dateigröße her fast aus allen Nähten. Immerhin werden die Daten weitestgehend so auf den Speicherchip der Digitalkamera gebracht, wie die Optik der Kamera das Motiv »sieht«. Stellen Sie sich diese Aufnahme vor wie ein Fotonegativ, das zum Zeitpunkt der Aufnahme noch nicht entwickelt ist. Das bedeutet: Erst später am Computer kommen die entwicklungstechnischen Details hinzu. So können Sie beispielsweise das Licht noch individuell steuern und die Farben komfortabel beeinflussen – sehr viel komfortabler, als das mit einem *JPEG*-Foto möglich wäre. Das bringt ein Maximum an Annehmlichkeit und sorgt für bestechende Ergebnisse. Und im Zeitalter immer größerer und preiswerter werdender Speicherchips ist der Nachteil der aufgeblähten Dateigrößen fast schon zu vernachlässigen.

Was ein echtes Manko darstellt, ist die Kompatibilität. Praktisch jeder Hersteller verwendet sein eigenes Raw-Format. Canon beispielsweise produziert Fotos mit der Endung *.CR2* oder *.CRW*, während Nikon *.NEF*-Daten erzeugt. Konica Minolta wiederum setzt auf *.MRW*, während Fuji z. B. *.RAF* verwendet – um nur einige Beispiele zu nennen.

Nun können *JPEG*-Fotos auf nahezu jedem Rechnersystem dargestellt und in praktisch jedem Bildbearbeitungsprogramm nachbearbeitet werden. Diesen Luxus gibt es, wie bereits erwähnt, bei Raw-Bildern nicht. Damit die Rohdaten überhaupt entschlüsselt und anschließend dargestellt bzw. nachbearbeitet werden können, müssen sie zunächst konvertiert werden. An dieser Stelle kommen sogenannte *Raw-Konverter* zum Einsatz. Das im Weiteren verwendete Plugin Darktable ist ein solcher Konverter.

Der zweite große Nachteil

Raw-Fotos lassen sich nicht problemlos auf jedem Rechner darstellen und nachbearbeiten. Dazu benötigen Sie einen Raw-Konverter. Und der muss zudem in der Lage sein, das jeweilige Kameraformat zu lesen und darzustellen.

Raw-Plugin prüfen

Falls Sie nicht genau wissen, ob auf Ihrem Rechner ein Raw-Konverter installiert ist, der mit GIMP zusammenarbeitet, versuchen Sie einfach, aus GIMP heraus ein Rohdaten-Foto zu öffnen (DATEI • ÖFFNEN). Sie haben gerade keines zur Hand? Dann benutzen Sie »Raw_01.CR2« aus den Beispieldateien.

◀ **Abbildung 11.1**
Das war wohl nix.

GIMP reagiert mit einer entsprechenden Meldung und verweist darauf, dass aktuell zwei Plugins installiert werden können – Darktable und RawTherapee. Aus eingangs bereits erwähnten Gründen nutzen wir hier Ersteres. Nachdem Sie die Fenster wieder geschlossen haben, sollten Sie noch kurz in das Menü HILFE gehen und dort auf PLUGIN-BROWSER klicken. Tippen Sie »raw« in das Suchfeld oben links ein. Es ist zu erwarten, dass auch hier kein lauffähiges Rohdaten-Plugin gefunden wird. Brechen Sie daher auch diesen Dialog ab.

Abbildung 11.2 ▶
Keine Treffer. Schade!

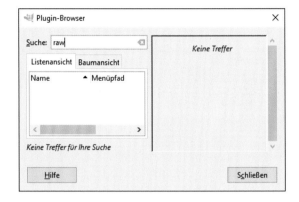

▲ **Abbildung 11.3**
Darktable wird für zahlreiche Betriebssysteme angeboten.

Den Raw-Konverter installieren

Zunächst schließen Sie bitte GIMP. Um das Plugin Darktable installieren zu können, müssen Sie es von der Internetseite *darktable.org* herunterladen. Keine Sorge: Die Website ist zwar in englischer Sprache, jedoch wird das Plugin am Ende mit deutschsprachiger Oberfläche aufwarten.

Klicken Sie in der Menüleiste der Website auf INSTALL, und scrollen Sie etwas nach unten. Betätigen Sie unter CHOOSE YOUR OS die Schaltfläche, die Ihr Betriebssystem repräsentiert. Danach klicken Sie auf den dort hinterlegten Link (unter Windows heißt dieser LATEST WINDOWS INSTALLER FOR DARKTABLE).

darktable-2.4.3-win64.exe

▲ **Abbildung 11.4**
Starten Sie die Installation mit einem Doppelklick.

Sobald der Download abgeschlossen ist, doppelklicken Sie auf die heruntergeladene Datei. Nach Abschluss der Installation öffnen Sie GIMP erneut. Gehen Sie abermals auf DATEI • ÖFFNEN, und suchen Sie erneut unsere Beispieldatei »Raw_01.CR2« aus. Jetzt sollte es klappen.

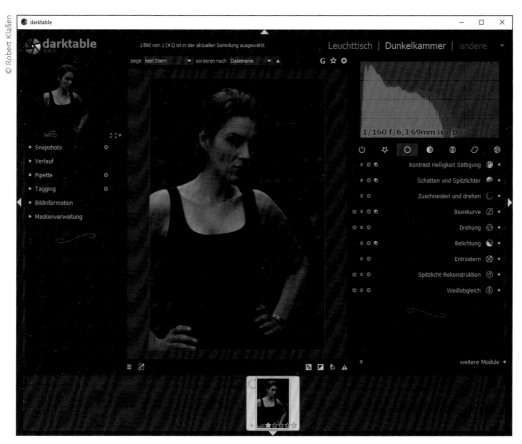

© Robert Klaßen

▲ **Abbildung 11.5**
Darktable ist jetzt einsatzbereit.

Raw-Fotos einstellen

Bevor wir uns an die Arbeit machen, soll noch folgende Frage beantwortet werden: Was passiert eigentlich in einem solchen Konverter? Zunächst einmal wird das Foto dort dargestellt. Allerdings können Sie in diesem Moment auch Einfluss auf die Entwicklung des Rohdaten-Fotos nehmen. Und das Beste ist: Die Einstellungen, die Sie jetzt vornehmen, werden nicht direkt an das Foto übergeben (wie das beispielsweise bei *JPEG* der Fall ist), sondern innerhalb der Raw-Datei separat abgespeichert. Dadurch sind Sie in der Lage, das Raw-Foto in seinem ursprünglichen Zustand zu belassen und dennoch sichtbare Änderungen am Bild vorzunehmen. Das bedeutet, dass Sie eine Bildbearbeitung auf Grundlage

Sprache einstellen

Standardmäßig übernimmt Darktable die voreingestellte Sprache. Sollte das wider Erwarten einmal nicht der Fall sein, können Sie rechts über der Bildvorschau auf das kleine Zahnrad klicken und im obersten Listenfeld der linken Registerkarte (GUI-OPTIONEN) die gewünschte Oberflächensprache einstellen.

des Originals durchführen, wobei die Korrektur verlustfrei ist. Das ist doch Grund genug, sich das Raw-Format einmal etwas genauer anzusehen, oder?

11.2 Erste Schritte mit Darktable

Lassen Sie uns gleich mit einem praktischen Beispiel beginnen, denn Sie sollen Gelegenheit bekommen, direkt praxisbezogen mit Darktable zu arbeiten.

Schritt für Schritt
Fotos aufhellen

In diesem Workshop wollen wir verschiedene Wege ausprobieren, um ein Foto aufzuhellen. Zunächst einmal wenden wir eine Methode an, die sich bei geringem Korrekturbedarf bestens eignet. Sie werden schnell feststellen, dass unser Beispielfoto damit nicht gänzlich zufriedenstellend angepasst werden kann. Dennoch möchte ich Ihnen diesen Weg zeigen, denn bei Bildern, die nicht ganz so dunkel wie unser Beispielfoto sind, ist er bestens geeignet. Am Ende des Workshops lernen Sie dann eine Methode kennen, die unser Rohdaten-Foto geradezu erstrahlen lässt.

»Raw_01.CR2«

1 Foto öffnen

Öffnen Sie die Datei »Raw_01.CR2« wie zuvor beschrieben aus GIMP heraus. Generell können Sie Raw-Fotos auch derart bereitstellen, dass Sie die Datei mit rechts anklicken und unter ÖFFNEN MIT • DARKTABLE PHOTO WORKFLOW SOFTWARE aufrufen. Im konkreten Fall sollten Sie das jedoch nicht machen, da wir später das Foto noch an GIMP übergeben wollen. Wenn Sie das nicht über den Öffnen-Dialog machen, funktioniert es nicht. Deshalb müssen Sie jetzt zwingend DATEI • ÖFFNEN wählen.

2 Histogramm interpretieren

Schauen Sie sich das Histogramm oben rechts an. Generell wird hier (wie auch in GIMP) die Belichtungssituation grafisch dargestellt. Nun benötigen wir nicht extra ein Histogramm, um zu sehen, dass das Bild zu dunkel ist. Sie sollten sich jedoch damit vertraut machen, ein Histogramm zu interpretieren. Die Erhebungen sind vor allem links, während rechts gähnende Leere herrscht. Das heißt: Es sind kaum wirklich helle Bildpixel vorhanden. Also werden wir (Sie kennen das schon aus Kapitel 7, »Farben und Tonwerte korrigieren«) eine Tonwertspreizung vornehmen.

3 Oberfläche kontrollieren

Bevor wir die Histogrammkurve verändern, schauen Sie bitte nach, ob oben rechts DUNKELKAMMER aktiv ist. Unterhalb des Histogramms sollte zudem der dritte Schalter von links ausgewählt sein. Zeigen Sie mit der Maus darauf, sehen Sie, dass er mit BASISGRUPPE betitelt ist. Halten Sie nach der Zeile SCHATTEN UND SPITZLICHTER Ausschau, und klicken Sie auf das rechts daneben befindliche Dreieck. Das bewirkt, dass die Liste geöffnet wird.

▲ **Abbildung 11.6**
Kontrollieren Sie die Oberfläche.

4 Foto aufhellen

Jetzt zur eigentlichen Korrektur: Ziehen Sie zunächst den Schieberegler WEISSPUNKTANPASSUNG etwas nach rechts. Streben Sie einen Wert von 2,20 bis 2,30 an. Ah, da bewegt sich doch was! Gehen Sie auch mit den SCHATTEN nach rechts (auf ca. 66,00).

Probleme beim direkten Öffnen

Mitunter kann es beim direkten Öffnen einer Raw-Datei aus dem Bildordner heraus zu Problemen kommen. Die Datei wird zwar geöffnet, doch stürzt Darktable anschließend ab. Das Problem tritt nicht auf, wenn die Bereitstellung des Fotos, wie in Schritt 1 beschrieben, über den GIMP-Dialog erfolgt. Sollten Sie ebenfalls derartige Probleme haben, empfehle ich, Raw-Fotos grundsätzlich mit GIMP zu öffnen.

Abbildung 11.7 ▸
Das Foto wird merklich heller.

5 Weichzeichnen

Achten Sie auch auf das Histogramm, das sich genauso drastisch verändert wie das Foto selbst. Leider wird das Ergebnis sehr hart. Zwischen sehr hellen und dunklen Bildbereichen entstehen unschöne Lichtsäume. Das ist natürlich nicht hinnehmbar. Aber gut, wir sind ja schließlich auch nicht besonders zimperlich mit den Schiebereglern umgegangen. Deshalb sollten Sie den Schieber RADIUS, der unterhalb von WEICHZEICHNEN MIT zu finden ist, auf einen Wert von ca. 52,00 stellen.

▲ **Abbildung 11.8**
Der Verlauf Ihrer Arbeiten wird dokumentiert – ähnlich dem Journal in GIMP.

6 Korrektur verwerfen

Was halten Sie von unserem bisherigen Ergebnis? Ganz gut, aber nicht perfekt. Lassen Sie uns daher einen anderen Weg beschreiten. Prinzipiell lassen sich mit der beschriebenen Methode dunkle Fotos prima aufhellen, aber für unser konkretes Beispiel ist der Korrekturbedarf wohl doch zu hoch. Daher machen Sie jetzt bitte alle Schritte rückgängig. Dazu navigieren Sie in der linken Spalte der Anwendung zu dem kleinen Dreieck vor VERLAUF, lassen einen Klick darauf folgen und selektieren zuletzt den ganz unten befindlichen Eintrag 0 – ORIGINAL.

7 Mitteltöne anheben

Aktivieren Sie unterhalb des Histogramms den vierten Button von links (HELLIGKEITSGRUPPE ❶).

◄ **Abbildung 11.9**
Es werde Licht!

Danach betätigen Sie die Dreieck-Schaltfläche rechts in der Zeile WERTE ❸. Werte? Die kennen wir doch schon aus GIMP. Genau. Hier funktionieren sie ganz ähnlich. Wählen Sie den rechten Schieberegler ❹ (das helle Dreieck steht für die Lichter), und ziehen Sie ihn nach links. Orientieren Sie sich bei der Positionierung an der obigen Abbildung. Danach ziehen Sie auch die Mitteltöne ❺ etwas nach links.

8 Farben korrigieren

Nun hat eine derartige Korrektur nicht selten Farbverfälschungen zur Folge. Wir arbeiten ja an den Werten, also an den Farbkanälen. Im Beispiel werden insbesondere die Gelbtöne unnatürlich grell. Korrigieren Sie das, indem Sie die FARBGRUPPE ❷ aktivieren und das kleine weiße Dreieck rechts neben dem Eintrag FARBKORREKTUR ansteuern. Reduzieren Sie die SÄTTIGUNG, indem Sie den gleichnamigen Schieberegler ❽ nach links ziehen (auf ca. 0,80). Danach verschieben Sie die Gelbanteile ein bisschen in Richtung

Cyan, indem Sie den Punkt in der Mitte des Farbfeldes ➏ betätigen, die Maustaste gedrückt halten und ein wenig nach unten
links gehen ➐.

Abbildung 11.10 ▶
So sieht das Foto wesentlich
natürlicher aus.

9 Foto an GIMP übergeben

So weit, so gut. Die Rohdaten-Korrektur ist erfolgt, und wir können jetzt weitere Arbeiten am Foto in GIMP vornehmen. Doch
wie erreichen wir nun den Übergang von Darktable an GIMP?
Ganz einfach: Schließen Sie Darktable. Im Hintergrund ist noch
immer GIMPs Öffnen-Dialog aktiv. Dort werden Sie nun im unteren Bereich einen Fortschrittbalken sehen, der anzeigt, dass das
Foto geladen wird. Gedulden Sie sich einen Augenblick.

Abbildung 11.11 ▶
Der grüne Balken symbolisiert
den Vorgang der Übergabe.

10 Ergebnis speichern

Jetzt dürfen Sie gerne weitere Arbeiten am Foto verrichten. Beispielsweise könnte das Foto noch eine Schärfung vertragen. Bedenken Sie dabei nur, dass Sie die Datei am Ende speichern müssen. Dazu sollten Sie einen anderen Namen vergeben – und vor allem eine andere Dateiendung, da GIMP nicht in der Lage ist, Raw-Fotos zu sichern. Ich habe mich hier für DATEI • EXPORTIEREN ALS entschieden und das Foto als JPEG unter dem Titel »Raw_01. jpg« im Ordner ERGEBNISSE abgelegt.

Raw-Fotos erneut öffnen

Noch ein wichtiger Hinweis im Umgang mit Raw-Fotos: Keine der Arbeiten, die Sie im Anschluss an die Darktable-Korrektur in GIMP vornehmen, werden auf die Rohdaten-Datei übertragen. Die Raw- und die GIMP-Datei sind zwei komplett voneinander unabhängige Dateien.

Wenn Sie ein Raw-Foto lediglich korrigieren und anschließend mitsamt den vorgenommenen Einstellungen sichern wollen, schließen Sie das Foto einfach in Darktable. Nach dem erneuten Öffnen der Datei sind die vorgenommenen Änderungen automatisch wieder gültig.

Einstellungen zurücksetzen

Was ist zu tun, wenn Sie die Einstellungen eines Raw-Fotos nachträglich verwerfen wollen? Sie erinnern sich: Öffnen Sie das Raw-Foto erneut, sind die bisher getroffenen Einstellungen allesamt wieder gültig. Zwar finden Sie auf der linken Seite der Anwendung einen Schalter, der mit EINSTELLUNGEN ZURÜCKSETZEN ❶ betitelt ist (Zeile: SNAPSHOTS), jedoch lassen sich damit nur jene Einstellungen verwerfen, die seit dem letzten Öffnen der Datei vollzogen worden sind. Wollen Sie ein komplett zurückgesetztes Raw-File, müssen Sie über den VERLAUF gehen und auf 0 – ORIGINAL ❷ klicken. Daraufhin sind alle Einstellungen Geschichte.

Den Insidern des Windows-Betriebssystems sei noch verraten, wo die Einstellungen gespeichert werden. Dazu gehen Sie über [LAUFWERKSBUCHSTABE]/BENUTZER/[BENUTZERNAME]/APPDATA/

▲ **Abbildung 11.12**
Hier sind die Einstellungen gespeichert.

ROAMING/GIMP/2.10/TMP. In diesem Ordner finden Sie die Einstellungsdatei mit der Dateiendung *.exr*. Löschen Sie diese, werden auch die Einstellungen verworfen. Nach dem erneuten Öffnen der Raw-Datei erstrahlt diese in unbehandeltem Zustand.

Abbildung 11.13 ▶
Im Gegensatz zum GIMP-Journal bleiben die einzelnen Arbeitsschritte auch erhalten, nachdem die Datei geschlossen und erneut geöffnet wurde.

11.3 Weitere Darktable-Funktionen

Zum Abschluss möchte ich Ihnen gerne noch einige weitere Funktionen vorstellen, die Ihre Arbeit mit Darktable sicherlich vorantreiben werden. Beginnen wir mit der Schärfe.

Schritt für Schritt
Schärfe korrigieren

Wie eingangs erwähnt, sollte unser Rohdaten-Foto noch geschärft werden. Nun müssen Sie das nicht unbedingt in GIMP erledigen, sondern können eine Schärfung auch direkt in Darktable veranlassen.

1 Foto öffnen
Stellen Sie erneut die Beispieldatei bereit, die Sie bereits im vorangegangenen Workshop benutzt haben. Gehen Sie dazu in GIMP wieder über DATEI • ÖFFNEN, und wählen Sie »Raw_01.CR2« aus.

2 Darstellung ändern

Schärfungen sollten grundsätzlich bei 100 % Darstellungsgröße begutachtet werden. Das ist zwar für ein Rohdaten-Foto enorm, jedoch haben Sie nur dann größtmögliche Kontrolle über die Intensität der Schärfung. Klicken Sie auf das kleine Dreieck, das Sie oben links finden – gleich rechts neben der Bildminiatur. Im Aufklappmenü stellen Sie 100 % ein.

◄ **Abbildung 11.14**
Vergrößern Sie die Ansicht.

3 Ansicht korrigieren

Sie sollten die Ansicht korrigieren, damit in der Mitte des Anwendungsfensters ein Teilbereich angezeigt wird, der auf jeden Fall geschärft werden soll. Grundsätzlich eignen sich Konturen, kontrastierende Bereiche oder wie hier die Augen. Klicken Sie das Bild an, und verschieben Sie den Ausschnitt mit gedrückter Maustaste.

4 Foto schärfen

In der rechten Spalte der Anwendung klicken Sie auf KORREKTURGRUPPE ❸. Betätigen Sie anschließend die Listen-Schaltfläche SCHÄRFEN ❹, und ziehen Sie den RADIUS etwas nach rechts. Damit legen Sie fest, in welchem Umkreis um kontrastierende Segmente herum eine Schärfung erfolgen soll. Bei der MENGE, die Sie ebenfalls nach rechts ziehen sollten, entscheiden Sie letztendlich über die Intensität der Schärfung. Bewegen Sie den SCHWELLWERT nach links. Hierüber wird geregelt, was denn überhaupt als kontrastierende Kante angesehen wird. Höhere Werte verringern die Schärfung, sorgen aber im Gegenzug dafür, dass einheitliche Flächen nicht geschärft werden. Einen Vorher-nachher-Vergleich realisieren Sie, indem Sie links in der Liste VERLAUF zunächst auf die zweite Zeile von oben (hier: FARBKORREKTUR ❷) und zuletzt auf SCHÄRFEN ❶ klicken.

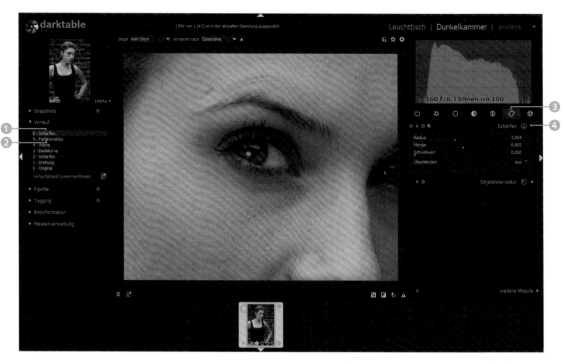

▲ **Abbildung 11.15**
Jetzt werden die Konturen geschärft.

5 Ansicht anpassen

Zuletzt passen Sie die Ansicht wieder derart an, dass Sie das gesamte Foto sehen können. Dazu wiederholen Sie Schritt 2, wobei Sie aber diesmal EINPASSEN aus der Liste wählen. Schließen Sie Darktable.

Stile erzeugen

Darktable verfügt über eine ganz interessante Funktion, die Sie unbedingt kennenlernen sollten. Es ist möglich, eine Fülle von Korrekturen zusammenzufassen und daraus einen Stil zu erschaffen. Wenn Sie wiederkehrende Korrekturen anwenden wollen (weil Sie beispielsweise immer wieder die Farben und die Schärfe korrigieren müssen), dann führen Sie sämtliche zu speichernde Schritte einmalig aus. Sobald Sie damit fertig sind, klicken Sie unten rechts im VERLAUF auf die Stil-Schaltfläche. Im Folgedialog lässt sich festlegen, welche Bereiche der Korrektur mit in den Stil aufgenommen werden sollen. Nach einem Klick auf SPEICHERN ist alles für künftige Fotos festgehalten. Um den Stil nun auf ein anderes Foto zu übertragen, benutzen Sie die Stil-Schaltfläche, die sich links unterhalb des Bildes befindet, und selektieren den gewünschten Eintrag aus dem Popup-Menü (hier ist aktuell nur ein Eintrag vorhanden).

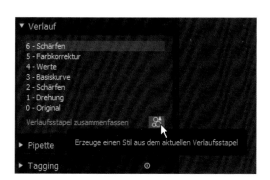

▲ **Abbildung 11.16**
Hier lässt sich eine Korrektur als Stil speichern.

▲ **Abbildung 11.17**
Bestimmen Sie, welche Einstellungen in den Stil einbezogen werden sollen.

▲ **Abbildung 11.18**
Weisen Sie den Stil einem anderen Foto zu.

Kameradaten einsehen

Wenn Sie mehr über die Kameradaten eines Fotos in Erfahrung bringen wollen, beispielsweise mit welcher Kamera das Foto aufgenommen wurde oder welche Blende und Verschlusszeit verwendet worden sind, dann schauen Sie links im Darktable-Fenster nach. Öffnen Sie dazu die Liste BILDINFORMATION.

▲ **Abbildung 11.19**
Darktable vergisst nichts.

Raw-Fotos zuschneiden

Raw-Fotos können nicht nur optisch verbessert, sondern auch in Größe und Ausschnitt korrigiert werden. Es ist möglich, sie zu beschneiden oder zu drehen. Dazu aktivieren Sie ZUSCHNEIDEN UND DREHEN ❷ in der BASISGRUPPE ❶. Setzen Sie AUTOMATISCH ZUSCHNEIDEN auf NEIN, und klicken Sie auf das Foto. Jetzt können Sie den dort erscheinenden Rahmen nach Wunsch verschieben, indem Sie beispielsweise die Ecken verziehen. Die Übergabe des Zuschnitts an das Foto erfolgt, sobald Sie eine beliebige andere Gruppe oder Funktionszeile anwählen.

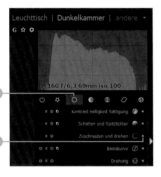

▲ **Abbildung 11.20**
Die Funktionen für das Zuschneiden und die Drehung
müssen zunächst bereitge-
stellt werden.

Abbildung 11.21 ▶
Der Rest ist Drag & Drop.

Pfade

Wenn es besonders gründlich werden soll

- ▶ Was muss ich grundsätzlich über Pfade wissen?
- ▶ Wie erzeuge ich einen Pfad?
- ▶ Wie lassen sich Pfade verwalten?
- ▶ Wie versehe ich Pfade mit einer Kontur und fülle sie mit Farbe?
- ▶ Wie wandele ich einen Pfad in eine Auswahl um?
- ▶ Wie speichere ich Pfade und nutze sie in anderen Dokumenten?

12 Pfade

Pfade sind nicht nur in der Bildbearbeitung, sondern auf dem gesamten Gebiet der computergestützten Gestaltung ein wahrer Segen. Pfade lassen sich viel exakter anlegen als Auswahlen (siehe hierzu auch die Abschnitte »Pixel« auf Seite 36 und »Vektorgrafiken« auf Seite 38 in Kapitel 1, »Die Grundlagen«).

12.1 Pfad-Grundlagen

Pfadobjekte glänzen trotz ihrer Genauigkeit durch ausgesprochen geringe Dateigrößen – was man ja von Pixeldateien nicht unbedingt behaupten kann. Aber das Beste ist: Ein Pfad kann wesentlich genauer angelegt werden als eine Auswahl. Deswegen sind Pfade auch immer dann interessant, wenn es darum geht, eine schwierige Auswahl zu produzieren.

Allerdings ist das Erzeugen von Pfaden zunächst einmal gewöhnungsbedürftig. Es kommt ausgesprochen selten vor, dass jemand von jetzt auf gleich ein Gefühl dafür entwickelt, wie sich ein solcher Pfad anlegen lässt. Die allermeisten Einsteiger benötigen eine gewisse Einarbeitungszeit, um etwas Brauchbares zu Papier zu bringen. Lassen Sie sich davon jedoch bitte nicht abschrecken. Wir werden uns systematisch in das Thema einarbeiten.

Warum Pfade?

An dieser Stelle sei die Frage erlaubt: Wozu braucht man eigentlich Pfade? Nun, zum einen kann man damit beliebige Objekte erstellen (die Form bestimmen allein Sie). Zum anderen lassen sich damit komplizierte Auswahlbereiche erzeugen. Mitunter ist es viel einfacher, zunächst einen Pfad zu erzeugen und diesen anschließend in eine Auswahl zu konvertieren. Wie das funktioniert, werden wir uns später noch anhand eines Beispiels anschauen. Zunächst aber wollen wir einen Blick auf das dazugehörige Werkzeug werfen.

Werkzeug »Pfade«

Dieses hübsche Tool lässt sich mit Hilfe von ⒷB aktivieren. Die Steuerelemente im unteren Bereich des Werkzeugkastens sind recht überschaubar.

▶ BEARBEITUNGSMODUS DESIGN: Das ist der normale Bearbeitungsmodus. In diesem werden die Pfade erzeugt.

▶ BEARBEITUNGSMODUS BEARBEITEN: Damit lässt sich ein bereits vorhandener Pfad nachbearbeiten. Sie müssen dazu nicht zwingend auf dem Radio-Button innerhalb des Werkzeugkastens wechseln. Es reicht, wenn Sie Strg so lange gedrückt halten, wie Sie den Pfad bearbeiten wollen. Sobald Sie loslassen, wird automatisch wieder zum BEARBEITUNGSMODUS DESIGN gewechselt.

▶ BEARBEITUNGSMODUS VERSCHIEBEN: Ist VERSCHIEBEN aktiv (entweder durch Markierungen des gleichnamigen Radio-Buttons oder durch Halten von Alt), können Sie ganze Pfade oder Pfadsegmente verschieben.

▶ POLYGONAL: Wenn diese Funktion aktiviert ist, werden keine Zwischenpunkte (= Kontrollpunkte) innerhalb des Pfades erzeugt, sondern lediglich gerade Linien.

▶ AUSWAHL AUS PFAD: Diese Funktion kommt zum Einsatz, wenn Sie ein Objekt freistellen wollen. Der erzeugte Pfad lässt sich dann nämlich in eine Auswahl konvertieren.

▶ PFAD FÜLLEN: Füllen Sie die Fläche, die zuvor durch einen Pfad definiert worden ist. Sie haben die Wahl, ob die Fläche mit einer Farbe oder einem Muster gefüllt werden soll.

▶ PFAD NACHZIEHEN: Mit dieser Option lässt sich ein Pfad weiter verarbeiten. Beispielsweise können Sie entlang des Pfades eine Kontur erzeugen. (Wie das funktioniert, sehen wir uns später in einem Workshop an.)

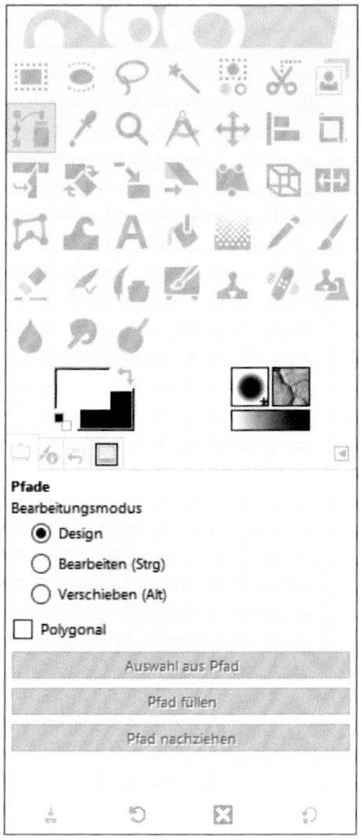

▲ **Abbildung 12.1**
Das Pfad-Werkzeug bringt nur wenige Steuerelemente mit.

Schritt für Schritt
Einen Pfad erzeugen

Um ein Gefühl für Pfade zu bekommen, wollen wir zunächst einmal ein wenig kritzeln. Dazu benötigen wir eine neue Datei.

1 Neue Datei erzeugen

Gehen Sie auf DATEI • NEU, und entscheiden Sie sich im obersten Pulldown-Menü für 1.600 × 1.200 PX ❶. Öffnen Sie ERWEITERTE EINSTELLUNGEN ❷, und legen Sie eine FÜLLUNG mit WEISS ❸ fest. Auf weißem Hintergrund hebt sich der Pfad besser ab. Verlassen Sie den Dialog mit Klick auf OK.

Abbildung 12.2 ▶
Wir benötigen eine neue Datei.

2 Erste Punkte setzen

Platzieren Sie bei aktiviertem Werkzeug PFADE [B] einen Mausklick in der Mitte der neu erzeugten Datei. (Auf dem Mac müssen Sie den allerersten Mausklick einen Augenblick gedrückt halten.) Lassen Sie einen zweiten Mausklick in einiger Entfernung folgen. Wie Sie sehen, wird eine Gerade zwischen den beiden Punkten erzeugt. Die erzeugten Punkte werden übrigens *Ankerpunkte* genannt.

3 Kurve erzeugen

Nun ist damit noch lange nicht Schluss. Das Tolle an der Sache ist nämlich, dass sich auch Kurven erzeugen lassen. Platzieren Sie einen dritten Mausklick etwas weiter vom zweiten entfernt, wobei Sie diesmal aber die Maustaste festhalten. Verschieben

Sie die Maus daraufhin mit immer noch gedrückter Maustaste. Je weiter Sie sich nun vom Klickpunkt entfernen, desto größer wird die Kurve zwischen zweitem und drittem Ankerpunkt. Jetzt dürfen Sie die Maustaste wieder loslassen. Die hier angesprochenen Kurven werden übrigens *Bézierkurven* genannt.

Lassen Sie weitere Mausklicks folgen, wobei Sie die Unterschiede zwischen einem kurzen Mausklick (= Gerade) und einer Bewegung bei gleichzeitig gehaltener Maustaste (= Kurve) kennenlernen sollten. Schieben Sie die Maus bei gedrückter linker Taste auch einmal hin und her, um zu sehen, wie sich die Kurve verhält.

▲ **Abbildung 12.3**
Hurra! Der erste Pfad ist produziert.

4 **Optional: Ankerpunkt rückgängig machen**
Sollte der letzte Punkt nicht Ihren Wünschen entsprochen haben, betätigen Sie ganz einfach `Strg`+`Z` oder entscheiden Sie sich für Bearbeiten • Rückgängig: Anker hinzufügen.

5 **Optional: Pfad schließen**
Wie Sie bereits wissen, muss eine Auswahl stets geschlossen werden. Das ist bei Pfaden nicht zwingend erforderlich. Dennoch ist es möglich, und zwar indem Sie die Maus am Schluss auf den zuallerlerst erzeugten Punkt stellen und diesen anklicken, während Sie `Strg` festhalten.

▲ **Abbildung 12.4**
Der Pfad wird, wie eine Auswahl, über den zuerst erzeugten Punkt geschlossen.

Mit Ankerpunkten arbeiten

Glücklicherweise lassen sich Ankerpunkte nicht nur platzieren, sondern nachträglich auch bearbeiten. Das ist auch gut so, denn ansonsten ließe sich ein bereits fertiggestellter Pfad ja nie wieder korrigieren. Dazu müssen Sie wissen, dass sich ein Ankerpunkt erneut anwählen lässt.

▶ **Einen Ankerpunkt verschieben**: Nicht markierte Punkte werden ausgefüllt dargestellt. Setzen Sie allerdings einen Mausklick auf einen der Punkte, wird nur noch dessen Umrandung angezeigt; ein Indiz dafür, dass er jetzt bearbeitet werden kann. Wollen Sie den Punkt verschieben, lassen Sie die Maustaste nach dem Anklicken einfach nicht mehr los, sondern schieben die Maus stattdessen in die gewünschte Richtung.

▶ **Mehrere Ankerpunkte verschieben**: Wollen Sie nicht nur einen, sondern gleich mehrere Ankerpunkte neu positionieren, wählen Sie den ersten per Mausklick an, halten dann ⟨⇧⟩ gedrückt und klicken auf weitere Punkte, die ebenfalls verschoben werden sollen. Zuletzt wählen Sie einen dieser Punkte erneut mittels Mausklick an, halten die Maustaste allerdings gedrückt und verschieben alle Punkte gleichzeitig an die gewünschte Stelle, indem Sie die Maus entsprechend bewegen.

▶ **Ankerpunkte hinzufügen**: Klicken Sie, während Sie ⟨Strg⟩ gedrückt halten, auf eine Linie.

▶ **Ankerpunkte entfernen**: Klicken Sie, während Sie ⟨Strg⟩+⟨⇧⟩ gedrückt halten, auf einen bereits vorhandenen Punkt.

▶ **Eine Linie verschieben**: Eine Linie lässt sich zwischen zwei Ankerpunkten per Drag & Drop verschieben.

▶ **Kompletten Pfad verschieben**: Einen kompletten Pfad verschieben Sie per Drag & Drop, während Sie ⟨Alt⟩ gedrückt halten. Ob Sie dazu auf eine Verbindungslinie oder auf einen Ankerpunkt klicken, spielt keine Rolle.

▶ **Ankerpunkte umwandeln**: Grundsätzlich werden zwei Arten von Ankerpunkten unterschieden: der Eckpunkt und der Kurvenpunkt.

Soll ein Eckpunkt in einen Kurvenpunkt umgewandelt werden, halten Sie zunächst ⟨Strg⟩ fest. Danach klicken Sie den betreffenden Punkt an, halten die Maustaste gedrückt und ziehen eine Tangente (gelb) aus dem Punkt heraus. Der quadratische Anfasser am Ende der Tangente werden im Übrigen *Marker* genannt. Falls Sie beabsichtigen, in einem Arbeitsgang gleich zwei sich gegenüberstehende Tangenten zu erzeugen, müssen Sie ⟨⇧⟩ festhalten. Diese Taste dürfen Sie aber grundsätzlich erst nach dem Mausklick betätigen, also wenn Sie sich bereits im Ziehvorgang befinden.

Eck- und Kurvenpunkte

Aus Eckpunkten laufen die benachbarten Linien als Geraden heraus. Bei einer Richtungsänderung werden demzufolge Winkel erzeugt. Bei den benachbarten Linien eines Kurvenpunktes handelt es sich um Bézierkurven. Mit den Anfassern (Tangenten) lassen sich die Bézierkurven formen.

Abbildung 12.5 ▶
Die gelben Linien stellen Tangenten dar, mit denen Sie die Kurve formen.

▸ **Tangenten formen**: Im Gegensatz zu Eckpunkten zeigen sich bei Ankerpunkten zusätzlich die bereits erwähnten gelben Linien. Damit können Sie die Kurven nachträglich noch formen. Das wiederum erreichen Sie durch Ziehen der Marker am Ende der Tangenten. Dabei lässt sich nicht nur die Richtung, sondern auch die Länge einer Kurve beeinflussen.

▲ **Abbildung 12.6**
Die Tangenten lassen sich in sämtliche Richtungen ziehen.

Schritt für Schritt
Ein Herz formen

Eine immer wieder verblüffende Übung ist das Herz. Hierbei offenbart sich, wie schwierig und – wenn man weiß, wie – zugleich einfach es doch sein kann, einen Pfad zu erzeugen. Versuchen Sie doch zunächst einmal, ein solches Herz mit dem Werkzeug PFADE ohne die folgenden Anleitungen zu zeichnen.

▲ **Abbildung 12.7**
Sieht einfach aus, kann aber ganz schön an die Nerven gehen: ein Pfad in Herzform.

1 Datei erzeugen
Nun haben Sie sich dieses tolle Buch natürlich nicht gekauft, um letztendlich doch im Regen zu stehen. Das wäre ja noch schöner. Deswegen hier die Anleitung dazu: Erzeugen Sie zunächst eine neue Datei mit den Abmessungen 1.600 × 1.200 px auf weißem Hintergrund.

2 Lineale einschalten
Als Nächstes benötigen Sie Lineale, die sich oben und links am Bildrand befinden. Sollten sie nicht angezeigt werden, entscheiden Sie sich für ANSICHT • LINEALE ANZEIGEN oder drücken [Strg]+[⇧]+[R].

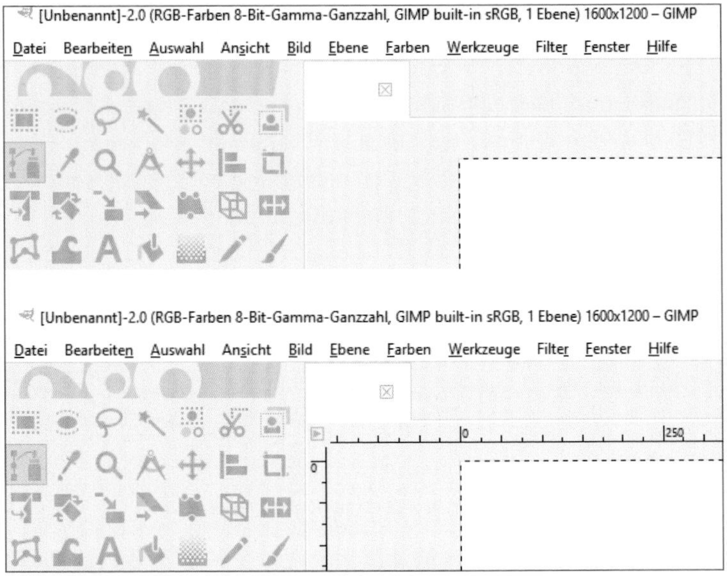

▲ **Abbildung 12.8**
Sollten bei Ihnen die Lineale nicht angezeigt werden (oben),
müssen Sie sie zunächst im Menüpunkt Ansicht aktivieren (unten).

3 Darstellungsgröße festlegen

Je nach zur Verfügung stehender Bildschirmgröße wird die Datei nun unterschiedlich groß angezeigt. Um das zu vereinheitlichen, empfehle ich Ihnen, die Größe in der Fußleiste des Bildfensters auf 100 % zu bringen (mit Taste ☐). (So können Sie alle folgenden Schritte exakt nachvollziehen – egal, wie groß Ihr Monitor ist.) Anschließend schieben Sie den rechten Scrollbalken ganz nach oben und den unteren ganz nach links. So ist sichergestellt, dass Sie bei einer 100 %-Darstellung in der oberen linken Ecke arbeiten können.

Hilfslinien anzeigen

Standardmäßig bleiben die Hilfslinien erhalten, nachdem Sie die Maustaste loslassen. Sollte das bei Ihnen nicht der Fall sein, gehen Sie in das Menü Ansicht und wählen dort Hilfslinien anzeigen. (Ein erneuter Klick auf diesen Eintrag würde die Hilfslinien wieder verbergen.)

4 Hilfslinien erstellen

Wir werden uns die Arbeit jetzt beträchtlich vereinfachen, und zwar durch Hinzufügen von Hilfslinien. Diese lassen sich per Drag & Drop aus den Linealen herausziehen. Klicken Sie deswegen irgendwo auf das linke (senkrechte) Lineal, halten Sie die Maustaste gedrückt, und ziehen Sie in Richtung Bildfläche. Lassen Sie los, wenn die mitgeführte Linie auf dem oberen (horizontalen) Lineal bei 200 steht.

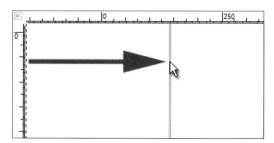

◄ **Abbildung 12.9**
Die erste Hilfslinie platzieren
wir auf Position 200.

5 Weitere Hilfslinien platzieren

Erzeugen Sie auf die gleiche Weise zwei weitere Hilfslinien – und zwar an den Positionen 300 und 400. Zuletzt benötigen Sie noch zwei zusätzliche Hilfslinien, die allerdings horizontal angeordnet werden müssen. Deswegen klicken Sie auf das obere (waagerechte) Lineal und ziehen die erste Linie so weit herunter, bis sie sich auf dem linken Lineal an Position 100 befindet. Die letzte Linie ziehen Sie dann noch auf Position 300.

Hilfslinien

Hilfslinien dienen lediglich der Orientierung. Sie sind nicht wirklich Bestandteil eines Fotos. Beim Druck beispielsweise werden Hilfslinien nicht mit ausgegeben.

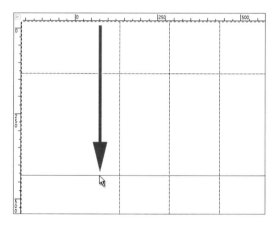

▲ **Abbildung 12.10**
Hier wird soeben die letzte Hilfslinie gezogen.

6 Ankerpunkte platzieren

Jetzt ist es an der Zeit, die Anfasser zu platzieren. Setzen Sie den ersten Ankerpunkt am oberen linken Kreuzpunkt der Hilfslinien an ❶. Danach lassen Sie die Maustaste wieder los und bewegen sich zum zweiten Kreuzpunkt ❷. Platzieren Sie dort den zweiten Ankerpunkt. Lassen Sie einen dritten Ankerpunkt an Position ❸ und den vierten an ❹ folgen, ehe Sie den Pfad schließen. Das machen Sie ja, indem Sie den ersten Punkt ❶ mit `Strg` anklicken.

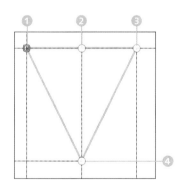

▲ **Abbildung 12.11**
Und das soll ein Herz werden? Nie im Leben! – Oder doch?

Schleife? Falsche Richtung!

Falls sich beim Ziehen eine Schleife bildet, haben Sie in die falsche Richtung gezogen. In diesem Fall ziehen Sie den Punkt einfach auf die gegenüberliegende Seite (also in Richtung des anderen Markers). Die Schleife wandelt sich dann in die gewünschte Kurve um.

7 Tangenten herausziehen

Nachdem wir nun alle Ankerpunkte platziert haben, können wir uns an die eigentliche Verformung machen. Lassen Sie uns mit Punkt ❶ beginnen, da wir uns ja ohnehin gerade dort befinden. Klicken Sie diesen Ankerpunkt noch einmal an, während Sie `Strg` gedrückt halten. Halten Sie auch die Maustaste gedrückt, und ziehen Sie eine Tangente aus dem Punkt heraus. Bewegen Sie die Maustaste dazu diagonal nach unten links. Betätigen Sie jetzt zusätzlich `⇧`, damit sich auch auf der gegenüberliegenden Seite eine Tangente mit Marker entwickelt. Lassen Sie erst los, wenn sich eine Herzform erkennen lässt. Na, hat es geklappt?

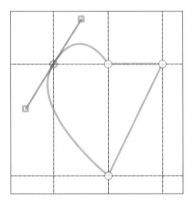

Abbildung 12.12 ▸
Ah, da kommt ja tatsächlich eine Herzform zustande.

Wiederholen Sie den letzten Schritt mit dem oberen rechten Ankerpunkt ❸. Hier sollten Sie die Tangente allerdings nach oben links ziehen. Noch einmal zur Wiederholung die richtige Reihenfolge: Zuerst `Strg` gedrückt halten, dann Punkt anklicken und ziehen. Zuletzt halten Sie `⇧` fest und ziehen weiter.

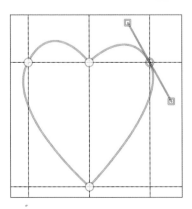

Abbildung 12.13 ▸
Die rechte Seite wird ausgestaltet.

8 Feinarbeit

Im letzten Schritt formen Sie das Herz noch ein wenig aus. Sorgen Sie dafür, dass beide Seiten gleich sind. Dafür dürfen Sie die Punkte ruhig noch ein wenig nach außen ziehen. Auch den mittleren Ankerpunkt ❷ dürfen Sie noch etwas nach unten bewegen.

Mitunter lässt sich das Ergebnis übrigens besser beurteilen, wenn Sie die Hilfslinien temporär ausblenden. Das erreichen Sie über ANSICHT • HILFSLINIEN ANZEIGEN oder [Strg]+[⇧]+[T]. Wiederholen Sie diesen Schritt, um die Hilfslinien wieder anzeigen zu lassen. Zum Abwählen der Tangenten betätigen Sie zuletzt noch den derzeitig ausgewählten Punkt, während Sie [⇧] gedrückt halten.

Das war doch eigentlich ganz einfach, oder? Den fertigen Pfad finden Sie im Ergebnisse-Ordner unter dem Namen »Herz_fertig.xcf«. Wie Sie vorgehen, um den dort integrierten Pfad sichtbar zu machen, erfahren Sie im folgenden Abschnitt.

»Herz_fertig.xcf« im Ergebnisse-Ordner

▲ **Abbildung 12.14**
Ohne Hilfslinien ist das Ergebnis sehr viel besser zu sehen.

12.2 Pfade verwalten

Ein Pfad ist fester Bestandteil einer GIMP-Datei. Das gilt zumindest dann, wenn Sie auch das hauseigene Speicherformat *XCF* verwenden. In diesem Fall bleiben nämlich Pfade grundsätzlich erhalten. Ja, sämtliche! Denn es ist durchaus legitim, mehrere davon in einer Datei anzulegen. Dazu sollten Sie natürlich vorab wissen, wie Sie einen solchen Pfad wieder aktivieren.

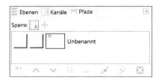

▲ **Abbildung 12.15**
Der Pfad ist zunächst unsichtbar …

Pfade anzeigen

Werfen Sie einmal einen Blick auf die Ergebnisdatei »Herz_fertig.xcf« des letzten Workshops. Öffnen Sie diese Datei, werden Sie ein rein weißes Foto vorfinden – vom ursprünglich erzeugten Pfad keine Spur. Das ändert sich, wenn Sie in das Register PFADE wechseln, das sich standardmäßig in einer Reihe mit den Ebenen und Kanälen befindet.

Öffnen Sie dieses Register, lässt sich nur ein einziger Pfad ausfindig machen. Und dieser ist auch noch mit dem sinnigen Namen UNBENANNT betitelt. Das ist der zuvor erzeugte Herz-Pfad, der jedoch aktuell im Bild nicht zu sehen ist. Das ändert sich, wenn

▲ **Abbildung 12.16**
… kann allerdings durch Klick auf das Augen-Symbol sichtbar gemacht werden.

Sie die Maus in dieser Zeile ganz nach vorn stellen. Dann nämlich werden zwei kleine Quadrate sichtbar. Betätigen Sie das linke,
wird ein kleines Augen-Symbol aktiviert. Dies hat dann auch zur
Folge, dass der Pfad im Bild erscheint.

Pfade weiterbearbeiten

Wenn Sie den Pfad nicht nur sehen, sondern auch editieren wollen, empfiehlt es sich, die Pfadminiatur im Register PFADE mit
einem Doppelklick zu versehen. Damit ist der Pfad jetzt auch
wieder editierbar; sprich: seine Punkte, Tangenten und Marker
können weiterbearbeitet werden. Dazu setzen Sie einfach einen
Mausklick auf den Pfad selbst.

Pfade umbenennen

Nun ist der Name »Unbenannt« natürlich nicht gerade richtungs-
weisend. Sie werden im folgenden Abschnitt erfahren, wie sich
weitere Pfade hinzufügen lassen. Sollten Sie nun über eine Fülle
von Pfaden verfügen, ist eine eindeutige Benennung absolut sinnvoll. Dazu setzen Sie im Register PFADE einen rechten Mausklick
auf die Zeile, die den Pfad repräsentiert (im Beispiel UNBENANNT)
und entscheiden sich im Kontextmenü für PFAD • PFADEIGEN-
SCHAFTEN. Im Folgedialog legen Sie dann einen neuen Namen fest.
Noch einfacher geht es über einen Doppelklick auf den Namen.

Abbildung 12.17 ▶
Es ist sinnvoll, den Pfad ein-
deutig zu benennen – zumindest dann, wenn Sie mit mehreren Pfaden arbeiten.

Pfade hinzufügen

Mit den Pfaden verhält es sich wie mit den Ebenen. Durch das
bloße Hinzuzeichnen wird zwar ein neuer Pfad erstellt; dieser

befindet sich dann aber auf der gleichen Pfadebene wie das Herz. Damit Sie den neuen Pfad jedoch getrennt vom vorhandenen bearbeiten und verwenden können, sollten Sie eine neue Pfadebene erzeugen. Und das geht so: Klicken Sie mit rechts auf einen Bereich unterhalb des Registers PFADE, und wählen Sie NEUER PFAD aus dem Kontextmenü. Vergeben Sie auch hier einen Namen, und bestätigen Sie mit OK. Danach werden Sie feststellen, dass dem Register PFADE eine neue Pfadebene hinzugefügt worden ist.

Pfade anordnen

Pfade lassen sich in Ebenen nicht nur übereinander platzieren, sondern auch in der Reihenfolge verändern. Dazu ziehen Sie die Pfadebene ganz einfach an die entsprechende Position innerhalb des Registers PFADE – genau wie herkömmliche Ebenen.

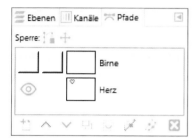

◀ **Abbildung 12.18**
Den nächsten Pfad legen Sie auf der obersten Pfadebene an.

Pfade kopieren

So richtig spannend wird die ganze Sache aber, wenn Sie sich vergegenwärtigen, dass sich Pfade auch bildübergreifend verwenden lassen. Klicken Sie dazu etwa im vorliegenden Beispiel mit rechts auf den vorhandenen Pfad, gefolgt von PFAD KOPIEREN.

Danach gehen Sie auf das Bild, auf das der Pfad übertragen werden soll. Hier klicken Sie ebenfalls mit rechts in einen freien Bereich des Registers PFADE und entscheiden sich für den Eintrag PFAD EINFÜGEN. Wenn Sie den Pfad jetzt noch über das vorangestellte Augen-Symbol sichtbar machen, ist alles klar. Der Pfad ist übertragen worden.

Pfad löschen

Um einen nicht mehr benötigten Pfad zu löschen, haben Sie mehrere Möglichkeiten. Entweder Sie bedienen sich des zuvor erwähnten Kontextmenüs und entscheiden sich darin für PFAD LÖSCHEN, oder Sie markieren den Pfad in der Pfade-Palette, gefolgt von einem Klick auf das Papierkorb-Symbol. Alternativ dürfen Sie die Pfadebene auch gerne auf dieses Symbol ziehen und dort fallen lassen.

▲ **Abbildung 12.19**
Der vorhandene Pfad wird in die Zwischenablage kopiert.

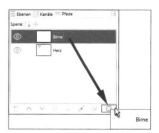

▲ **Abbildung 12.20**
Hier löst sich gerade ein Pfad in Wohlgefallen auf.

12.3 Objekte aus Pfaden erzeugen

Das bloße Produzieren eines Pfades ergibt natürlich überhaupt keinen Sinn, wenn man mit diesem Pfad nicht auch etwas Bestimmtes anstellen möchte. Grundsätzlich betrachtet kann ein Pfad für zwei Dinge nützlich sein:

▸ um ein Objekt oder eine Kontur zu erstellen
▸ zur Benutzung als Auswahl (beispielsweise um Objektbereiche freizustellen)

Pfade nachziehen

Wenn Sie einen Pfad erzeugen wollen, um damit eine Kontur zu produzieren, sollten Sie die Funktion PFADE NACHZIEHEN verwenden. Dabei ist ein interessanter Dialog abzuarbeiten, der zahlreiche Möglichkeiten zur Interpretation des Pfades zur Verfügung stellt. Wie wäre es mit einem kleinen Workshop dazu?

Schritt für Schritt
Pfad mit einer Kontur versehen

»Herz_fertig.xcf« im
Ergebnisse-Ordner

Lassen Sie uns mit dem eingangs produzierten Herz arbeiten. Sollten Sie diesen Workshop nicht nachgearbeitet haben, steht für Sie die Datei »Herz_fertig.xcf« im Ergebnisse-Ordner zur Verfügung. Nachdem Sie die Datei geöffnet haben, sollten Sie den Pfad wie beschrieben aktivieren. – Die Hilfslinien benötigen Sie derzeit nicht. Löschen Sie sie über BILD • HILFSLINIEN • ALLE HILFSLINIEN ENTFERNEN.

▲ **Abbildung 12.21**
Mit dieser Schaltfläche erzeugen Sie eine Kontur entlang des Pfades.

1 Pfad nachziehen

Nun gibt es wieder mehrere Möglichkeiten. Entweder klicken Sie mit rechts auf die Pfadebene (im Register PFADE), gefolgt von PFAD NACHZIEHEN, oder Sie betätigen den zweiten Button von rechts in der Fußleiste des Registers PFADE.

2 Nachziehstil festlegen

Bei Festlegung des Nachziehstils stehen Ihnen zunächst einmal zwei Optionen zur Verfügung: STRICHLINIE und STRICHLINIE MIT

MALWERKZEUG. Entscheiden Sie sich in diesem Beispiel für den oberen der beiden Radio-Buttons ❶. Legen Sie die LINIENBREITE ❹ zudem mit 10,0 px fest. Bitte verlassen Sie den Dialog noch nicht!

Pfad nachziehen

Sofern das Pfadwerkzeug aktiv ist, findet sich auch ein gleichnamiger Button im unteren Bereich des Werkzeugkastens.

◀ **Abbildung 12.22**
Durch eine Vergrößerung der Linienbreite wird die Kontur natürlich breiter.

3 Linienstil einstellen

Da wir die Linie nicht mit einem Muster, sondern mit Farbe füllen wollen, sollte jetzt der oberste der beiden folgenden Radio-Buttons, VOLLFARBE ❷, aktiv bleiben. Nun sollten Sie der Zeile LINIENSTIL ❺ noch Aufmerksamkeit schenken. Betätigen Sie daher das vorangestellte Plus-Symbol. Öffnen Sie die Liste VORDEFINIERTER STRICH, und entscheiden Sie sich hier für LANGE STRICHE.

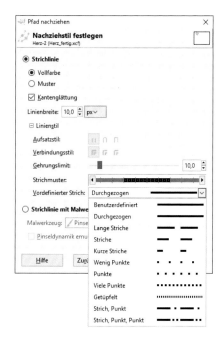

Strichlinie mit Malwerkzeug

Wenn Sie diese Option ❻ aktivieren, können Sie gleich unterhalb ein Werkzeug bestimmen. Entsprechend sieht auch das Ergebnis aus. So sorgt beispielsweise die SPRÜH-PISTOLE für sehr viel weichere Übergänge als der STIFT. Grundsätzlich werden die derzeit gültigen Einstellungen des gewählten Werkzeugs auch bei Erstellung der Kontur berücksichtigt.

◀ **Abbildung 12.23**
GIMP wartet mit zahlreichen Strichmustern auf.

4 Farbe einstellen

Lassen Sie den Dialog noch immer geöffnet. Spätestens jetzt sollten Sie die Farbe definieren, mit der die Kontur gefüllt werden soll. Dazu müssen Sie die Vordergrundfarbe im Werkzeugkasten entsprechend umstellen. Wie wäre es mit einem kräftigen Rot?

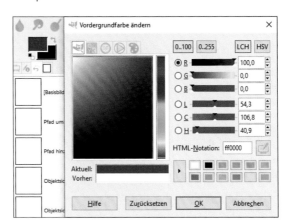

Abbildung 12.24 ▶
Solange der Dialog PFAD NACHZIEHEN noch geöffnet ist, lässt sich auch die Vordergrundfarbe noch ändern.

5 Pfad füllen

Nachdem Sie mit OK bestätigt haben, dürfen Sie auch den Pfad-Dialog verlassen, indem Sie auf NACHZIEHEN klicken. Nun sehen Sie zunächst die gefüllte Kontur sowie den Pfad. Diesen können Sie jetzt allerdings wieder über das Augen-Symbol der Pfade-Palette deaktivieren. Sollte der Pfad anschließend noch immer sichtbar sein, wechseln Sie das Werkzeug. – Bitte speichern Sie die Datei nicht ab, zumindest nicht unter dem gleichen Namen. Die Ausgangsdatei benötigen Sie nämlich im folgenden Workshop noch.

Mehrere Pfade füllen

Wenn Sie mehrere Pfade mit dem gleichen Nachziehstil zu füllen haben, müssen Sie nicht bei jedem Pfad den zuvor erwähnten Dialog durchlaufen. Um die Einstellungen auch für den nächsten Pfad zu übernehmen, betätigen Sie einfach den vorletzten Button in der Fußleiste der Pfade-Palette, während Sie ⌀ gedrückt halten. Dann werden die zuletzt eingestellten Parameter automatisch an das Pfadobjekt übergeben.

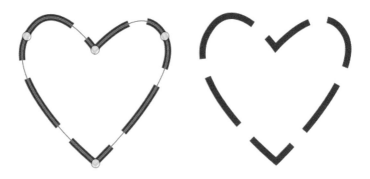

▲ **Abbildung 12.25**
Das Ergebnis mit (links) und ohne den Pfad (rechts)

Linienstile in der Übersicht

Da die einzelnen Steuerelemente für den LINIENSTIL im vorangegangenen Workshop etwas zu kurz gekommen sind, wollen wir
uns diese jetzt noch einmal ein wenig genauer anschauen.

▶ AUFSATZSTIL: Bestimmen Sie, wie geöffnete Pfade an den Enden
aussehen sollen. Benutzen Sie dazu einen der drei zur Verfügung stehenden Buttons STUMPF, RUND, QUADRATISCH. Wichtig: Die weiße Linie in den Symbol-Schaltflächen repräsentiert
den Pfad, während die blauen Bereiche die zu erzeugende Kontur widerspiegeln.

▶ VERBINDUNGSSTIL: Der VERBINDUNGSSTIL legt fest, wie Rich-
tungsänderungen implementiert werden. (Beachten Sie dazu
bitte auch die Hinweise zum vorangegangenen AUFSATZSTIL).

▶ GEHRUNGSLIMIT: Legen Sie fest, ob ein Winkel spitz oder stumpf
dargestellt werden soll. Je höher der Wert, desto stumpfer der
Winkel.

◀ **Abbildung 12.26**
Rechts ist das Gehrungslimit
stark erhöht worden.

▶ STRICHMUSTER: Die schwarzen, weißen und grauen Segmente
repräsentieren, wie sich das Muster darstellen wird. Dieses
können Sie mit Hilfe der beiden Pfeiltasten links und rechts auf
dem Pfad verschieben.

▶ VORDEFINIERTER STRICH: Hier werden verschiedene Linienfüh-
rungen angeboten (z. B. mit und ohne Unterbrechung).

Wichtig ist in diesem Zusammenhang auch die KANTENGLÄTTUNG
❸ (siehe Abbildung 12.22). Setzen Sie hier ein Häkchen, werden
runde Kanten geglättet, sprich: weicher dargestellt.

Flächen füllen

Nun wissen Sie, wie Sie Pfade erstellen und die Konturen mit
Farbe füllen. Da darf natürlich das Füllen des Innenbereichs eines
Pfades nicht fehlen. Dazu werden wir ein weiteres Mal unser
bereits bekanntes Herz benutzen.

»Herz_fertig.xcf« im
Ordner Ergebnisse

Auswahl aus Pfad

Sofern das Pfadwerkzeug
aktiv ist, findet sich auch
ein gleichnamiger Button
im unteren Bereich des
Werkzeugkastens. Dieser
ist allerdings nur anwählbar, wenn auch der Pfad
sichtbar und editierbar
ist. Dazu wiederum ist
ein vorheriger Doppel-
klick auf die Pfadminiatur
vonnöten.

▲ **Abbildung 12.28**
Da sich das Herz nun auf einer
separaten Ebene befindet,
können Sie es beliebig anordnen und, falls gewünscht,
auch duplizieren. Das ginge
ohne separate Ebene nicht.

Pfadobjekte füllen

Gefüllte Pfade sind vielseitig einsetzbar. In diesem Workshop ist
es ein Herz, Sie können solche gefüllten Pfade aber auch gut als
Basis für eigene Logos nutzen.

1 Datei vorbereiten

Nachdem Sie die Beispieldatei »Herz_fertig.xcf« geöffnet haben,
sollten Sie auf das Register Pfade wechseln. Die Hilfslinien können
Sie zudem über Bild • Hilfslinien • Alle Hilfslinien entfernen
dauerhaft verbannen.

2 Auswahl erzeugen

Betätigen Sie jetzt den Schalter Auswahl aus Pfad in der Fußleiste der Pfade-Palette. Hiermit erreichen Sie, dass sich eine
Auswahllinie entlang des Pfades bildet. Warum das so wichtig ist,
erfahren Sie gleich.

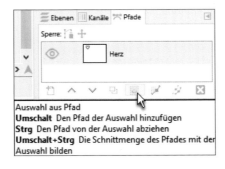

◀ **Abbildung 12.27**
Diese Schaltfläche erzeugt
eine Auswahl, die dem Pfad
entspricht.

3 Neue Ebene erzeugen

Dieser Schritt ist nicht unbedingt erforderlich, ist aber immer
dann sinnvoll, wenn Sie das zu erzeugende Objekt später noch
bewegen oder vielleicht sogar vervielfältigen wollen. Erzeugen Sie
eine neue Ebene über Ebene • Neue Ebene. Im Folgedialog entscheiden Sie sich für die Ebenenfüllart Transparenz und bestätigen mit OK.

4 Mit Farbe füllen

Nun kommt es zur eigentlichen Färbung des Auswahlbereichs. Dies
gelingt über Bearbeiten • Mit Vordergrundfarbe füllen. Hätten

Sie zuvor keine Auswahl erzeugt, wäre jetzt der gesamte Bildbe-
reich mit Farbe gefüllt worden und nicht nur der ausgewählte.
Deshalb war Schritt 2 (»Auswahl erzeugen«) so wichtig. Heben Sie
die Auswahl anschließend wieder auf (AUSWAHL • NICHTS). Die fertige Datei finden Sie als »Herz_gefüllt.xcf« im Ergebnisse-Ordner.

»Herz_gefüllt.xcf« im
Ergebnisse-Ordner

12.4 Pfade in anderen Dateien nutzen

Pfade bleiben Bestandteil einer GIMP-Datei. Wenn Sie Ihr Dokument also als *XCF* speichern, können Sie jederzeit auf den Pfad
zurückgreifen. Dazu müssen Sie ihn lediglich in der Palette PFADE
aktivieren. Mitunter soll ein Pfad aber auch in anderen Dokumenten zur Verfügung gestellt werden.

Pfade exportieren

Für aufwendig erstellte oder immer wieder verwendete Pfade
empfiehlt es sich sogar, den Pfad als eigenständiges Dokument zu
exportieren. Das Exportieren gelingt mittels Rechtsklick auf die
Pfadebene, gefolgt von PFAD EXPORTIEREN. Im Folgedialog stehen
nun die Optionen AKTIVEN PFAD EXPORTIEREN und ALLE PFADE DIE-
SES BILDES EXPORTIEREN zur Verfügung.

◄ **Abbildung 12.29**
Sie haben die Wahl, ob Sie
nur den gerade aktiven oder
alle Pfade eines Dokuments
exportieren wollen.

SVG steht für *Scalable Vector Graphics*, also für skalierbare Vektorgrafiken. Derart angelegte Dateien lassen sich in der Größe ohne Qualitätsverluste verändern. Zudem ist die Kompatibilität mit Illustrationsprogrammen, wie z. B. Adobe Illustrator, gegeben. Das auf XML basierende Format bleibt damit editierbar.

Bei der zuerst genannten Variante wird nur der Pfad exportiert, den Sie zuvor mit rechts angewählt haben. Sie sollten ein *SVG*-Dokument erzeugen, indem Sie manuell die Dateiendung *.svg* ❶ anhängen. Wenn Sie keine Dateiendung hinzufügen, kann das Dokument zwar später dennoch in GIMP geöffnet werden (siehe folgenden Abschnitt), allerdings kann es in anderen Applikationen nicht genutzt und über GIMPs Öffnen-Dialog auch nicht mehr gefunden werden.

Pfade importieren

Benötigen Sie den zuvor als *SVG* exportierten Pfad nun in einem anderen Dokument, lässt dieser sich mit dem Öffnen-Dialog des Datei-Menüs öffnen oder einer vorhandenen Datei hinzufügen. Es reicht sogar, wenn Sie die *SVG*-Datei per Drag & Drop auf ein Bilddokument oder auf einen freien Bereich der GIMP-Arbeitsfläche ziehen. In beiden Fällen öffnet sich ein Dialog, über den Sie nun festlegen können, wie groß die Pfaddatei sein soll. Doch Vorsicht! Wenn Sie die Checkbox PFADE IMPORTIEREN nicht explizit anwählen, wird die Vektorgrafik gerendert (also in eine Pixelgrafik konvertiert)! Das kostet unweigerlich die Editierbarkeit des Pfades und sollte durch Anwahl des Häkchens zumindest dann umgangen werden, wenn davon auszugehen ist, dass der Pfad noch angepasst werden muss.

Importierte Pfade zusammenfügen

Diese Checkbox ist nur dann relevant, wenn Sie ein aus mehreren Pfaden bestehendes *SVG*-Dokument einfügen wollen. Wenn Sie aus allen zu dieser Datei gehörenden Pfaden einen einzigen machen wollen, müssen Sie die Checkbox aktivieren. Lassen Sie das Häkchen weg, bleiben die einzelnen Pfadebenen erhalten.

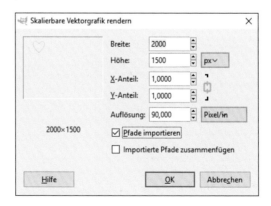

▲ **Abbildung 12.30**
Jetzt wird der Pfad auch als Pfad und nicht etwa als Pixelgrafik hinzugefügt.

Text

Produktion und Gestaltung von Schrift

- ▶ Wie erzeuge ich Texte?
- ▶ Wie formatiere und ändere ich Text?
- ▶ Wie lässt sich Text auf einem Pfad platzieren und bearbeiten?
- ▶ Wie versehe ich Text mit Effekten?
- ▶ Wie fülle ich einen Text mit einem Foto?

13 Text

Text ist auch in der Bildbearbeitung ein mitunter nicht zu verachtendes Gestaltungsmittel. Allerdings sind dem GIMP-Anwender bei der Erzeugung von Text Grenzen gesetzt. Das gleicht sich jedoch wieder dadurch aus, dass die Anwendung mit zahllosen schnell anwendbaren Effekten aufwartet, mit denen sich in Nullkommanichts verblüffende Resultate erzielen lassen.

13.1 Text-Grundlagen

Texte sind nicht nur geeignet, um den Urhebernamen auf Digitalfotos zu verewigen und diese dadurch vor Raubkopierern zu schützen. Vielmehr gelten Texte auch als Gestaltungselemente und werden unter anderem in Bildkompositionen gerne eingesetzt. Texte innerhalb von GIMP haben aber noch zwei weitere löbliche Merkmale: Zum einen wird bei ihrer Erstellung automatisch eine neue Ebene (Textebene) erzeugt. Dadurch bleibt das Geschriebene auf dem Bild dauerhaft und separat von allen weiteren Ebenen editierbar. Zum anderen kann ein Text aber auch in einen Pfad konvertiert werden, was bei der Gestaltung noch mehr Individualität ermöglicht.

Schriften-Palette

Wenn Sie sämtliche zur Verfügung stehenden Schriften in einem separaten Dialogfenster sehen möchten, können Sie das mit Hilfe von FENSTER • ANDOCKBARE DIALOGE • SCHRIFTEN realisieren.

Das Textwerkzeug

Nachdem Sie das Textwerkzeug ⊤ aktiviert haben, ändert sich die untere Hälfte des Werkzeugkastens entsprechend, und Sie können die gewünschten Voreinstellungen vornehmen. Bestimmen Sie unter ❶ zunächst, welche Schrift Sie benutzen wollen.

Im nebenstehenden Eingabefeld ❷ dürfen Sie zur Suche auch gerne den Namen der Schrift eintragen. Da dieses Feld kontextsensitiv reagiert, werden die potenziellen Ergebnisse während der Eingabe fortlaufend aktualisiert. Die GRÖSSE ❸ der Schrift lässt sich in der zweiten Zeile festlegen, ebenso die Maßeinheit ❹ (standardmäßig in Pixel = PX).

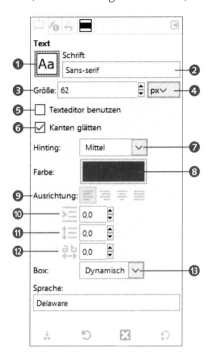

◀ **Abbildung 13.1**
Die Einstelloptionen
des Text-Tools

Kanten glätten ❻

Sofern dieses Kontrollkästchen aktiviert ist, werden raue, pixelige Kanten oder Treppchenbildungen (meist entlang von kurvigen Textelementen) automatisch ein wenig mehr abgerundet. Dadurch erscheint die Schrift weicher und sauberer.

Texteingabe mit und ohne Editor

In älteren GIMP-Versionen war der Gang über den Texteditor unumgänglich. Sobald Sie bei aktiviertem Textwerkzeug auf das Bild geklickt hatten, öffnete sich ein Fenster, das für die Eingabe bereitstand. Mittlerweile lässt sich der Text direkt in das Bilddokument schreiben. Dazu reicht ein Mausklick oder das vorherige Aufziehen eines Textrahmens mit gedrückter linker Maustaste.

▲ **Abbildung 13.2**
Nach Klick auf das Bilddokument (hier zur besseren Ansicht mit
weißer Fläche) können Sie gleich mit der Eingabe beginnen.

Hinting ❼

HINTING beeinflusst die Ränder der Buchstaben. Bei besonders kleinen Schriften wird dadurch das Schriftbild verbessert.

Wer sich jedoch vom Texteditor auch in Version 2.10 nicht trennen möchte, der aktiviert vor dem Klick auf das Bild die Checkbox ❺ und arbeitet wie bisher mit dem Editor.

◀ **Abbildung 13.3**
Der GIMP-Texteditor ist auch in Version 2.10 noch vorhanden – muss aber im Werkzeugkasten explizit angewählt werden.

Zuletzt ist noch erwähnenswert, dass sich die Textfarbe über zwei Wege beeinflussen lässt. Entweder ändern Sie die Vordergrundfarbe (dieselbe Farbe wird dann auch für den Text verwendet), oder Sie klicken auf die Farbfläche im Werkzeugkasten ❽.

Die unterhalb des Farbfeldes befindlichen Steuerelemente sind überwiegend bei mehrzeiligem Text von Bedeutung. Legen Sie unter ❾ fest, ob der Text linksbündig, rechtsbündig, zentriert oder im Blocksatz (von links nach rechts) abgebildet werden soll.

Weitere Funktionen

Mit dem Steuerelement ❿ bestimmen Sie, wie weit der Text vom linken Rand des Textfeldes aus nach rechts verschoben werden soll. Mit ⓫ legen Sie den ZEILENABSTAND fest, und mit ⓬ verändern Sie die Zwischenräume zwischen den Buchstaben (ZEICHENABSTAND). Box ⓭ letztendlich können Sie auf FEST oder DYNAMISCH einstellen. Letzteres passt die Größe des Textfeldes automatisch an den Inhalt an, während fixierte Textfelder möglicherweise nicht mehr ihren gesamten Inhalt präsentieren können, da ihre Größe auch bei zu viel Text nicht mehr angepasst wird.

▲ **Abbildung 13.4**
Hier sehen Sie die vier Ausrichtungsmöglichkeiten.

Ein Textfeld skalieren

Durch Ihre Arbeit mit Objekten und Transformationen sind Sie es sicher gewohnt, dass Objekte ihre Größe verändern, wenn Sie an den Anfassern ziehen. Bei Textfeldern ist das anders. Ziehen Sie an einem der vier Eckpunkte, skalieren Sie damit lediglich das Textfeld selbst, nicht jedoch die darin befindliche Schrift.

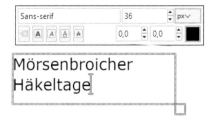

◀ **Abbildung 13.5**
Ziehen Sie mit gedrückter Maustaste eine der Geraden oder einen der Eckanfasser in Form (hier: unten rechts), verändert sich die Textfeldgröße. Dies kann Auswirkungen auf den Zeilenumbruch haben, nicht jedoch auf die Textgröße.

Text nachträglich formatieren

Nun kommt es häufig vor, dass Text oder einzelne Elemente davon noch in der Größe, im Schriftschnitt, in der Farbe oder dergleichen angepasst werden müssen. Dabei ist der Text zuvor zu markieren. Das erreichen Sie beispielsweise mit einem Doppelklick (ein Wort markieren) oder mittels Dreifachklick (den ganzen Satz markieren). Die Alternative – die sich vor allem dann anbietet, wenn der Text über mehrere Absätze geht – ist das Überfahren des Textes mit gedrückter Maustaste. Damit lassen sich auch einzelne Zeichen markieren. Nach der Markierung ist nichts weiter zu tun, als die oberhalb des Textes befindlichen Steuerelemente zu betätigen.

Nachträgliche Editierung

Wenn Text markiert ist und die Einstellungen im Werkzeugkasten geändert werden, hat dies keinerlei Auswirkungen auf den bereits geschriebenen Text, sondern nur auf noch zu erzeugende Texte.

◀ **Abbildung 13.6**
Die Änderungen wirken sich nur auf die zuvor markierten Bereiche aus (hier: »Häkel«).

Wissenswertes zur Verwendung von Schriften

Es macht wirklich Spaß, mit den unterschiedlichen Schriften zu arbeiten. Bedenken Sie allerdings bitte eines: Eine Schrift kann immer nur dann korrekt angezeigt werden, wenn der Originalschriftsatz auch auf dem Zielrechner zur Verfügung steht. Nun wird Ihnen das erst einmal keine Probleme bereiten, da Sie ja zunächst nur die Schriften Ihres eigenen Rechners verwenden. Wenn Sie allerdings eine Bilddatei mit Textebene weitergeben, wird diese Schrift beim Empfänger nicht korrekt angezeigt werden, sollte sie auf dessen Rechner nicht installiert sein.

Textordner

Auf Ihrem Rechner gibt es einen Ordner, der sämtliche installierte Schriften enthält. Unter Windows finden Sie die Schriften in C:\WINDOWS\FONTS, während Mac-Anwender unter MAC\LIBRARY\FONTS fündig werden.

Text konvertieren

Deswegen kann es besser sein, die Schrift vorab zu konvertieren. Klicken Sie dazu mit rechts auf eine Textebene (innerhalb der Ebenen-Palette), und entscheiden Sie sich im Kontextmenü für TEXTINFORMATIONEN VERWERFEN. Dadurch wird allerdings die Editierbarkeit des Textes aufgehoben. Der Text kann fortan mit dem Textwerkzeug nicht mehr bearbeitet werden – aus ihm ist eine Pixelebene entstanden. Das ist zwar nicht immer wünschenswert, doch können Sie nun sicher sein, dass der Empfänger den Text auf jeden Fall korrekt zu sehen bekommt.

▲ **Abbildung 13.7**
Jetzt kann der Text zwar nicht mehr geändert werden, jedoch wird die Ebene auf jeden Fall korrekt angezeigt – auch wenn der Empfänger die Schrift gar nicht installiert hat.

13.2 Text und Pfade

Mit Pfaden kennen Sie sich ja seit dem vorangegangenen Kapitel bestens aus. Aber eines haben Sie vielleicht noch nicht in Erfahrung gebracht: Pfade haben die Eigenschaft, dass man sie hervorragend mit Texten verbinden kann. Das eröffnet ganz besondere Gestaltungsmöglichkeiten.

Text am Pfad entlang

Erzeugen Sie eine neue Datei mit weißem Hintergrund (die Größe spielt keine Rolle), und lassen Sie mitten auf dem Dokument einen farbigen oder schwarzen Text entstehen (im Beispiel »KURVEN-VERHALTEN«). Danach schalten Sie um auf das Pfad-Werkzeug und erzeugen einen offenen, geschwungenen Pfad.

▲ **Abbildung 13.8**
Für dieses Beispiel benötigen Sie einen Text und einen Pfad.

Klicken Sie jetzt innerhalb der Ebenen-Palette mit rechts auf die Textebene, und selektieren Sie den Eintrag TEXT AM PFAD ENT-LANG. Dadurch werden die Konturen der Schrift in Form einer Kopie am Pfad entlang angelegt (die Original-Textebene wurde dabei nicht angetastet). Die kleinen Punkte, die Sie sehen, sind Anfasser, mit denen sich der Pfad nachträglich ändern lässt; dazu kommen wir gleich. Vorab wollen wir jedoch eine Bestandsaufnahme machen. Wählen Sie irgendein anderes Werkzeug aus. Das hat zur Folge, dass die Konturen abgewählt werden und die Punkte verschwinden.

▲ **Abbildung 13.9**
Nach Anwahl des Befehls sind die Pfadpunkte sichtbar (links). Sobald Sie jedoch ein anderes Tool selektieren, verschwinden die Punkte (rechts).

Nun wird es Sie interessieren, dass Sie den Pfad jederzeit wieder markieren können, indem Sie ihn mit dem Pfad-Werkzeug im Bearbeitungsmodus DESIGN bei gehaltener Taste [Strg] anwählen. (Die Alternative: Sie schalten im Werkzeugkasten um auf den Bearbeitungsmodus BEARBEITEN. Dann reicht ein ganz normaler Klick auf die Wortkontur.)

Bevor es weitergeht, sollten Sie noch einen Blick auf die Ebenen-Palette werfen. Die Textebene ist noch immer vorhanden. Sie können sie jetzt ausblenden. Wechseln Sie danach zum Dialog PFADE. Dort sind jetzt zwei Pfade auszumachen. Unten (UNBENANNT) ist der zuvor gezeichnete Pfad zu finden, der jetzt allerdings automatisch ausgeblendet wurde (siehe Augen-Symbol). Oberhalb existiert eine zweite Pfadebene, bei der es sich um die Textkontur handelt. Wenn Sie einen Doppelklick auf die Miniaturvorschau dieser Zeile setzen, aktivieren Sie den Pfad ebenfalls.

▲ **Abbildung 13.10**
Durch Anwahl der obersten Ebenenminiatur wird der Pfad auch im Bild markiert.

Pfad verändern

Verschieben rückgängig machen

GIMP speichert jede Bewegungsaktion als eigenständigen Schritt. Dadurch ist es jederzeit möglich, eine unbeabsichtigte Aktion am Pfad mit [Strg]+[Z] rückgängig zu machen.

Bei aktivierter oberster Pfadebene können Sie die einzelnen Punkte nun wunschgemäß verschieben. Dadurch wird aber immer nur der *eine* Punkt bewegt, den Sie gerade selektiert haben. Sie erzeugen damit also eine ganz neue Buchstaben-Form. Wollen Sie jedoch einen ganzen Buchstaben verschieben, dann halten Sie [Alt] gedrückt. Danach klicken Sie auf die Pfadkontur (oder einen Punkt) und verschieben den Buchstaben mit gedrückter Maustaste. Doch seien Sie vorsichtig bei Lettern, die aus mehreren Pfaden bestehen, wie z. B. beim »R«. Hier bleibt das »Innenleben« des Buchstabens beim Verschieben zurück.

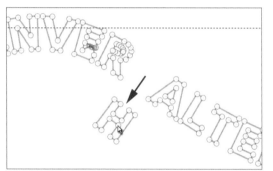

▲ **Abbildung 13.11**
Einzelne Pfadbereiche können unabhängig von allen anderen bewegt werden.

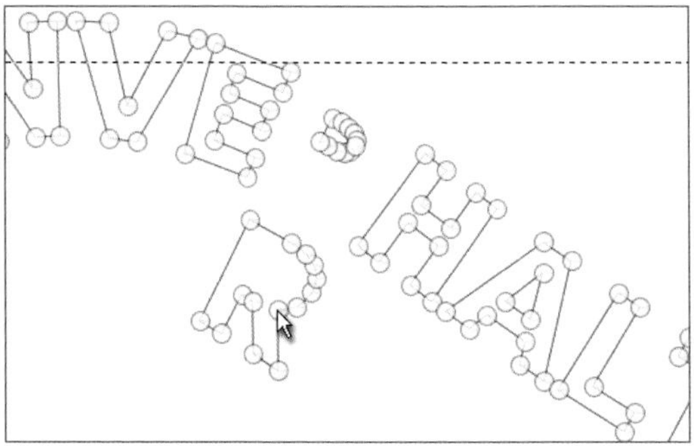

▲ **Abbildung 13.12**
Oops! Da fehlt doch was!

Pfad und Pfadkontur füllen

Nun soll die Frage, was Sie denn nun letztendlich mit einem solchen Pfad anstellen können, nicht im Raum stehen bleiben. Sie können beispielsweise innerhalb der Pfade-Palette mit rechts auf die oberste Pfadebene klicken und im Kontextmenü PFAD NACHZIEHEN aussuchen. Das ermöglicht es Ihnen, den vorhandenen Pfad mit einer Farbe oder einem Muster zu füllen. (Alternativ wählen Sie den vorletzten Button in der Fußleiste der Pfade-Palette an.)

Beachten Sie, dass der Pfad trotzdem noch ausgewählt bleibt. Deaktivieren Sie die Pfadebene, bleiben im Bild nur noch die Konturen übrig. Übrigens sollten Sie für derartige Arbeiten vorab grundsätzlich eine neue Ebene innerhalb der Ebenen-Palette erzeugen.

◄ **Abbildung 13.13**
Erst jetzt ist die gefüllte
Kontur erkennbar.

Alternativ dazu lassen sich statt der Konturen natürlich auch die Lettern selbst füllen. Hier ist jedoch noch ein Zwischenschritt nötig. Nach Anwahl der obersten Pfadebene müssen Sie nämlich noch den Button AUSWAHL AUS PFAD in der Fußleiste der Pfade-Palette aktivieren. Sobald Sie dann die blinkenden Auswahllinien sehen, sollten Sie in der Ebenen-Palette eine neue Ebene erzeugen und der Auswahl dann mit dem Fülleimer oder über BEARBEITEN • MIT VORDERGRUNDFARBE FÜLLEN die gewünschte Färbung verpassen.

◄ **Abbildung 13.14**
Statt der Kontur können
Sie auch die Lettern
selbst färben.

Warum eine neue Ebene?

Wenn Sie eine separate Ebene erzeugen, wird die anschließende Färbung auf diese Ebene angewendet. So lässt sich der eingefärbte Bereich unabhängig vom Rest des Bildes bewegen. Missachten Sie das, tragen Sie die Färbung entweder auf dem weißen Hintergrund oder sogar auf der ursprünglichen Textebene auf, je nachdem, welche Ebene gerade aktiv ist.

13.3 Texteffekte

So ein Text in Kombination mit einem Pfad ist ja schon ganz ansehnlich. Aber da gibt es doch noch mehr? Klar! Es existieren Techniken, mit denen Textebenen oder aus Pfaden bestehende Texte effektvoll verziert werden können. Und diese Verzierungen sind meist nur wenige Mausklicks weit entfernt.

Text mit Filtern verwenden

Im Zusammenhang mit Texteffekten spielt das Menü FILTER eine besondere Rolle. Filter lassen sich auf so ziemlich jede Ebene anwenden, also auch auf Textebenen. Allerdings müssen Sie hier wieder ein wenig Vorarbeit leisten. Zunächst ist es nämlich erforderlich, dass Sie eine Textebene ins Leben rufen.

Schritt für Schritt
Einen Text mit Effekten versehen

Das Menü Filter bieten Ihnen etliche Möglichkeiten zur effekt-vollen Text- und Logogestaltung.

1 Datei erzeugen

Erstellen Sie zunächst eine neue, leere Datei. Klicken Sie auf das Steuerelement Vorlagen, und wählen Sie A4 (300 ppi) ❶. Danach aktivieren Sie das Querformat ❷ und entscheiden sich unter Erweiterte Einstellungen für RGB-Farben ❸ sowie Weiss ❹ als Füllung.

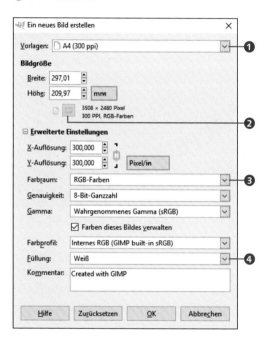

Abbildung 13.15 ►
Diesmal erzeugen wir eine qualitativ hochwertige Datei.

2 Textwerkzeug einstellen

Wählen Sie eine kräftige Vordergrundfarbe (z. B. Rot), und aktivie-ren Sie das Textwerkzeug, dessen Schrift fett und serifenlos sein sollte (im Beispiel Arial Bold). Geben Sie die Größe mit 250 px an, und schreiben Sie einen kurzen Schriftzug Ihrer Wahl in Ver-salien (= Großbuchstaben; hier: »THE SHADOW«). Ziehen Sie den Textrahmen nach unten und nach rechts hin etwas größer. Der Grund: Effekte sind nur innerhalb des Textrahmens sichtbar. Wenn

Sie ihn eng lassen, wird der Schlagschatten-Effekt, den wir gleich noch zuweisen werden, durch den Rahmen begrenzt, erscheint also nicht vollflächig. Das Textfeld sollte jetzt in etwa so aussehen, wie in Abbildung 13.16 zu sehen. Zuletzt richten Sie den Text mit dem Verschieben-Werkzeug mittig auf der Leinwand aus.

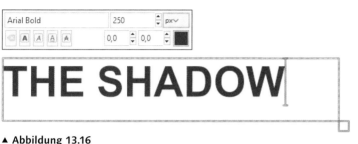

▲ **Abbildung 13.16**
Der erste Schritt besteht darin, den Text zu erzeugen.

3 Rand abschrägen

Jetzt wollen wir dafür sorgen, dass die einzelnen Lettern ein wenig plastischer wirken. Entscheiden Sie sich daher für FILTER • DEKO-RATION • RAND ABSCHRÄGEN bei einer DICKE von etwa 25. Wenn Sie vor dem Klick auf OK noch die Checkbox MIT KOPIE ARBEITEN deaktivieren, können Sie mit der Originaldatei weiterarbeiten. Anderenfalls würde das Dokument kopiert.

◄ **Abbildung 13.18**
Ein schräger Rand macht etwas her. Betrachten Sie die Auswirkungen einmal bei einer Darstellung von 100 %.

THE SHADOW

▲ **Abbildung 13.19**
Der Rand des Textes sieht so schon wesentlich interessanter aus.

▲ **Abbildung 13.17**
Das sind die erforderlichen Textparameter.

Serifen

Als *Serifen* bezeichnet man die Zierabschlüsse der einzelnen Buchstaben an deren Enden. Typische Serifenschriften sind z. B. Times, Book oder Minion. Die Bezeichnung *Sans* (frz. für »ohne«) deutet grundsätzlich darauf hin, dass es sich um eine serifenlose Schrift handelt. Allerdings sind nicht alle serifenlosen Schriften mit »Sans« ausgewiesen. Arial, Verdana, Helvetica oder Myriad beispielsweise sind ebenfalls serifenlos, weisen sich jedoch nicht durch »Sans« aus.

4 Schatten hinzufügen

Zuletzt soll ein Schattenwurf hinzugefügt werden. Das erledigen Sie mit FILTER • LICHT UND SCHATTEN • SCHLAGSCHATTEN. Gehen Sie mit beiden Versatz-Steuerelementen (X und Y) sowie dem WEICHZEICHNENRADIUS auf jeweils 15,00. Die FARBE soll Schwarz bei einer DECKKRAFT von 0,800 sein. Die fertige Datei finden Sie unter »The Shadow.xcf« im Ergebnisse-Ordner.

Abbildung 13.20 ▶
Hier wird noch ein Schlag-schatten hinzugefügt.

Abbildung 13.21 ▶
Betrachten Sie das Endergeb-nis am besten einmal bei 100 %. Dann lassen sich die Effekte besonders gut ein-schätzen.

Bild im Text

Die nächste Technik zeigt, wie sich Texte mit einem Foto füllen lassen. Das sieht besonders interessant aus. Allerdings sollten Sie darauf achten, dass relevante Inhalte des Fotos dann auch inner-halb der Buchstaben zu sehen sind. Ansonsten kann man später vielleicht gar nicht mehr erkennen, was das Foto eigentlich zeigt.

Schritt für Schritt
Ein Foto in Lettern

»Text.jpg«

In diesem Workshop füllen wir die Buchstaben eines Textes nicht mit einer Farbe, sondern mit einem Bild. Mit dem passenden Foto lässt sich die Aussage eines Wortes eindrucksvoll unterstreichen.

1 Datei öffnen

Die Datei »Text.jpg« ist geradezu prädestiniert dafür, in einen Schriftzug integriert zu werden. Öffnen Sie das Foto zunächst.

© Renate Klaßen

◄ **Abbildung 13.22**
Diese Aufnahme soll in einen Schriftzug »einge-stanzt« werden.

2 Neue Ebene erzeugen

Damit wir Spielraum für Variationen erhalten, wollen wir uns bereits jetzt um eine Ebenenkopie kümmern. Erzeugen Sie diese über EBENE • EBENE DUPLIZIEREN.

3 Text erzeugen

Als Nächstes wählen Sie das Textwerkzeug aus und stellen eine ARIAL BOLD mit einer Größe von 300 px ein. Die Farbe spielt überhaupt keine Rolle. Schreiben Sie »RELAX«. Positionieren Sie die Textebene anschließend mit dem Verschieben-Werkzeug derart, dass die Oberkante der Lettern gerade noch in den Himmel hineinragt. Sie erreichen damit, dass sich später möglichst viele unterschiedliche Bildstrukturen im Text wiederfinden. Horizontal sollte der Text in etwa mittig im Bild angeordnet sein.

◄ **Abbildung 13.23**
Der Text befindet sich jetzt oberhalb der Fotoebene.

▲ **Abbildung 13.24**
Mit der Option AUSWAHL wird
die Ebene jenseits der Auswahl maskiert.

Abbildung 13.25 ▶
Foto im Text

▲ **Abbildung 13.26**
Die Maske ist verschwunden,
und die Ebene besteht nur
noch aus den Textbereichen.

4 Auswahl erzeugen

Nun klicken Sie mit rechts auf die Textebene in der Ebenen-Palette
und wählen im Kontext AUSWAHL AUS ALPHAKANAL. Danach schalten Sie die Textebene mittels Klick auf das vorangestellte Auge aus.

5 Ebene maskieren

Klicken Sie mit rechts auf die obere Fotoebene (TEXT.JPG-KOPIE),
und entscheiden Sie sich für EBENENMASKE HINZUFÜGEN aus dem
Kontextmenü (alternativ: EBENE • MASKE • EBENENMASKE HINZUFÜ-
GEN). In der Liste EBENENMASKE INITIALISIEREN MIT aktivieren Sie
den Radio-Button AUSWAHL. Schließen Sie die Aktion mit Klick auf
HINZUFÜGEN ab. Heben Sie die Auswahl auf (AUSWAHL • NICHTS),
und deaktivieren Sie auch die unterste Ebene (TEXT.JPG), indem
Sie auf das Auge der Ebene klicken. Das Zwischenergebnis ist mit
»Text_bearbeitet.xcf« betitelt.

6 Maske entfernen

Nun ist damit eigentlich schon alles getan. Der Text befindet sich im
Bild und könnte jetzt auch auf ein anderes Foto gezogen werden.
Ebenso wäre es möglich, eine andere Bildebene unter den Text zu
legen. Doch wir wollen erreichen, dass sich der Text gewissermaßen plastisch aus dem vorhandenen Foto erhebt. Hierbei ist die
Maske allerdings im Weg. Würden wir sie auf dem Bild belassen,
würden die folgenden Effekte auf die gesamte Ebene angewendet
und nicht nur auf den maskierten Bereich. Deshalb klicken Sie jetzt
mit rechts auf die Maskenminiatur und selektieren EBENENMASKE
ANWENDEN. Dadurch werden alle Bildbereiche jenseits der Maske
entfernt, und die Maske selbst wird anschließend verworfen.

7 Schlagschatten hinzufügen

Wenden Sie via FILTER • LICHT UND SCHATTEN einen SCHLAGSCHAT-
TEN auf die Ebene an, der einen X/Y-Versatz von etwa 7,000 und
einen WEICHZEICHNENRADIUS von 10,00 hat. Reduzieren Sie die
DECKKRAFT auf 0,200.

8 Helligkeit/Kontrast verändern

Danach gehen Sie in das Menü FARBEN, wählen HELLIGKEIT/KON-TRAST aus und ziehen den KONTRAST nach rechts auf 45. Auch die HELLIGKEIT sollten Sie erhöhen, wobei hier ein Wert von 40 reichen sollte. Bestätigen Sie die Einstellungen.

◄ **Abbildung 13.27**
Lassen Sie die Schrift stärker kontrastieren. Das hebt sie optisch mehr von der Bildebene ab.

9 Sättigung erhöhen

Zuletzt gehen Sie noch auf SÄTTIGUNG (ebenfalls im Menü FARBEN zu finden) und ziehen die SKALIERUNG nach rechts, bis ein Wert von etwa 1,3 erreicht ist. Nachdem Sie den Dialog verlassen haben, aktivieren Sie noch die unterste Bildebene.

◄ **Abbildung 13.28**
Der Text ist Bestandteil des Fotos, hebt sich aber dennoch deutlich vom Hintergrund ab. Die Datei finden Sie unter »Text_fertig.xcf« im Ergebnisse-Ordner.

Chrom- und Schabloneneffekt

Zuletzt möchte ich Ihnen noch zwei Effekte zeigen, die sehr interessant sind und kaum Arbeit bereiten. Allerdings wird für beide Effekte eine Maske benötigt. Benutzen Sie dazu die Beispieldatei »Text_bearbeitet.xcf« im Ergebnisse-Ordner. Die einzige vorhandene Ebenenmaske sollten Sie mittels Mausklick selektieren. Wenn Sie das nicht machen, ist der folgende Befehl nicht anwählbar.

»Text_bearbeitet.xcf«

Danach gehen Sie erneut in das Menü FILTER, zeigen auf DEKO-RATION und suchen CHROM AUFKLEBEN aus. Beachten Sie dabei, dass jetzt eine komplett neue Bilddatei erzeugt wird. Das Original bleibt derweil unangetastet.

Abbildung 13.29 ▶
Ein knackiger Effekt, der kaum Arbeit erfordert (zu finden im Ergebnisse-Ordner unter »Relax_02.xcf«)

Machen Sie das Gleiche noch einmal: Kehren Sie zum Original zurück, und rufen Sie erneut DEKORATION im Menü FILTER auf. Diesmal wählen Sie aber SCHABLONE EINRITZEN. Im Selektionsfeld HERAUSZUARBEITENDES BILD wählen Sie das Foto, das als Schablone dienen soll, und bestätigen mit OK. Cool, oder?

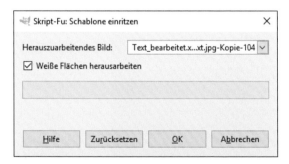

Abbildung 13.30 ▶
Wir entscheiden uns für die Datei »Text_bearbeitet.xcf«, also für die Ausgangsdatei.

Abbildung 13.31 ▶
Wie versprochen: Richtig gute Effekte sind oft nur wenige Mausklicks weit entfernt. (Sie finden das Foto unter »Relax_03.xcf« im Ordner ERGEBNISSE.).

GIMP und das World Wide Web

Produzieren und Optimieren für das Internet

- ▸ Wie bereite ich Fotos für das Internet vor?
- ▸ Wie gebe ich JPEG-Fotos und Web-Grafiken aus?
- ▸ Wie erstelle ich ein Schaltflächen-Set für meine Website?
- ▸ Wie erzeuge ich ein animiertes Banner?
- ▸ Wie optimiere ich GIF-Animationen?

14 GIMP und das World Wide Web

Web-Editoren

Die Schwerpunkte dieses Kapitels liegen auf der Erstellung von Web-Content und der Optimierung bestimmter Dateien. Wie eine Website erstellt wird, beschreibe ich hier allerdings nicht, da Sie dazu Skriptsprachen erlernen müssen und es hierzu viele spezialisierte Bücher am Markt gibt. Manche Provider, die Ihnen den Speicherplatz für Ihre Website vermieten, bieten Ihnen aber Web-Editoren bzw. HTML-Generatoren, zum Teil sogar kostenlos, an. Wieder andere können Sie im Internet entweder kostenlos nutzen (zum Teil werbefinanziert) oder käuflich erwerben.

Fotos von Digitalkameras sind in der Regel viel zu groß, als dass man sie ohne Weiteres auf eine Internetseite stellen sollte. Viele Nutzer verfügen noch nicht über Breitband-Internet oder können von unterwegs weit weniger schnell surfen als zu Hause im eigenen WLAN-Netz. Deshalb sollten Sie Bilder vorab optimieren. Das gilt im Übrigen auch für Grafiken, Schaltflächen und animierte Banner. Was also im Einzelnen zu beachten ist, wenn Sie Content (= Inhalte) für Ihre Website herstellen, erfahren Sie in diesem Kapitel.

14.1 Fotos für das Web vorbereiten

Wenn Sie regelmäßig mit GIMP arbeiten und zudem vielleicht gern fotografieren, werden Sie mittlerweile einen ordentlichen Fundus an Fotos gesammelt haben. Doch nicht jede Bilddatei ist dazu geeignet, unverändert ins Internet gestellt zu werden. Meist sind die Abmessungen und Dateigrößen viel zu mächtig. Große Fotos im Netz bedeuten auch heute noch lange Ladezeiten. Deswegen sollten Sie Ihre Fotos optimieren.

Bilder für das Web vorbereiten und ausgeben

Wenn Sie Fotos gerne im GIMP-Standard *XCF* speichern, ist das prinzipiell löblich. Immerhin unterstützt dieses Format Ebenen und speichert Ihre Arbeiten verlustfrei. Doch lässt sich das Format in Webbrowsern gewöhnlich nicht darstellen. Außerdem ist die Dateigröße enorm. Ein 7,5 Megapixel großes Foto nimmt als *XCF* im RGB-Modus rund 24 Megabyte Speicherplatz in Beschlag. Das gleiche Foto, bestehend aus vier Ebenen, verbraucht schon rund 100 MB. Außerdem gilt es, ein Format zu finden, das internettauglich ist.

Schritt für Schritt
Bildgröße für das Internet anpassen

Öffnen Sie »Web.jpg«. Leider muss hier bemängelt werden: Das Foto ist zu groß. Der Vorteil: Das Format *JPEG* ist für die Verwendung im World Wide Web prinzipiell schon mal sehr gut geeignet.

»Web.jpg«

1 Größe ablesen
Stellen Sie das Foto in 100 % Größe dar, damit Sie einen verlässlichen Überblick über die tatsächliche Größe des Bildes am Monitor erhalten. Danach machen Sie sich mit den Abmessungen vertraut. Dazu gehen Sie auf BILD • BILD SKALIEREN. Das Foto ist 1.473 Pixel breit und hat eine Auflösung von 72 Pixel pro Inch.

▲ **Abbildung 14.1**
Ein ganz großes Motiv – leider ist aber auch die Datei ganz groß.

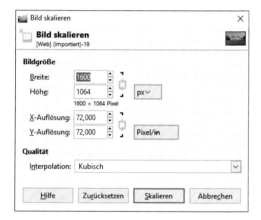

◄ **Abbildung 14.2**
BILDGRÖSSE und AUFLÖSUNG finden sich im Skalieren-Dialog.

2 Optional: Auflösung ändern
Die Auflösung von 72 ppi ist gut. Auflösungen oberhalb von 96 ppi sollten entsprechend verringert werden. Dazu reicht ein Dreifach-Klick in das Feld X- oder Y-AUFLÖSUNG. Tippen Sie 72 ein, und verlassen Sie das Feld mit ⎆. Da unser Beispielfoto bereits in 72 ppi Auflösung vorliegt, müssen wir uns natürlich nicht darum kümmern.

3 Bildgröße ändern
Danach überlegen Sie, wie groß das Foto im Internet dargestellt werden soll. (Ein 17-Zoll-Monitor hat eine Breite von 1.024 Pixeln, bei 19 Zoll sind es 1.280.) Wir wollen hier auf eine BREITE ❶ von 600 px heruntergehen. Nach einem Doppelklick auf 1.600 geben

Sie 600 ein und verlassen das Feld mit [⇥]. Die HÖHE ❷ wird bei aktiviertem Schloss-Symbol ❸ automatisch angepasst. Am Ende beschließen Sie die Aktion mit Klick auf SKALIEREN.

Abbildung 14.3 ▶
Eine Bildgröße von 600 × 399 Pixeln bei 72 ppi Auflösung ist für die Darstellung im Web ausreichend.

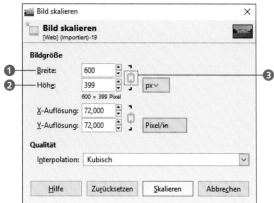

Schritt für Schritt
Foto für das Internet ausgeben

Bild zusammenfügen

Sollten Sie ein Foto verwenden, das aus mehreren Ebenen besteht, werden diese beim Export automatisch zusammengefügt.

Nachdem das Bild nun die richtige Größe und Auflösung bekommen hat, muss es noch im optimierten Format ausgegeben werden. Außerdem sollten Sie die Qualität anpassen.

1 Als JPEG ausgeben

Wählen Sie DATEI • EXPORTIEREN ALS, und entscheiden Sie sich im Bereich DATEITYP: NACH ENDUNG für JPEG-BILD, ehe Sie auf EXPORTIEREN klicken.

2 Qualität einstellen

Zuletzt sollten Sie sich noch um den Regler QUALITÄT ❹ kümmern. Hier gilt grundsätzlich: je höher die Qualität, desto besser naturgemäß das Ergebnis, desto höher aber auch der Speicherplatzbedarf. Mit einer QUALITÄT von etwa 70 bis 80 sind Sie meist sehr gut beraten. Selbst bei 40 oder 50 erhalten Sie mitunter noch recht akzeptable Ergebnisse. Aktivieren Sie vorab VORSCHAU IM BILDFENSTER ANZEIGEN ❻, damit auch die voraussichtliche DATEIGRÖSSE ❺ angezeigt wird. Zuletzt betätigen Sie EXPORTIEREN.

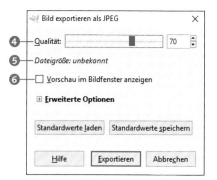

**Erweiterte
Einstellungen**

Die erweiterten Einstellungen sind etwas für *JPEG*-Profis. Hier sind Änderungen in der Regel nicht erforderlich. Einzig PROGRESSIV könnte bei großen Bildern noch interessant sein. Hierbei werden Teile des Fotos bereits während des Ladevorgangs angezeigt, was dem Besucher Ihrer Website suggeriert: »Hier tut sich was.« Die Funktion verliert jedoch infolge immer schnelleren Internets mehr und mehr an Bedeutung.

3 Bild schließen

Bitte beachten Sie: Wenn Sie das Bild anschließend in GIMP schließen wollen, werden Sie gefragt, ob Sie es speichern möchten. »Speichern? Hab ich doch gerade!« ... Nein, haben Sie nicht. Sie haben vielmehr eine Kopie als *JPEG*-Datei gespeichert. Das Original-*XCF* ist derweil verändert worden. Sie sollten auf ÄNDERUNGEN VERWERFEN klicken, damit das Original nicht ebenfalls verkleinert wird.

Fotos aus dem Web laden

Eines vorweg: Es ist nicht gestattet, sich im Internet nach Herzenslust zu bedienen und dem zu Recht verschmähten *Picture Grabbing* (also dem unerlaubten Download fremder Bilder) zu frönen. Bei Nichtbeachtung verletzen Sie schnell geltende Urheber- und/oder Verwertungsrechte, was nicht selten vor Gericht endet! Dennoch kann es vorkommen, dass Sie erlaubterweise das Foto eines Freundes oder vielleicht eines von Ihrer eigenen Website schnell herunterladen und bearbeiten wollen. Dazu müssen Sie die Internetadresse kennen, unter der das Foto gelistet ist. Danach gehen Sie auf DATEI • ADRESSE ÖFFNEN und geben die gewünschte Adresse ein, die üblicherweise mit »*https://www.*« beginnt. Zuletzt klicken Sie auf ÖFFNEN. Easy, oder?

14.2 Grafiken für das Web vorbereiten

Grafiken haben andere Anforderungen als Bilder, wenn es darum geht, sie für das Internet aufzubereiten. Oftmals müssen hier andere Speicherformate herhalten, da *JPEG* meist nicht die erhofften Resultate bringt.

Logos für das Internet

Sie haben eben erfahren, dass das Format *JPEG* für Fotos optimal ist. Für Grafiken allerdings, die im Allgemeinen aus Grundformen, Farbflächen und dergleichen bestehen, gilt das jedoch nicht. Hier ist das *GIF*-Format sehr viel besser geeignet. Zum einen erreichen Sie bei Grafiken wie Logos usw. wesentlich geringere Dateigrößen, zum anderen aber auch klar bessere Qualitäten.

Schritt für Schritt
Ein Logo ausgeben

»Logo.xcf«

Die Grafik »Logo.xcf«, die Sie in den Beispieldateien finden, ist zwar mit knapp 7 KB recht klein, dennoch eignet sich das GIMP-Format, wie Sie ja bereits wissen, nicht für die Darstellung im Internet. Deswegen wandeln wir es um.

1 Logo als GIF exportieren

Entscheiden Sie sich auch diesmal wieder für DATEI • EXPORTIEREN, und öffnen Sie die Liste DATEITYP: NACH ENDUNG. Entscheiden Sie sich für GIF-BILD, gefolgt von einem beherzten Klick auf EXPORTIEREN.

▲ **Abbildung 14.5**
Die Grafik soll für das Internet optimiert werden.

Abbildung 14.6 ▶
Im *GIF*-Dialog gibt es nicht viel zu tun.

2   Optional: Logo als PNG exportieren

Sollten Sie kleine Schriften oder feine Linien innerhalb des Logos verwenden (z.B. bei Buttons), erreichen Sie mitunter bessere Ergebnisse, wenn Sie die Datei als *PNG* ausgeben. In diesem Fall müssen Sie im Export-Dialog natürlich PNG-Bild anstelle von GIF-Bild festlegen. Wenn Sie nicht sicher sind, geben Sie das Foto sowohl als *GIF* als auch als *PNG* aus und entscheiden danach optisch, welches Bild das geeignetere ist. Im konkreten Beispiel erhalten Sie in beiden Fällen gute Resultate, wobei das *PNG*-Bild mit knapp 1,5 KB noch etwas kleiner ausfällt als das *GIF* mit rund 2 KB. Aber schauen Sie sich in Abbildung 14.7 einmal an, was herauskäme, wenn Sie das Logo als *JPEG* ausgäben.

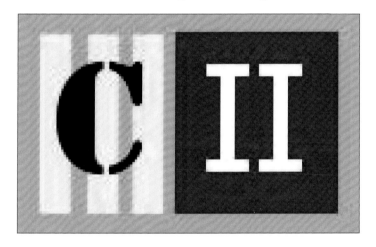

◄ **Abbildung 14.7**
Das geht ja wohl gar nicht.
Also: Finger weg von *JPEG*!

Schaltflächen für eine Website erzeugen

Wenn Sie Ihre eigene Website mit einem leistungsfähigen Website-Generator erstellen, wird dieser sicherlich auch Vorlagen für Buttons zur Verfügung stellen. Leider haben diese Buttons jedoch die wenig löbliche Eigenschaft, über einen enorm hohen Wiedererkennungswert zu verfügen. Das gilt ja (zumindest teilweise) auch für die GIMP-Buttons. Deswegen werden Individualisten ihre ganz eigenen Schaltflächen bauen wollen.

Ein Button-Set ist eine Ansammlung von Schaltflächen für eine Website. Dabei handelt es sich nicht nur um unterschiedliche Knöpfe zur Anwahl der verschiedenen Unterseiten (z.B. Home,

IMPRESSUM, SERVICE, ANGEBOTE oder PREISLISTEN), sondern auch um die visuelle Darstellung unterschiedlicher Zustände.

Damit gemeint ist Folgendes:

▶ Eine unberührte Schaltfläche hat den Zustand *Out*. Stellen Sie die Maus darauf, sollte sich der Button leicht verändern. Damit symbolisieren Sie Ihrem Besucher, dass sich dahinter eine Funktion verbirgt – dass er diesen Bereich also mit der Maus bedienen kann.

▶ In diesem Moment soll die Schaltfläche den Zustand *Over* annehmen.

▶ Wenn der Benutzer die Schaltfläche nun anklickt, sollte sich der Zustand *Down* einstellen.

Mitunter wird auch noch ein vierter Zustand hinzugefügt, der Buttons anzeigt, die bereits einmal bedient worden sind (*Visited*). Wir beschränken uns allerdings hier auf die drei zuerst genannten Zustände. Außerdem wollen wir nur einen Home-Button bauen. Und so geht's:

Schritt für Schritt
Ein Button-Set erzeugen

In diesem Workshop geht es darum, einen Button für eine Website zu erstellen. Für diesen Button benötigen wir drei Zustände: Normal (Out), Over und Down.

1 Neue Datei erstellen

Erzeugen Sie eine neue Datei mit einer Größe von ca. 150 (B) × 90 (H) Pixel mit 72 ppi im FARBRAUM RGB und mit der FÜLLUNG WEISS. Danach erzeugen Sie eine neue, transparente Ebene im MODUS: NORMAL, die Sie in der Ebenen-Palette mit »Out« betiteln.

2 Auswahl erzeugen

Ziehen Sie jetzt eine Auswahl auf, die kleiner ist als die Leinwand. Achten Sie auf die Maßangabe in der Fußleiste, und streben Sie eine Abmessung von etwa 90 × 35 px an.

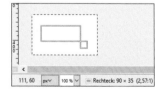

▲ **Abbildung 14.8**
Das wird der neue Button.

3 Fläche füllen

Stellen Sie die VORDERGRUNDFARBE auf ein kräftiges Rot ein (R = 185,0, G = 20,0, B = 20,0 bei aktiviertem Bereich 0..255), und legen Sie anschließend für die HINTERGRUNDFARBE ein helleres Rot (R = 215,0, G = 80,0, B = 80,0) an. Danach aktivieren Sie das VERLAUFSWERKZEUG. Kontrollieren Sie, ob das Tool im Werkzeugkasten auf die FORM LINEAR eingestellt ist, und ziehen Sie im Bild mit gedrückter Maustaste eine Linie von ❶ nach ❷. Wenn Sie dabei ⌨Strg gedrückt halten, wird der Verlauf exakt waagerecht angeordnet. Übernehmen Sie die Einstellung mit ⏎.

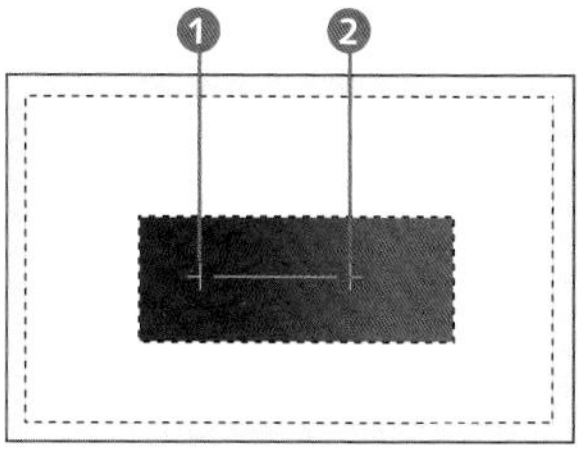

▲ **Abbildung 14.9**
Der Verlauf erfolgt von links nach rechts.

4 Rahmen hinzufügen

Jetzt benötigen wir noch einen kleinen Rahmen. Stellen Sie dazu die VORDERGRUNDFARBE auf ein mittleres Grau (R, G und B = 170,0), und aktivieren Sie die Ebene HINTERGRUND. Erzeugen Sie eine neue, transparente Ebene, die Sie »Rand« nennen.

Danach entscheiden Sie sich für BEARBEITEN • AUSWAHL NACHZIEHEN. Legen Sie im Dialog eine LINIENBREITE von 3,0 px in VOLLFARBE fest. Öffnen Sie die Liste LINIENSTIL (per Klick auf das kleine Plus-Symbol, das daraufhin zum Minus mutiert), und stellen Sie als STRICHMUSTER: DURCHGEZOGEN ein. Betätigen Sie den Schalter NACHZIEHEN. Danach dürfen Sie die Auswahl aufheben.

▲ **Abbildung 14.10**
Beim Nachziehen wird ein Rand entlang der vorhandenen Auswahl erzeugt.

▲ **Abbildung 14.11**
Achten Sie darauf, dass eine durchgezogene Linie erzeugt wird.

▲ **Abbildung 14.12**
Zur Kontrolle: So sollte derzeit der Inhalt der Ebenen-Palette aussehen.

▲ Abbildung 14.13
Vergleichen Sie den aktuellen Zustand des Dokuments mit Ihrem Zwischenergebnis.

Abbildung 14.14 ▸
Oben links ist ein Punkt zu finden, der das Zentrum des Lichteffekts darstellt.

Abbildung 14.15 ▸
Ziehen Sie den Punkt nach rechts auf den Button.

▲ Abbildung 14.16
Sie nähern sich dem Ziel.

5 Over-Ebene erzeugen

Markieren Sie jetzt die Out-Ebene, und duplizieren Sie sie. Geben Sie ihr den Namen »Over«, und entscheiden Sie sich im Anschluss für FILTER • LICHT UND SCHATTEN • LICHTEFFEKTE. Links in der Vorschau werden Sie einen kleinen blauen Punkt ausfindig machen ❸. Ziehen Sie ihn mit gedrückter Maustaste an Position ❹. Danach schalten Sie um auf das Register LICHT ❺ und stellen die INTENSITÄT ❻ auf 0,75. Verlassen Sie den Dialog mit OK.

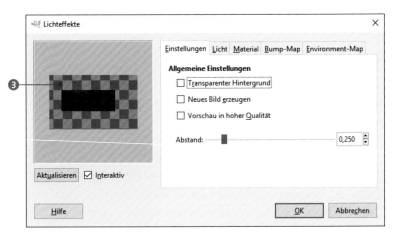

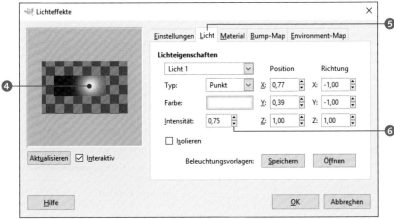

6 Text hinzufügen

Zuletzt benötigen Sie noch einen Text. Platzieren Sie die Bezeichnung der Schaltfläche (hier: »HOME« in Verdana, 18 px) ganz oben in der Ebenen-Palette.

7 Bild zuschneiden

Jetzt müssen Sie noch dafür sorgen, dass der weiße Rahmen verschwindet und das Bild zugeschnitten wird. Immerhin diente der Hintergrund nur der besseren Sichtbarkeit während der Montage.

Aktivieren Sie die Ebene HINTERGRUND, und löschen Sie sie anschließend. Markieren Sie die Ebene RAND – immerhin die größte Ebene, was die Inhalte betrifft. Denn jetzt können Sie mit BILD • AUF INHALT ZUSCHNEIDEN den kompletten Rand entfernen.

Damit ist die Vorarbeit erledigt. Was bei der Ausgabe zu beachten ist, erfahren Sie dann im nächsten Workshop.

◄ **Abbildung 14.17**
Geschafft! So soll der Button am Ende aussehen.

Automatisch zuschneiden

Beim automatischen Zuschneiden werden die Abmessungen der aktivierten Ebene zugrunde gelegt. Deswegen müssen Sie immer die flächenmäßig größte Ebene anwählen. Falls Sie hier eine andere Ebene aktivieren, wird der graue Rand mit abgeschnitten.

Schritt für Schritt
Das Button-Set ausgeben

Sie finden das Ergebnis des vorangegangenen Workshops im Ergebnisse-Ordner unter »Button.xcf«. (Nur für den Fall, dass Sie keine Lust hatten, den Button selbst zu erstellen.)

»Button.xcf« im Ergebnisse-Ordner

1 Ebenen deaktivieren

So, jetzt heißt es: Over and out. Nein, das ist noch nicht das Ende des Workshops. Vielmehr müssen Sie jetzt die Sichtbarkeit der Ebene OVER deaktivieren. Sie wissen ja: Ein Klick auf das vorangestellte Augen-Symbol, und die Ebene ist unsichtbar. Die Ebene OUT bleibt sichtbar, genauso wie die Text- und die Rahmen-Ebene.

2 Ersten Button exportieren

Kommen wir zur Ausgabe: Dazu wählen Sie nun DATEI • EXPORTIEREN. Wählen Sie das Format *PNG*, und speichern Sie das Bild unter dem Namen »Out.png« an einem Speicherort Ihrer Wahl. (Bitte nicht im Ergebnisse-Ordner, denn dort gibt es bereits eine gleich-

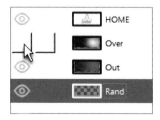

▲ **Abbildung 14.18**
So lässt sich die Sichtbarkeit einer Ebene unterdrücken.

Sichtbare Ebenen vereinen

Sollten Sie noch mit einer Vorgängerversion von GIMP 2.10 arbeiten, erscheint ein zusätzlicher Dialog, der Sie darauf hinweist, dass *PNG* keine Ebenen unterstützt. In diesem Fall aktivieren Sie SICHTBARE EBENEN VEREINEN, gefolgt von EXPORTIEREN.

lautende Datei!) Den Folgedialog ALS PNG SPEICHERN können Sie getrost mit Klick auf EXPORTIEREN überspringen.

3 Zweiten und dritten Button exportieren

Aktivieren Sie jetzt noch die Ebene OVER, und exportieren Sie die Datei wie beschrieben als »Over.png«. Zuletzt deaktivieren Sie die Ebenen RAND und OVER und geben die Datei erneut aus. Diesmal vergeben Sie den Namen »Down.png«.

▲ **Abbildung 14.19**
Die Zustände von links nach rechts: Out, Over, Out, Down, Out

4 Arbeitsdatei speichern

Vergessen Sie nicht, die eigentliche Arbeitsdatei ebenfalls zu speichern. Sie haben ja bislang nur die Buttons exportiert. Daher sollten Sie das Dokument selbst noch als *XCF* sichern. Anderenfalls haben Sie nach dem Schließen von GIMP keine Arbeitsdatei mehr, um die anderen Schaltflächen zu bauen.

Ein animiertes Banner erzeugen

Wer seine Website im Internet interessanter machen möchte, der kann auch Banner einsetzen und diese mit anderen Website-Betreibern tauschen. Doch ein statisches Banner ist langweilig. Bewegung muss her!

Schritt für Schritt
Ein Banner animieren

»NoMercy.psd«

In diesem Workshop soll ein fiktives Schminkprodukt beworben werden, nämlich eine höllisch dunkle Mascara mit dem klangvollen Namen »No Mercy«. Damit unser Banner mehr Aufsehen erregt als ein statisches Foto, soll der Produktname permanent ein- und wieder ausgeblendet werden.

1 Optional: Banner selbst erzeugen

Wenn Sie selbst ein Banner erzeugen wollen, sollten Sie sich an gängigen Abmessungen orientieren. Gängige Abmessungen finden Sie in den VORLAGEN des Dialogs DATEI • NEU. Halten Sie dort nach dem Begriff WEB BANNER Ausschau. Es existieren mehrere Vorlagen mit unterschiedlichen Abmessungen.

2 Banner-Datei öffnen

In diesem Workshop haben Sie es leichter. Hier können Sie bereits auf eine fertige Banner-Datei zugreifen, die den Abmessungen eines Vollbanners entspricht (468 × 60 px). Öffnen Sie die ebenenbasierte Photoshop-Datei »NoMercy.psd«.

Model-Ebene: © Zdenka Micka, fotolia.com

▲ **Abbildung 14.20**
Der Produkttitel dieses Banners soll animiert werden

3 Feste Ebenen vereinen

Prinzipiell verhält es sich bei ebenenbasierten Animationen in GIMP so, dass sämtliche Ebenen oberhalb der untersten an der Animation teilnehmen (siehe dazu auch nebenstehenden Kasten). Die unterste Ebene indessen bleibt statisch, erfährt also keine Bewegung. Deswegen ist es erforderlich, jetzt alle Ebenen, die nicht animiert werden sollen, nach unten zu vereinen. Und so geht das am schnellsten:

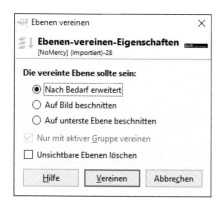

◄ **Abbildung 14.21**
Welcher Radio-Button aktiv ist, spielt keine Rolle.

PSD-Dateien

PSD ist das hauseigene Format des Bildbearbeitungsklassikers Adobe Photoshop sowie von Adobe Photoshop Elements. GIMP kann derartige Dateien zwar öffnen, jedoch werden nicht alle Photoshop-Funktionen unterstützt. So kann es beispielsweise bei Schlagschatten zu Problemen kommen. Einstellungsebenen werden überhaupt nicht unterstützt und deshalb auch in GIMP nicht dargestellt.

Hintergrund-Animationen

Nicht alle Animationen laufen nach dem Prinzip der übergeordneten Ebenen ab. Wollen Sie ein Banner beispielsweise mit der Animation FLATTERN oder WELLEN versehen, müssen Sie hier nur eine einzige Ebene einsetzen oder eine aus mehreren Ebenen bestehende Datei vorab zusammenfügen.

Deaktivieren Sie die oberste Ebene (NOMERCY) mit Hilfe des vorangestellten Augen-Symbols, und klicken Sie anschließend mit rechts auf eine untergeordnete Ebene. Im Kontextmenü selektieren Sie den Eintrag SICHTBARE EBENEN VEREINEN. Den Folgedialog bestätigen Sie mit Klick auf VEREINEN, da es hier unerheblich ist, welche Funktion ausgewählt ist. Lediglich UNSICHTBARE EBENEN LÖSCHEN darf nicht aktiv sein.

4 Neue Ebene erzeugen

Aktivieren Sie die oberste Ebene wieder (über das Augen-Symbol), und markieren Sie sie zusätzlich mittels Mausklick. Danach erzeugen Sie eine neue Ebene im MODUS: NORMAL. Die Ebene soll die gleichen Abmessungen bekommen wie das Banner, einen transparenten Hintergrund aufweisen und »Aus« heißen.

Warum eine leere Ebene?

Sie müssen GIMP oberhalb der untersten Ebene mindestens zwei mögliche Zustände anbieten. Erst dann kann zwischen den beiden (oder mehreren) Ebenen hin- und hergeschaltet und so die Animation erzeugt werden.

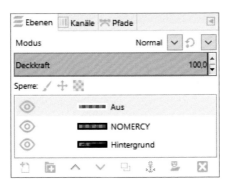

◄ **Abbildung 14.22**
Die Animation erfolgt jetzt zwischen der mittleren und der obersten Ebene.

5 Animation erstmals abspielen

Spielen Sie die Animation jetzt einmal ab, indem Sie FILTER • ANIMATION • ANIMATION ABSPIELEN einstellen und im darauffolgenden Dialog die Wiedergabe-Schaltfläche betätigen. – Und? Was sagen Sie dazu? Ziemlich langweilig, oder? Schließen Sie das Fenster ANIMATION ABSPIELEN daher zunächst wieder.

Abbildung 14.23 ►
Der Text wird viel zu schnell überblendet. So etwas will niemand sehen.

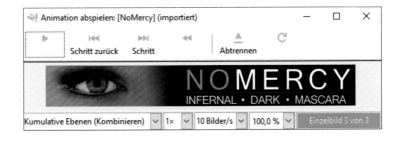

6 Zwischenbilder berechnen

Gehen Sie auf FILTER • ANIMATION • ÜBERBLENDEN, und entscheiden Sie sich im folgenden Dialogfenster für 5 ZWISCHENBILDER. Wenn Sie wollen, dass die Animation nicht nur ein einziges Mal, sondern permanent läuft, sorgen Sie dafür, dass ein Häkchen vor SCHLEIFE gesetzt ist, ehe Sie den OK-Button drücken.

◄ **Abbildung 14.24**
Mit dieser Einstellung veranlassen Sie, dass zwischen der Ebene NOMERCY und der leeren Ebene fünf Zwischenbilder eingefügt werden.

Sie werden jetzt feststellen, dass die Datei dupliziert worden ist. Das bedeutet: Das Dokument gibt es jetzt zweimal. Greifen Sie auf die neue Datei zu (sie steht aktuell vorn), und spielen Sie dort die Animation abermals ab (FILTER • ANIMATION • ANIMATION ABSPIELEN, gefolgt von WIEDERGABE). Das sieht doch schon viel geschmeidiger aus, finden Sie nicht auch? Werfen Sie auch einmal einen Blick auf die Ebenen-Palette des neuen Dokuments. Hier finden Sie jetzt für jedes soeben erzeugte Zwischenbild eine eigene Ebene.

7 Datei optimieren

Sie haben es jetzt mit einer GIMP-Datei zu tun. Aber wie Sie ja längst wissen, ist diese für die Darstellung im Internet nicht geeignet. Deswegen müssen Sie sie nun noch in eine entsprechende Datei exportieren. Bevor wir das aber machen, sollten Sie die Datei noch optimieren, indem Sie FILTER • ANIMATION • OPTIMIEREN (FÜR GIF) wählen. Warum das wichtig ist, verrate ich Ihnen im Anschluss an diesen Workshop.

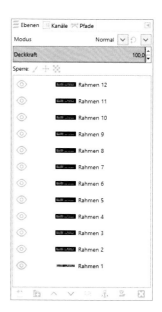

8 Animation exportieren

Durch die letzte Aktion ist die Arbeitsdatei jetzt abermals dupliziert worden. Arbeiten Sie mit der aktuellsten Datei weiter, und entscheiden Sie sich für DATEI • EXPORTIEREN ALS. Wählen Sie den

▲ **Abbildung 14.25**
Für jede Stufe der Überblendung existiert eine eigene Ebene.

DATEITYP GIF-BILD aus. Benennen Sie das gute Stück wunschgemäß, und klicken Sie dann auf EXPORTIEREN. Natürlich »merkt« GIMP, dass es sich um eine ebenenbasierte Datei handelt, und stellt einen entsprechenden Dialog zur Verfügung. Aktivieren Sie hier unbedingt ALS ANIMATION, da ansonsten nur ein Einzelbild ausgegeben würde. Zusätzlich wählen Sie die Option SCHLEIFE ENDLOS WIEDERHOLEN. Mit Klick auf EXPORTIEREN schließen Sie die Aktion ab.

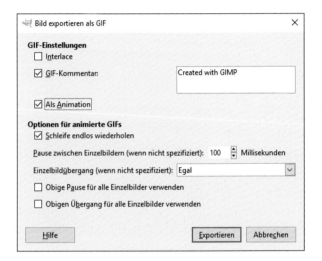

Abbildung 14.26 ▶
Erst durch diese Einstellung wird aus einem statischen GIF-Bild eine Animation.

9 Animation ansehen

Sie können sich das Ergebnis jetzt ansehen. Wenn Sie die ausgegebene Datei mit einem Doppelklick versehen, öffnet sich Ihr Standard-Browser (z. B. Internet Explorer, Safari oder Firefox), der die Animation dann präsentiert. Alternativ dürfen Sie die Datei aber auch gerne in der Fotos-App des Windows-Betriebssystems öffnen. Auch diese Software ist in der Lage, animierte GIFs darzustellen. (Das Resultat finden Sie unter dem Namen »Banner_bearbeitet.gif« im Ergebnisse-Ordner.)

10 Arbeitsdatei speichern

Beachten Sie aber noch, dass die soeben erzeugte Arbeitsdatei (sowie die zweite, GIF-optimierte Datei) noch nicht gespeichert worden ist. Falls Sie später noch einmal Änderungen daran vornehmen wollen, holen Sie das Speichern nach, wobei Sie den hauseigenen Dateityp *XCF* verwenden. Ansonsten sind die Arbeitsdateien nach dem Schließen unrettbar verloren.

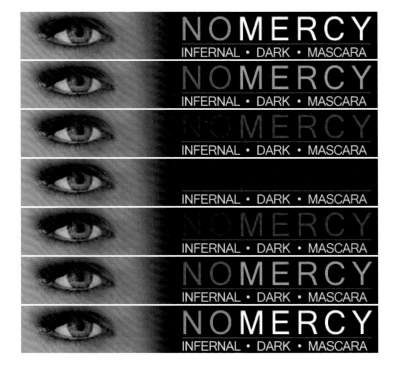

◄ **Abbildung 14.27**
Das Ein- und Ausblenden der Schrift läuft recht zügig ab.

Optimieren für GIF

Bei Arbeitsdateien mit zahlreichen Ebenen und großen, transparenten Flächen schwillt die Dateigröße beträchtlich an. Daher ist es sinnvoll, die Animation vor dem Speichern noch zu optimieren. Gehen Sie dazu auf FILTER • ANIMATION • OPTIMIEREN (FÜR GIF), wodurch die Ebenen stark beschnitten werden. Nach der Optimierung bleibt nämlich nur noch das übrig, was auf der Ebene gerade nicht transparent ist. Im vorangegangenen Beispiel sorgt das für eine Dateigröße des fertigen *GIF* von rund 28 KB. Hätten Sie die Animation nicht optimiert, wären es 145 KB geworden.

Anhang

Plugins und andere Hilfsmittel

- ▸ Wo finde ich Plugins in GIMP?
- ▸ Wo finde ich externe Plugins?
- ▸ Wie kann ich Skripte installieren?

Anhang

Plugins

Plugins sind Erweiterungen, die den Nutzen Ihrer Bildbearbeitungssoftware beträchtlich erhöhen. Einige dieser Erweiterungen bringt GIMP von Hause aus bereits mit, andere müssen Sie manuell installieren. Bei Plugins handelt es sich um separate Anwendungen, die zwar aus GIMP heraus gestartet werden, aber dennoch losgelöst von GIMP laufen. So kann es auch durchaus einmal passieren, dass ein Plugin »abstürzt«, während GIMP selbst noch ordnungsgemäß funktioniert.

Plugin-Browser

Wenn Sie sich zunächst einmal einen Überblick über alle derzeit in GIMP zur Verfügung stehenden Plugins machen wollen, können Sie dazu einen eigenständigen Dialog öffnen. Diesen finden Sie im Menü HILFE unter dem Eintrag PLUGIN-BROWSER.

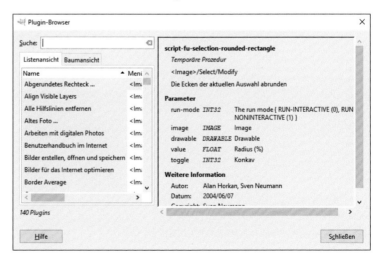

Abbildung 1 ▶
Der Plugin-Browser verrät, welche Erweiterungen zur Verfügung stehen.

Vorinstallierte Plugins

In der LISTENANSICHT der linken Spalte werden Sie eine Fülle von Plugins finden, selbst dann, wenn Sie selbst noch gar kein Plugin installiert haben. Das liegt daran, dass viele Routinen und nicht zuletzt auch die Filter in einem frühen Stadium der GIMP-Entwicklung lediglich als Plugins zur Verfügung standen. Das hat sich im Prinzip bis heute fortgesetzt.

Wenn Sie jetzt prüfen wollen, ob ein bestimmtes Plugin bereits vorhanden ist, dann können Sie es über das Eingabefeld SUCHE ausfindig machen. Allerdings ist keine einheitliche Sprache katalogisiert worden. Einzelne, vorwiegend ältere Plugins sind noch englisch tituliert, während neuere zumeist deutsche Bezeichnungen besitzen. Geben Sie beispielsweise »Verlauf« ein, werden Sie nicht fündig – genauer gesagt finden Sie allenfalls einen selbst definierten Farbverlauf. Geben Sie allerdings »Gradient« ein, sieht die Sache schon anders aus.

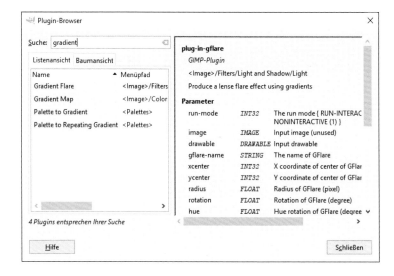

Fenster anpassen

Der Mittelsteg zwischen beiden Fensterhälften lässt sich übrigens per Drag & Drop verschieben. Das ist immer dann sinnvoll, wenn Sie die weiteren Informationen zum Filter einsehen wollen.

◄ **Abbildung 2**
Ziehen Sie den Mittelsteg nach rechts, um weitere Informationen einzusehen.

Da die LISTENANSICHT auf Eingaben sofort (sprich: kontextsensitiv) reagiert, erhalten Sie bereits nach Eingabe von »grad« sämtliche Einträge, die mit einem Verlauf zu tun haben. Klicken Sie auf die gesuchte Zeile, lassen sich weitere Informationen auf der rechten Seite des Dialogfensters ablesen.

Externe Plugins

Suche nach Anfangsbuchstaben

Die Suche in der GIMP Plugin Registry ist vor allem dann von Erfolg gekrönt, wenn Sie bereits wissen, welches Plugin Sie benötigen. Dazu setzen Sie den ersten Buchstaben des Plugin-Namens an das Ende des URL-Pfades. Beginnt das gesuchte Plugin mit einem »a«, geben Sie also folgende URL ein: *http://registry.gimp.org/glossary/a*. Geben Sie statt des »a« am Ende ein »d« ein, werden alle Plugins gelistet, die mit »d« beginnen.

Hier ist zunächst einmal erhöhte Vorsicht geboten! Längst nicht alle Plugins sind so konzipiert, dass sie unter GIMP problemlos laufen. Zudem ist die Gefahr, dass Sie sich Spionage- oder sonstige Schadsoftware einhandeln, heute größer denn je. Sie sollten ausschließlich auf vertrauenswürdige Quellen setzen – dies gilt für alle GIMP-Erweiterungen! Auf der Seite *http://registry.gimp.org/glossary/a* finden Sie zahlreiche Plugins und dazugehörige Informationen. Unmittelbar vor der Drucklegung dieses Buches war die Seite allerdings plötzlich nicht mehr erreichbar. Möglicherweise ist dies nur temporär, und die Plugin-Sammlung steht bald wieder zur Verfügung. Eine weitere Top-Adresse ist sonst auch die Seite *http://sourceforge.net*. Mit Hilfe der Suchmaske oben rechts lässt sich schnell das richtige Plugin finden.

▲ **Abbildung 3**
Auf SourceForge, einer Open-Source-Plattform, finden Sie sicher, wonach Sie suchen.

Skripte

Plugins in GIMP sind, wie Sie gesehen haben, eine feine Sache. Mit ihnen lässt sich der Funktionsumfang von GIMP deutlich steigern. Darüber hinaus gibt es aber auch die Möglichkeit, zahlreiche Skripte in GIMP einzubinden, mit denen sich tolle Effekte erzielen lassen.

Anders als das in Kapitel 11, »Raw-Fotos bearbeiten«, vorgestellte Plugin *Darktable* werden Skripte, die ebenso wie Plugins zur Erweiterung der Software dienen, nicht über eine ausführbare *.exe*-Datei installiert. Wie Sie GIMP mit derartigen Skripten ausstatten, wollen wir uns beispielhaft an »FX Foundry« ansehen.

Dabei handelt es sich nicht um ein einziges, sondern um eine Sammlung von Skripten, die größtenteils sehr interessant sind. Es hat zwar seit Jahren keine Aktualisierung gegeben, dennoch ist die Sammlung zu empfehlen. Wenn Sie in der SourceForge-Such-maske oben rechts »foundry« eingeben, werden Sie schnell fün-dig. Aktivieren Sie auf der linken Seite der Website zunächst die Plattform, mit der Sie arbeiten. Rechts halten Sie nach dem Ein-trag GIMP FX FOUNDRY Ausschau. Er verfügt über einen Schalter, der mit SEE PROJECT betitelt ist. Ein Klick darauf reicht, um zum Download-Button zu gelangen.

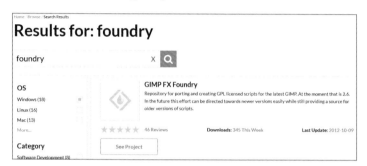

◄ **Abbildung 4**
In den Besitz von »FX Foundry« gelangen Sie schnell via Internet.

Schließen Sie GIMP. Nachdem die Dateien entpackt worden sind, müssen Sie sie lediglich noch in den Skriptordner Ihres Bildbe-arbeitungsprogramms legen. Den zuständigen Ordner finden Sie gewöhnlich hier: [LAUFWERKSBUCHSTABE]/PROGRAMME/GIMP 2/ SHARE/GIMP/2.0/SCRIPTS. Möglicherweise ziert sich Ihr Betriebs-system ein bisschen. Verleihen Sie Ihrem Willen in diesem Fall mit einem entschlossenen Klick auf FORTSETZEN Nachdruck.

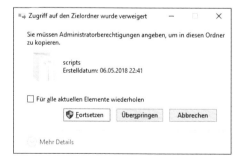

◄ **Abbildung 5**
Windows ist sehr vorsichtig.

Nach dem Neustart von GIMP schauen Sie in Ihre Menüleiste. Dort ist nun ein zusätzlicher Eintrag entstanden, nämlich FX-FOUNDRY. Öffnen Sie dieses Menü, und suchen Sie den Filter heraus, den Sie zuweisen wollen.

Abbildung 6 ▶

Hier sind beispielhaft nur einige Skripte installiert worden. Wenn Sie das gesamte Paket installieren, dürfte Ihre Liste entsprechend länger sein.

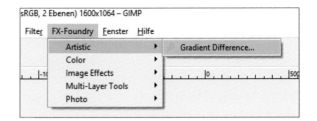

Funktionalität der Skripte

Wer sich schon länger mit GIMP beschäftigt, weiß: Nicht alle Skripte und leider auch nicht alle Plugins funktionieren immer anstandslos. Auch in der FX-FOUNDRY sind einige Einträge nicht nutzbar. Alles in allem ist die Funktionstüchtigkeit gegenüber GIMP 2.9 zwar deutlich verbessert worden, jedoch bleiben nach wie vor Wünsche offen. Gestatten Sie mir ein offenes Wort: Das ist zwar nicht schön, sollte aber unter dem Gesichtspunkt betrachtet werden, dass GIMP (und letztendlich auch die gesamte damit verbundene Plugin- und Skript-Peripherie) von Menschen programmiert wird, die ihre Arbeit unentgeltlich leisten.

Da sollten wir als Endverbraucher Abstrichen gegenüber milde gestimmt sein. Ich denke, man kann die eine oder andere Beeinträchtigung durchaus in Kauf nehmen – zumal die Software ja bei Aufruf eines nicht lauffähigen Skripts nicht gleich abstürzt, sondern lediglich der aufgerufene Filter außen vor bleiben muss. Ich weiß nicht, wie es Ihnen geht, aber ich erinnere mich während meiner Arbeit mit GIMP oft und gerne daran, dass ich eine hocheffektive und beeindruckend leistungsfähige Software nutzen darf, wann immer ich das will – und zwar kostenlos.

Index